KB268852

Монгол хэлний ярианы дэвтэр

몽골어 회화사전

OTGONTSETSEG DAMDINSUREN 지음

저자 소개

OTGONTSETSEG DAMDINSUREN

몽골국립대학교 국제관계대학에서 한국어교육학을 전공하고 서
울대학교에서 동일전공으로 박사학위를 취득하고 서울대학교 중
앙다문화교육센터 객원연구원으로 활동하였다.
몽골인문대학교 교수를 역임하고 현재 한국외국어대학교 몽골어
학과 교수로 재직중이다.
주된 연구물로는 "한국어 학습자의 읽기 교수 · 학습 방안 연구",
"정보적 텍스트를 고급 한국어 읽기 수업에서 활용할 수 있는 방
법에 대한 연구", "문화 대비적 관점에서 본 한국어와 몽골어의
호칭과 지칭", "한국인과 몽골인의 결혼 내력 및 전망", "몽골인
한국어 학습자의 한국어 습득에 관한 고찰" 등 외국어 교육의 교
수 · 학습 방법과 한 · 몽 양국의 언어와 문화에 대한 논문들이 있
고 저서로 "몽골어1"이 있다.

몽골어 회화사전
Монгол хэлний ярианы дэвтэр

초판 1쇄 인쇄 | 2011년 10월 5일
초판 1쇄 발행 | 2011년 10월 10일
저 자 | OTGONTSETSEG DAMDINSUREN
발행인 | 서덕일
발행처 | 도서출판 문예림
출판등록 | 1962년 7월 12일 제 2-110호
주소 | 서울 광진구 군자동 1-13호 문예하우스 101호
전화 | 02-499-1281~2
팩스 | 02-499-1283
http : //www.bookmoon.co.kr
E-mail : book1281@hanmail.net
ISBN 979-89-7482-602-4

*잘못된 책은 구입하신 서점에서 교환하여 드립니다.

*저자와 협의에 의해 인지를 생략합니다

한국인과 몽골인은 인종적으로 가장 가까운 민족 가운데 하나이며, 언어에 있어서도 동일한 어족에 속한다. 고고학과 인류학의 관점에서 몽골인과 한국인은 한 핏줄에서 비롯됐다고 볼 만한 근거가 있다고 본다. 그 근거 중 하나는 파란 몽골 반점이 몽골과 한국의 신생아 90%에서 발견된다는 점이다. 두 나라 국민은 이 외에도 외모, 생활방식, 언어, 문화적 유산 면에서 많은 유사점을 갖고 있다.

연구자들에 따르면 한국의 고려시대인 13, 14세기에 몽골인과 한국인은 '문화 · 경제적 연맹'을 이루고 교류하면서 서로의 문화를 전했다. 고려 이후 여러 가지 이유로 교류가 끊기게 되었는데 1990년 3월 한 · 몽 수교가 성립되면서 600여 년 동안의 공백을 깰 수 있게 되었고 현재 양국은 정부와 민간차원에서 교류가 활발히 이루어지고 있다. 앞으로 정치 · 경제 · 문화 · 정보 등 다양한 부문에서 두 나라의 관계가 더욱 발전할 것이기 때문에 전문 지식을 겸비한 몽골전문가의 양성이 필요하다. 이를 위해서는 어학실력이 기본바탕이 되어야 하므로 몽골어 관련 사전이나 교재의 편찬을 위한 연구가 더 활발히 이루어져야 할 것이다.

현재 다양한 목적으로 몽골을 방문하고 있는 한국인은 그 수가 점점 늘어나고 있고 몽골방문 외국인 국적으로 보면 중국에 이어 두 번째로 많은 실정이다. 그러나 그 동안 한국에서 출판된 몽골어 회화사전은 이 수요를 따라가지 못하고 있었기에 체계화된 사전의 출판이 필요하였다.

사전 작업을 하면서 몽골어는 발음이 무척 어렵고 몽골 특유의 환경과 기후, 생활 방식 및 풍습이 반영된 어휘와 관용어가 매우 발달해 있어 처음 배우기에는 까다로운 언어에 속하기 때문에 이런 특징들을 고스란히 전달할 수 있을까 걱정이 앞선 것이 사실이다. 그러나 유형을 세분화하여 꼭 필요한 문장들을 만들면서 다양한 주제로 된 회화사전을 처음으로 만든다는 사실에 의미를 두었다.

　"몽골어 회화 사전"은 몽골 일상생활에서 사용되는 회화를 상황, 주제별로 제시한다. 몽골에서 편하게 여행하고 사업하고 생활할 수 있도록 공항, 숙박, 만남, 외모와 성격, 일과, 집, 비자, 식당, 교통, 은행서비스, 쇼핑, 계절과 날씨, 이발과 미용, 예술과 취미생활, 건강, 비즈니스, 스포츠, 문화와 종교, 통신으로 구성하였고 마지막 단원에는 여행 할 때 꼭 필요한 질문들을 수록하였다. 또한 각 주제에 맞는 응용회화를 소개하여 질문하고 대답하는 법을 배울 수 있도록 하였다.

　또한 기본회화뿐 아니라 응용회화에도 현대몽골어 표준발음을 적용하여 독음을 표시했기 때문에 몽골어를 전혀 모르는 사람도 몽골어 발음에 가깝게 발음할 수 있을 것이다.

　"몽골어 회화 사전"은 몽골어 공부를 희망하는 분들의 몽골어 말하기 능력을 발달시키고 상황에 맞게 말하는 법, 질문하는 법, 질문에 답하는 법, 자신의 생각을 자유롭고 올바르게 표현하는 법 등 의사소통에 필요한 회화 표현을 할 수 있도록 구성되었다. 여행자뿐 아니라 다양한 목적으로 몽골어를 배우는 분들의 실용적인 의사소통 능력을 향상시키는 데 도움이 되기를 바라며, 본 회화사전을 사용한 모든 몽골어 입문자들의 성공적인 학습을 기원한다. 앞으로 몽골어가 대한민국에서 더욱 주목 받는 언어가 되길 기대한다.

2011년 9월

저자

Unit 10 — 은행 서비스 Банкны үйлчилгээ — 159

Unit 11 — 쇼핑 (Шопинг) — 167

<table>
<tr><td>Unit 12</td><td>계절과 날씨 Улирал ба цаг агаар</td><td>202</td></tr>
</table>

<table>
<tr><td>Unit 13</td><td>이발& 미용 Үсчинд</td><td>217</td></tr>
</table>

<table>
<tr><td>Unit 14</td><td>예술&취미생활</td><td>224</td></tr>
</table>

몽골어 한국어 회화사전

○ 공항

몽골 공항에 도착하는 순간부터 언어문제 때문에 불편함을 겪게 된다. 검역, 여권검사, 세관검사에 이르는 입국심사원들이 하는 말부터 그에 대한 답변에 이르기 까지 몽골 입국 시 필요한 회화 표현을 소개한다.

검역

예방접종 증명서를 보여 주십시오.
Урьдчилан сэргийлэх тарилгын гэрчилгээгээ үзүүлнэ үү.
오리뜨칠랑 세레그일르흐 타를그잉 게르칠게―게― 우쭈울누―.

여기 있습니다.
Энд байна.
엔뜨 밴.

에이즈 검사는 받으셨나요?
Та ДОХ-ын шинжилгээ өгсөн үү?
타 떠―힌 쉰찔게― 우그스누―?

네, 여기 에이즈 검사증입니다.
Тийм ээ, энэ миний ДОХ-ын шинжилгээний хариу.
티임에―, 엔 미니― 떠―힌 쉰찔게―니― 하리오.

다 좋습니다. 여권 검사대로 가십시오.
Бүх зүйл хэвийн байна . Та паспорт шалгах хэсэг рүү очно уу.
부흐 쬘 헤위잉 밴. 타 파스퍼르트 샬가흐 헤섹그루 어친노―?

여권 검사 

안녕하세요?
Сайн байна уу?
새앵 배―노?

여권을 보여 주십시오.
Паспортоо үзүүлнэ үү.
파스퍼르터— 우쭈울누.

비자 있습니까?
Та виз авсан уу?
타 비즈 아브산노—?

여행 목적이 무엇입니까?
Аялалын зорилго тань юу вэ?
아일랄—잉 저릴거 타느 요— 웨?

출장 여행입니다.
Томилолтоор ирсэн.
터밀럴터—르 이르승.

유학 왔습니다.
Суралцахаар ирсэн.
소를차하—르 이르승.

연수 왔습니다.
Ажлын дадлагаар ирсэн.
아질리잉 다달가—르 이르승.

우리나라에 처음 오신겁니까?
Манай улсад анх удаа ирж байна уу?
마내— 올사드 앙흐 오다— 이르쯔 배—노—?

네, 처음입니다.
Тийм ээ, анх удаагаа ирж байна.
티임 에—, 앙흐 오다—가— 이르쯔 밴.

아니요, 왔었습니다.
Үгүй ээ, өмнө нь ирж байсан.
우뀌이 에—, 이믕느 이르쯔 배—승.

이번 여행이 두 번째입니다.
Энэ удаагийн аялал хоёр дахь удаагийнх болж байна.
엔 오다—기잉 아일랄 허이르 다흐 오다— 기잉—흐 벌즈 밴.

우리 나라에 며칠 머무르실 건가요?
Манай улсад хэдэн хоног байх вэ?
마내— 올사드 헤뎅 허녁 배—흐 웨?

약 일주일요.
Долоо хоног орчим.
덜러– 허억 어르침.

다 잘 되었습니다. 여권 받으십시오.
Бүюм хэвийн байна. Паспортоо авна уу.
부흐 욤 헤위잉 밴. 파스퍼르터— 아븐노—?

편안한 여행되시길! 통과하십시오.
Сайхан аялаарай. Орно уу.
새—항 아얄라—래—. 어른노.

감사합니다.
Баярлалаа.
바이를라—

세관 검사

세관신고 할 물건 갖고 있습니까?
Гаалийн мэдүүлгэнд тэмдэглэх ёстой ачаа тээш бий юу?
가알리잉 메뚜울겡드 템덱레흐 여스태— 아차— 테—쉬 비— 요—?

아뇨, 신고할 물건 없습니다.
Үгүй ээ, мэдүүлгэнд тэмдэглэх зүйл байхгүй.
우뀌이 에—. 메뚜울겡드 템데글레흐 쮈 배—흐뀌이.

저는 신고를 할 게 있습니다.
Надад мэдүүлгэнд тэмдэглүүлэх юм байгаа.
나다뜨 메뚜울겡드 템데글룰레흐 욤 배—가—.

이것은 신고를 해야 하나요?
Үүнийг мэдүүлгэнд тэмдэглэх ёстой юу?
우—니익 메뚜울겡드 템데글레흐 여스태— 요—?

당신 수하물을 보여 주십시오.
Та тээшээ шалгуулна уу.
타 테—쉬에— 살고올노—.

이게 제 수하물입니다.
Энэ миний тээш байна.
엔 미니— 테—쉬 밴.

수하물이 몇 개입니까?
Хэдэн ачаа тээштэй яваа вэ?
헤등 아차— 테—쉬태— 야와 웨?

전부 세 개입니다.
Нийт гурван тээш бий.
니—트 고롱 테—쉬 비—.

이 손가방에는 무엇이 들어 있나요?
Энэ цүнхэнд тань юу байгаа вэ?
엔 츙헨드 타느 요 배—가— 웨?

개인 소지품만 들어 있습니다.
Энд хувийн хэрэглээний зүйлс л бий.
엔뜨 호위–잉 헤르글레—니— 쮤 일 비—.

검사를 위해 가방을 열어 주십시오.
Цүнхээ онгойлгож үзүүлэхгүй юу.
츙흐에— 엉거엘거지 우쭈울리흐뀌 요—.

그러지요.
Тэгье.
테기–.

관세 부가 물건을 소지하고 있습니까?
Татвар ноогдох зүйлс бий юу?
타트와르 너—그더흐 쮤스 비— 요—?

아뇨, 기념품과 담배 한 보루가 있습니다.
Үгүй ээ, бэлэг дурсгалын зүйлс, боодол тамхи л бий.
우뀌이 에—, 벨렉 도르스갈르–잉 쮤스, 버—덜 탐힐 비—.

친구들을 위한 선물입니다.
Энэ найзууддаа авсан бэлэг байгаа юм.
엔 나애즈쩰다— 아와상 벨렉 배—가— 욤.

외화를 소지하고 있습니까?
Валют (гадаадын мөнгөн тэмдэгт) бий юу?
왈류트 (가다—딩 뭉궁 템득트) 비— 요—?

네, 있습니다.
Тийм ээ, байгаа.
티임에—. 배—가—.

어떤 화폐입니까?
Хаанахын мөнгөн тэмдэгт вэ?
하—느흥 뭉궁 템득트 웨?

미 달러입니다.
Америк доллар.
아메르크 달러르.

얼마나 소지하고 있습니까?
Хичнээн доллар байгаа вэ?
히츠네엥 달러르 배—가— 웨?

2천 달러입니다.
Хоёр мянган доллар.
허이르 미양강 달러르.

이것에 대한 관세를 물어야 하나요?
Үүндээ хураамж төлөх хэрэгтэй юу?
우웅데— 호라암지 툴루흐 헤륵태— 요—?

모든 게 제대로입니다. 검사 끝났습니다. 가십시오.
Бух зуйл хэвийн байна. Хяналт дууслаа. Орно уу.
부흐 쬘 헤위잉 밴. 하날트 도—쏠라—.어른노—.

감사합니다.
Баярлалаа.
바이를라—.

편안한 여행 되시길!
Сайхан аялаарай!
새—항 아얄라—래—!

안녕히 계세요.
Баяртай.
바이르태.

Харилцан яриа 1: Паспорт хяналт
하릘창 야리아 1 : 퍼스퍼르티 햐날트

심사원: 여권 주십시오.
김선생: 여기 있습니다.
심사원: 여행 목적이 무엇입니까?
김선생: 출장 왔습니다.
심사원: 어디 초청인가요?
김선생: 몽골국립대학교 초청입니다.
심사원: 첫 방문인가요?
김선생: 네, 처음입니다.
심사원: 얼마나 머무실 예정인가요?
김선생: 일주일요.
심사원: 됐습니다. 통과하십시오.
김선생: 감사합니다

Гаалийн ажилтан: Паспортоо Үзүүлнэ үү.
가알릉 아질탕: 파스퍼르터 우쭈울누—.

Ким багш: Энд байна.
김박시: 엔뜨 밴.

Гаалийн ажилтан: Таны аялалын зорилго юу вэ?
가일릉 아질탕: 타니— 아일랄잉 저릴거 요 웨?

Ким багш: Би томилолтоор ирсэн.
김박시: 터밀럴터—르 이르승.

Гаалийн ажилтан: Хаанахын урилгаар ирсэн бэ?
가일릉 아질탕: 하ㅡ느흥 오를가르 이르승 베?

Ким багш: МУИС-ийн урилгаар.
김박시: 모이스잉 오를가르.

Гаалийн ажилтан: Анх удаагаа ирж байна уу?
가일릉 아질탕: 앙흐 오다ㅡ가ㅡ 이르지 배ㅡ노ㅡ?

Ким багш: Тийм ээ, анх удаагаа.
김박시: 티임 에ㅡ, 앙흐 오다ㅡ가ㅡ.

Гаалийн ажилтан: Хэдий хугацаагаар байх вэ?
가일릉 아질탕: 헤디ㅡ 혹차ㅡ가ㅡ르 배ㅡ흐 웨?

Ким багш: Долоо хоног.
김박시: 덜러 헌억.

Гаалийн ажилтан: Ойлгомжтой. Орж болно.
가일릉 아질탕: 어일검지테ㅡ. 어르지 벌ㅡ너.

Ким багш: Баярлалаа.
김박시: 바이를라ㅡ.

Харилцан яриа 2: Паспорт хяналт
하를창 야리아 2 : 가알른 햐날트

심사원: 세관신고서와 여권 주십시오.
김선생: 여기 있습니다.
심사원: 신고할 물건 있습니까?
김선생: 아니오, 없습니다..
심사원: 당신 짐을 보여주세요.
김선생: 여기 제 짐입니다.
심사원: 짐이 몇 개인가요?
김선생: 모두 2개입니다.
심사원: 이 가방에 무엇이 있습니까?
김선생: 여기엔 제 개인 소지품이 들어 있습니다.
심사원: 검사를 위해 가방을 열어 보세요.
김선생: 알겠습니다.
심사원: 외화를 소지하고 있습니까?
김선생: 네, 1000달러 소지하고 있습니다.
심사원: 됐습니다. 검사 끝났습니다. 통과하십시오.
김선생: 감사합니다.

Гаалийн ажилтан: Гаалийн мэдүүлэг, паспортоо үзүүлнэ үү.

가일릉 아질탕: 가알릉 메뚜울렉, 파스퍼터— 우쭈울누—.

Ким багш: Энд байна.

김박시: 엔뜨 밴.

Гаалийн ажилтан: Мэдүүлгэнд тэмдэглэх ёстой эд зүйлс танд байгаа юу?

가일릉 아질탕: 메뚜울겡드 템덱레흐 여스태— 에드 쮤 탠드 배—가—요—?

Ким багш: Үгүй ээ байхгүй.

김박시: 우꿔이 에—, 배—흐귀이.

Гаалийн ажилтан: Тээшээ үзүүлнэ үү.

가일릉 아질탕: 테—쉬에— 우쭈울 누—.

Ким багш: Энэ миний тээш байна. Надад хоёр тээш \ цүнх бий.

김박시: 엔 미니— 테—쉬 밴. 나다뜨 허여르 테—쉬 \ 츙흐 비—.

Гаалийн ажилтан: Энэ цүнхэнд тань юу байгаа вэ?

가일릉 아질탕:엔 츙헨드 타느 요 베—가— 웨?

Ким багш: Энд миний ахуйн хэрэглээний зүйлс бий.

김박시: 엔뜨 미니— 아호인 헤레글레—니— 쮤스 비—.

Гаалийн ажилтан: Цүнхээ нээж үзүүлэхгүй юу.

가일릉 아질탕: 츙흐에— 네—지 우쭈울리흐귀이 요—.

Ким багш: Тэгье.

김박시: 테기— .

Гаалийн ажилтан: Танд валют бий юу?

가일릉 아질탕: 탠드 왈류트 비— 요—?

Ким багш: Тийм ээ, 1000 \ мянган \ доллар бий.

김박시: 티임 에—, 1000 \ 미양강 \ 달러르 비—.

Гаалийн ажилтан: Боллоо \ Зүгээр байна \. Хяналт дууслаа. Тавтай морилно уу.

가일릉 아질탕: 벌러—. \ 쭈게—르 밴 \. 햐날트 도—쓸라—.
        타오테—머를언노—.

Ким багш: Баярлалаа.

김박시: 바이를라—.

○ 숙박

▶ ▷ ▶

몽골 도착해서 편안한 여행은 편안한 숙소에서 시작된다.
숙박시설에 대한 정보 묻기, 호텔 예약, 체크인, 각종 호텔서비스
문의, 불편사항 항의, 체크아웃에 이르기 까지 숙박과 관련된 필수
회화 표현을 소개한다.

숙박시설 정보

어디에 보딩 하우스가 있나요?
Хөлсний байр хаана байдаг вэ?
훌스니— 배—르 하—느 배—닥 웨?

어디에 캠핑 장소가 있나요?
Жуулчны бааз хаана байдаг вэ?
조올친니— 바—치 하—느 배—닥 웨?

어디에 호텔이 있나요?
Зочид буудал хаана байдаг вэ?
저치뜨 보—달 하—느 배—닥 웨?

어디에 모텔이 있나요?
Дэн буудал хаана байдаг вэ?
뎅 보—달 하—느 배—닥 웨?

어디에 (빌릴) 방이 있나요?
Хөлсний өрөө хаана байдаг вэ?
훌스니— 으러— 하—느 배—닥 웨?

어디에 유스 호스텔이 있나요?
Залуучуудын хостел хаана байдаг вэ?
잘로초드잉 호스텔 하—느 배—닥 웨?

어디에 대학 기숙사가 있나요?
Оюутны байр хаана байдаг вэ?
어유틍니 배—르 하—느 배닥그 웨?

그런데 여기에 캠핑 장소가 있나요?
Гэхдээ энд жуулчны бааз байдаг уу?
게흐데— 엔드 조올친니 바—치 배—닥 오—?

어디 싼 곳을 추천해 주시겠어요?
Та арай хямдхан газар зааж өгөөч?
타 아래— 햠드항 가쯔르 자—쯔 으거—츠?

어디 럭셔리한 곳을 추천해 주시겠어요?
Та арай илүү зэрэглэлийнхийг зааж өгөөч?
타 아래— 일루— 제르겔렐잉–힉 자—쯔 으거—츠?

여기서 가까운 곳을 추천해 주시겠어요?
Та эндээс ойрхон газар зааж өгөөч?
타 엔데—스 어에르흥 가짜르 자—쯔 으거—츠?

어디 로맨틱한 곳을 추천해 주시겠어요?
Та үнэхээр сэтгэл хөдөлгөсөн сайхан газар мэдэхгүй биз?
타 우느헤—르 셑겔 흐들그승 새—흥 가쯔르 메데흐뀌이 비쯔?

좋은 호텔을 추천해 주시겠습니까?
Сайн зочид буудал зааж өгөхгүй юу?
새앵 저칟 보—달 자—쯔 우그흐뀌이 요—?

싼 호텔을 추천해 주시겠습니까?
Хямдхан зочид буудал зааж өгөхгүй юу?
햠드항 저칟 보—달 자—쯔 우그흐뀌이 요—?

민박집을 추천해 주시겠습니까?
Хувийн түрээсийн байр \ өрөө \ зааж өгөхгүй юу?
호위잉 투레—스잉 배—르 \ 으러— \ 자—쯔 우그흐뀌이 요—?

어디 일반 가정에서 방을 렌트할 수 있을까요?
Хувийн орон сууцанд өрөө хөлсөлье гэвэл хаанаас олох вэ?
호위잉 어렁 소—찬드 으러— 훌슬리 게웰 하—느—스 얼러흐 웨?

시내에서 가깝습니까?
Хотын түвөөс ойрхон уу?
허트잉 투브우—스 어에르홍 노—?

해변에서 가깝습니까?
Далайн эрэгт ойр уу?
달랭 에렉트 어에르홍 노—?

그곳은 조용합니까?
Тэнд дуу чимээ багатай юу?
텐드 도— 치메— 바가태— 요—?

Signs Тэмдэглэгээнүүд 템덱엘게—누—드
빈방 있음   Сул өрөө байгаа 솔 으러— 배—가—
빈방 없음   Сул өрөө байхгүй 솔 으러— 배흐뀌이
욕실 완비   Угаалгын өрөөтэй 오가알깅 으러—태—

객실 전화 예약 

여보세요! 객실을 예약하려 하는데요.
Байна уу! Би өрөө захиалах гэсэн юм.
밴 노—? 비 으러— 자히알라흐 게셍 욤.

빈 방이 있습니까?
Танайд сул өрөө байгаа юу?
타나애뜨 솔 으러— 배—가— 요—?

네, 있습니다.
Тийм ээ, байгаа.
티임에—, 배—가—.

언제 숙박을 원하십니까?
Хэзээ гэж захиалах вэ?
헤제— 게쯔 자흐알라흐 웨?

내일입니다.
Маргаашийнх.
마르가—쉬잉흐.

어떤 객실을 원하십니까?
Ямар өрөө хэрэгтэй вэ?
얌아르 으러— 헤륵태— 웨?

1인실이요.
Нэг хүнийх.
넥 후니—흐.

유감스럽게도, 2인실 밖에 없습니다.
Харамсалтай нь манайд хоёр хүний л өрөө бий.
하람살태—느 마나애뜨 허이르 후니—을 으러— 비—.

2인실은 객실 요금이 얼마인가요?
Хоёр хүний өрөө ямар үнэтэй вэ?
허이르 후니— 으러— 야마르 우느태— 웨?

하루 120달러입니다.
Өдрийн зуун хорин доллар.
으드리인 조웅 허링 달러르.

좋습니다. 바야르 미셸 이름으로 2인실 예약해주십시오.
**Ойлгомжтой. Баярын Мишээл нэр дээр хоёр хүний өрөө
захиалъя.**
어엘검찌태—. 바야르잉 미셸 네르 데—르 허이르 후니— 으러— 자흐알리—.

고객님의 객실이 예약되었습니다.
Таны захиалгыг хүлээж авлаа.
타니— 자흐알그익 훌레—쯔 아왈라—.

고객님의 전화번호를 말씀해주십시오.
Та утасны дугаараа хэлж өгнө үү.
타 오트스느— 도가—라— 헬쯔 우그노—.

제 전화번호는 9932-20-56입니다.
**Миний утасны дугаар ерэн ес гучин хоёр - хорь - тавин
зургаа.**
미니— 오트스느— 도가—르 이른 유스 고칭 허이르 허르 태운 조르가—.

감사합니다. 내일 호텔에서 뵙겠습니다.
Баярлалаа. Маргааш уулзах хүртлээ баяртай.
바이를라—. 마르가쉬 오올자흐 후르틀레— 바이르태.

호텔 리셉션 데스크 & 체크인

저는 1일실을 예약했습니다.
Би нэг хүний өрөө захиалсан.
비 넥 후니— 으러— 자히알상.

제 성은 김입니다.
Миний овог Ким.
미니— 어웍그 김.

오늘 빈 방 있습니까?
Өнөөдөр танайд сул өрөө байгаа юу?
으너—뜨르 타내—드 솔 으러— 배—가— 요—?

하루 밤 묵을 방 있나요?
Нэг хоногоор буух өрөө байгаа юу?
넥 허느거—르 보—흐 으러— 배—가— 요—?

이틀 밤 묵을 방 있나요?
Хоёр хоногоор буух боломжтой юу?
허이르 허느거—르 보—흐 벌럼쯔태— 요—?

일주일 머무를 방 있나요?
Долоо хоногоор буух боломжтой юу?
덜러 허느거—르 보—흐 벌럼쯔태— 요—?

유감스럽게도 방이 없습니다.
Харамсалтай нь өрөө байхгүй.
하람살태—느 으러— 배—흐꿰이.

네, 있습니다. 1인실과 2인실 중 어떤 방을 원하십니까?
**Байгаа. Аль өрөөнд буух вэ? - нэг хүнийх үү, хоёр хүнийх
үү?**
배—가—. 알 으런드 보—흐 웨? 넥 후니—흐 우—, 허이르 후니—흐우-?

있습니다. 어떤 방을 원하십니까?
Байгаа, танд ямар өрөө хэрэгтэй вэ?
배—가—, 탄드 야마르 으러— 헤륵태— 웨?

저는 1인실을 원합니다.
Нэг хүний өрөө хэрэгтэй байна.
넥 후니— 으러— 헤륵태— 밴.

저는 2인실을 원합니다.
Хоёр хүний өрөө хэрэгтэй байна.
허이르 후니— 으러— 헤륵그테 밴.

저는 조용한 방을 원합니다.
Чимээ шуугиан багатай өрөө хэрэгтэй байна.
치메— 쇼—기앙 바가태— 으러— 헤륵태— 밴.

저는 샤워 시설이 갖추어진 방을 원합니다.
Шүршүүртэй өрөө хэрэгтэй байна.
슈르슈—르태— 으러— 헤륵태— 밴.

저는 욕실이 구비된 방을 원합니다.
Дотроо угаалгын өрөөтэй байвал сайн байна.
더트러— 오가알그-잉 이러—태— 배—월 새앵 밴.

저는 발코니가 있는 방을 원합니다.
Тагттай өрөө байвал сайн байна.
탁트태— 으러— 배—월 새앵 밴.

저는 창이 정원으로 나있는 방을 원합니다.
Цэцэрлэг рүү харсан цонхтой өрөө байвал сайн байна.
체체를렉그 루— 하르상 청흐태 으러— 배—월 새앵 밴.

저는 바다 전경이 보이는 방을 원합니다.
Далай харагддаг өрөө байвал сайн байна.
달래— 하라그드닥 으러— 배—월 새앵 밴.

저는 호수 전경이 보이는 방을 원합니다.
Нуур харагддаг өрөө байвал сайн байна.
노—르 하라그드닥 으러— 배—월 새앵 밴.

우리 호텔 전 객실은 편의시설을 완비하고 있습니다.
Манай өрөөнүүд бүгд бүрэн тохижилттой.
마내— 으러—누—드 북드 부릉 터흐찔트태—.

저는 무선인터넷이 되는 1인실을 원합니다.
Надад утасгүй интернэттэй нэг хүний өрөө хэрэгтэй байна.
나다뜨 오트스귀이 인테르네드태— 넥 후니— 으러— 헤렉테— 밴.

알겠습니다. 우리 호텔 모든 객실은 무선 인터넷이 설치되어 있습니다.
Ойлголоо. Манай өрөөнүүд бүгд утасгүй интернэттэй.
어엘글러—. 마내— 으러—누—드 북드 오트스귀이 인테르네드태—.

얼마나 투숙하실 겁니까?
Хэр удаан байх вэ?
헤르 오다앙 배—흐 웨?

하루 만요.
Нэг л хононо.
넥 을 허느너.

2주일이요.
Хоёр долоо хоног.
허이르 덜러 허넉.

이틀입니다.
Хоёр хоног.
허이르 허넉.

바다 전망이 보이는 객실을 부탁했는데요.
Далай харагддаг өрөө хэрэгтэй гэсэн юмсан.
달래— 하라그드닥 으러— 헤렉태— 게셍 욤상.

바다가 보이는 방이 있나요?
Далай харагддаг өрөө байгаа юу?
달래— 하라그드닥 으러— 배—가— 요—?

네. 지금 성수기가 아니라 바다가 보이는 방이 있습니다.
Тиймээ. Одоо хүн ихтэй үе биш болохоор далай харагддаг

өрөө байгаа.
티임에—. 어더— 훙 이흐태— 우이 비쉬 벌러허—르 달래— 하르그다닥 으러— 배—가—.

방을 볼 수 있을까요?
Өрөөгөө үзэж болох уу?
으러—거— 우제쯔 벌러흐 오—?

다른 방도 볼 수 있을까요?
Өөр өрөө үзэж болох уу?
으—르 으러— 우제쯔 벌러흐 오—?

다른 방 있습니까?
Өөр өрөө байгаа юу?
으—르 으러— 배—가— 요—?

이 방으로 하겠습니다.
Энэ өрөөнд оръё.
엔 으러언드 어리—.

방에 침대 하나를 더 넣어 줄 수 있겠습니까?
Миний өрөөнд дахиад нэг ор оруулж болох уу?
미니— 으러언드 다히아드 넥 어르 어로올쯔 벌러흐 오—?

이 객실을 얼마 입니까?
Энэ өрөө ямар үнэтэй вэ?
엔 으러— 얌아르 우느태— 웨?

1인실은 객실 요금이 어떻게 됩니까?
Нэг хүний өрөө хэд вэ?
낵 후니— 으러— 헤드 웨?

하루 밤 얼마 입니까?
Хоногийн хэд вэ?
허넉그잉 헤드 웨?

2인실은 얼마 입니까?
Хоёр хүнийх хэд вэ?
허이르 후니—흐 헤드 웨?

일주일 숙박비는 얼마 입니까?
Долоо хоногийн төлбөр хэд вэ?
덜러 허넉그잉 툴브르 헤드 웨?

조식이 포함된 객실 요금은 얼마 입니까?
Өглөөний цайтай өрөө хэд вэ?
으글러니— 체—태 으러— 헤드 웨?

조식과 석식이 포함된 객실 요금은 얼마 입니까?
Өглөөний цай болон оройн хоолтой өрөө нь хэд вэ?
으글러니— 체— 벌렁 어르엥 허얼태— 으러—은 헤드 웨?

세 끼 모두 제공되는 객실 요금은 얼마 입니까?
Өдрийн гурван хоолтой өрөө хэд вэ?
으더르잉 고롱 허얼태- 으러— 헤드 웨?

하루 숙박비가 150불입니다.
Хоногийн зуун тавин доллар.
허넉그잉 조웅 타윙 달러르.

비쌉니다.
Их үнэтэй юм.
이흐 우느태— 욤.

어떻게 결재하시겠습니까?
Тооцоогоо яаж хийх вэ?
터—처—거— 야—쯔 히—흐 웨?

현금인가요? 신용카드인가요? 여행자 수표인가요?
Бэлнээр үү, зээлийн картаар уу, эсвэл аялалын чекээр үү?
벨렝에—르 우—, 제엘–잉 카르–타—르 오—, 에스웰 아일랄잉 체케—르 우—?

신용카드로 결재하겠습니다.
Зээлийн картаар төлбөрөө хийнэ.
제엘–잉 카르–타—르 툴브러— 히—네.

선금을 내야 하나요?
Урьдчилгаа төлбөр төлөх шаардлагатай юу?
오리드칠가— 툴브르 툴러흐 사—아르들가태— 요—?

미리 결재해야 하나요?
Төлбөрөө урьдчилж хийх шаардлагатай юу?
툴브러— 오리드칠쯔 히—흐 샤—아르들가태—요—?

신용카드로 결재해도 되나요?
Зээлийн картаар төлбөр хийж болох уу?
제엘—잉 카르—타—르 툴브르 히—쯔 벌러흐 오—?

직불카드로 결재해도 되나요?
Бэлэн мөнгөний картаар төлбөр хийж болох уу?
벨렝 뭉그니— 카르—타—르 툴브르 히—쯔 벌러흐 오—?

여행자 수표로 계산해도 되나요?
Аялалын чекээр төлбөр хийж болох уу?
아일랄—잉 체케—르 툴브르 히—쯔 벌러흐 오—?

좋습니다. 영수증 받으시지요.
Болно. Төлбөрийн баримтаа аваарай.
벌런. 툴브르—잉 바림타— 아와래—.

숙박부를 기재해주십시오.
Бүртгэлийн хуудсыг бөглөнө үү.
부르트글르—잉 호—다스—익 부글 누—.

여권을 주십시오.
Паспортоо үзүлнэ үү.
파스퍼르터— 우쭈울렌 누—.

신분증을 주십시오.
Биеийн байцаалтаа үзүүлнэ үү.
비이—잉 배—차알타— 우쭈울렌 누—.

그런데 열쇠는 언제 받을 수 있나요?
Түлхүүрээ хэзээ авч болох вэ?
툴후—레— 헤제— 아브치 벌러흐 웨?

지금 바로 드립니다. 여기 객실 열쇠입니다.
Яг одоо өгнө. Энэ таны өрөөний түлхүүр.
약 어더— 우그느. 엔 타니— 으러—니— 툴후—르.

객실 열쇠입니다.
Өрөөний түлхүүр энэ байна.
으러—니— 툴후—르 엔 밴.

당신의 방은 3층에 있습니다.
Таны өрөө гурван давхарт байгаа.
타니— 으러— 고롱 다와하르트 배—가.

엘리베이터를 이용하십시오.
Цахилгаан шатаар гарах боломжтой.
챠힐가앙 샤타—르 가라흐 벌럼쯔태—.

제 짐을 방에 갖다 주십시오.
Миний ачааг өрөөнд хүргээд өгөхгүй юу.
미니— 아차아그 으르언드 후르게—드 우그흐귀이 요.

어디에 주차할 수 있습니까?
Машинаа хаана тавих вэ?
마쉬나— 하—느 타위흐 웨?

우리 호텔 차고에요.
Манай гражид.
마내— 그라찌드.

우리 호텔 주차장에요.
Манай зочид буудлын машины зогсоолд.
마내— 저치드 보—달링 마쉬니— 적서—얼드.

서비스 문의

언제 조식이 시작되나요?
Өглөөний цай хэдээс вэ?
으글러—니— 채 헤데—스 웨?

언제 중식이 제공되나요?
Өдрийн хоол хэдээс вэ?
으뜨르잉 허얼 헤데—스 웨?

언제 석식이 제공되나요?
Оройн хоол хэдээс вэ?
어레엥 허얼 헤데―스 웨?

어디에 식당이 있습니까?
Хоолны танхим хаана вэ?
허얼니 탕흠 하―느 웨?

어디에서 조식이 제공되나요?
Өглөөний цай хаана уух вэ?
으글러니― 채 하―느 오―흐 웨?

수건을 갖다 주십시오.
Алчуур авчирч өгөхгүй юу?
알초―르 아브치르치 우그흐꿰이 요―?

비누를 갖다 주십시오.
Саван авчирч өгөхгүй юу?
사왕 아브치르치 우그흐꿰이 요?

담요 한 장 더 갖다 주십시오.
Хөнжил нэмж авчирч өгөхгүй юу?
홍―찔 넴찌 아브치르치 우그흐꿰이 요?

24호입니다.
Хорин дөрөвдүгээр өрөө байна.
허링 드루우 두게―르 으러― 밴.

제 앞으로 메모가 남겨져 있나요?
Миний нэр дээр зурвас байна уу?
미니― 네르 데―르 조르와스 배―노―?

여기 어디 마실 곳이 있나요?
Хаана юм ууж болох вэ?
하―느 욤 오―찌 벌러흐 웨?

여기 어디서 자동차를 렌트할 수 있나요?
Хаанаас машин түрээсэлж болох вэ?
하―느―스 마슁 투레―셀쯔 벌러흐 웨?

여기 어디서 전화통화 할 수 있나요?
Хаанаас утсаар ярьж болох вэ?
하―느―스 오트사―르 얘리쯔 벌러흐 웨?

귀중품을 보관해 주시겠습니까?
Үнэт зүйлсээ хадгалуулж болох уу?
우네트 쭬세― 하드글로울쯔 벌러흐 오―?

짐을 여기에 놔둬도 되나요?
Энд тээшээ орхиж болох уу?
엔뜨 테―쉬에― 어르흐쯔 벌러흐 오―?

온수는 하루 종일 나옵니까?
Халуун ус байнга байдаг уу?
할로―웅 오스 뱅-그 배―닥 오―?

부엌을 사용해도 됩니까?
Гал тогоог ашиглаж болох уу?
갈 터거-어그 아쉭글라쯔 벌러흐 오―?

세탁장을 사용해도 됩니까?
Угаалгын машинтай өрөөг ашиглаж болох уу?
오가―알그잉 마슁태 으러-어그 아쉭글라쯔 벌러흐 오―?

전화를 사용해도 됩니까?
Утсаар ярьж болох уу?
오트사――르 얘리쯔 벌러흐 오―?

엘리베이터가 있습니까?
Цахилгаан шат байгаа юу?
챠힐가―앙 샤트 배―가 요―?

세탁장이 있습니까?
Танайд угаалга хийх өрөө байгаа юу?
타내드 오가―알라그 히―흐 으러― 배―가 요―?

금고가 있습니까?
Сейф байгаа юу?
세―프 배―가 요―?

위성 TV가 있습니까?
Танайх сансрын антенатай зурагттай юу?
타내흐 상사르–잉 안텐태— 조락트태— 요—?

욕조가 있습니까?
Танайд ванн бий юу?
타내드 완느 비— 요—?

여기서 환전할 수 있습니까?
Энд мөнгө солиулж болох уу?
엔뜨 뭉그 설리울–쯔 벌러흐 오—?

관광을 할 수 있나요?
Аялаж болох уу?
아얄쯔 벌러흐 오—?

저한테 메시지 없나요?
Надад зурвас \ мессеж \ байна уу?
나다뜨 조르와스 \ 메세쯔/ 배—노—?

메시지 좀 전달 해주시겠어요?
Зурвас \ мессеж \ үлдээж болох уу?
조르와스 \ 메세쯔 \ 울데—쯔 벌러흐 오—?

방에 열쇠를 놔두고 왔습니다.
Би түлхүүрээ өрөөндөө орхичихож \ мартчихаж \ .
비 툴후—레— 으러언드— 어르히치허쯔 \ 마르트치하쯔 \ .

불편사항

방이 너무 환합니다.
Энэ өрөө хэтэрхий их гэрэлтэй юм.
엔 으러— 헤테르히— 이흐 게렐태— 욤.

방이 춥습니다.
Өрөө хүйтэн байна.
으러— 휘—텡 밴.

방이 어둡습니다.
Өрөө харанхуй байна.
으러— 하랑호이— 밴.

방이 시끄럽습니다.
Өрөө дуу чимээ ихтэй байна.
으러— 도— 치메— 이흐태— 밴.

방이 좁습니다.
Өрөө давчуу \ зай багатай \ байна.
으러— 다브초— \ 재— 바가태— \ 밴.

오늘 제 방이 청소가 안 되어 있습니다.
Өнөөдөр миний өрөөг цэвэрлээгүй байна.
으너—뜨르 미니— 으러어그 체웨를래—꾸이 밴.

이 베개가 더럽습니다.
Энэ дэр бохир \ цэвэрхэн биш \ байна.
엔 데르 버히르 \ 체웨르헹 비쉬/ 밴.

에어콘이 작동하지 않습니다.
Кондишн ажиллахгүй байна.
콘디슁 아질라흐꾸이— 밴.

난방이 되지 않습니다.
Халаалт байхгүй байна.
할라—알트 배—흐꾸이— 밴.

화장실이 고장 났습니다.
Суултуур эвдэрсэн байна.
소올토—르 에브데르승 밴.

수도가 샙니다.
Гоожуураас ус дусаад байна.
거—쪼—라—스 오스 도사—드 밴.

온수가 나오지 않습니다.
Халуун ус байхгүй байна.
할로웅 오스 배—흐꾸이 밴.

변기가 막혔습니다.
Суултуур бөглөрсөн байна.
소올토―르 부글르―승 밴.

배수구가 막혔습니다.
Угаалтуур бөглөрсөн байна.
오가―알토―르 부글르―승 밴.

수리 소음 땜에 잠을 잘 수가 없습니다.
Засварын ажил унтахад саад болж байна.
자스와―링 아질 온타하드 사―드 벌쯔 밴.

방을 바꾸고 싶습니다,
Би өрөөгөө солимоор байна.
비 으러―그―어 설리머―르 밴.

호텔 종업원과의 대화

301호가 어디인지 말씀해주세요.
Уучлаарай, гурван зуун нэгдүгээр өрөө хаана байдаг вэ?
오―츨라―래―, 고롱 조웅 넥 뚜게―르 으러― 하―느 배―닥 웨?

모셔다 드리겠습니다.
Би танд заагаад өгье.
비 탠드 자―가―드 우그-이―.

여기 왼쪽 첫 번째 문입니다.
Эндээс зүүн талын эхний хаалга.
엔데―스 주웅 탈-르잉 에흐니― 하알가.

여기가 고객님 방입니다.
Энэ таны өрөө.
엔 타니― 으러―.

여기가 욕실입니다.
Энэ угаалгын \ариун цэврийн\ өрөө.
엔 오가알라그-잉 \아리옹 체웨르잉\ 으러―.

전화와 컴퓨터는 책상에 있습니다.
Утас, компьютер ширээн дээр байна.
오트스, 컴퓨트르 쉬레엔 데—르 밴.

필요한 것이 있으시면, 프런트로 전화하세요.
Танд ямарваа зүйл хэрэг болвол утасдана уу.
탄드 야마르와— 쮤 헤렉 벌월 오트스단 오—?

알겠습니다. 고맙습니다.
Ойлголоо, баярлалаа.
어엘글러—. 바이를라—.

양복과 와이셔츠를 다림질해야 하는데요.
Би цамц, хүрмээ индүүдэх хэрэгтэй байна.
비 챰츠, 후르메— 인두—데흐 헤르그태— 밴.

제가 가져가겠습니다. 1시간 후에 갖다 드리겠습니다.
Надад өгөөрэй. Нэг цагийн дараа авчирч өгье.
나다뜨 우그—어레. 넥 챠—깅 다라— 아브치르치 우그이—.

지금 저는 시내에 나가려 합니다.
Би одоо хотын төв рүү явлаа.
비 어더— 허트잉 투브 루— 야왈라—.

누가 저에 대해 물으면, 저녁 9시 이후에 돌아온다고 말씀해 주십시오.
Хэрэв хэн нэгэн намайг асуувал, оройн есөн цагаас хойш
ирнэ гэж хэлээрэй.
헤레우 헹 네긍 나맥 아소—왈, 어렝 유승 챠가—스 허이쉬 이르네 게쯔 헬레—래—.

알겠습니다. 그렇게 전하겠습니다. 또 다른 시키실 일 없으십니까?
Ойлголоо. Тэгье. Өөр хүсэлт бий юу?
어엘글러—. 텍그이. 으—르 후셀트 비— 요—?

없습니다. 그게 다인 것 같아요. 감사합니다.
Үгүй ээ, байхгүй. Баярлалаа.
우귀이 에—, 배—흐뀌이. 바이를라.

모닝콜 예약 

여기는 301호입니다.
Гурван зуун нэгдүгээр өрөө байна.
고롱 조웅 넥 뚜게—르 으러— 밴.

내일 7시 반에 깨워 주십시오.
Маргааш өглөө намайг долоо гучид сэрээж өгнө үү.
마르가—쉬 으글러— 나멕 덜러— 고치드 세레—쯔 우그 누—.

알겠습니다. 내일 아침 7시 반에 깨워 드리겠습니다.
Ойлголоо. Маргааш өглөө долоо гучид таныг сэрээх болно.
어엘글러—. 마르가—쉬 으글러— 덜러— 고치드 타니–이그 세레—흐 벌—너.

체크아웃 

저는 오늘 저녁 떠납니다.
Би өнөө орой буудлаас гарна.
비 우느—어 어레— 보—달라—스 가르—나.

내일 아침 열 시에 떠납니다.
Би маргааш өглөө арван цагаас гарна.
비 마르가—쉬 으글러— 아르왕 챠가—스 가르—나.

지금 체크아웃 합니다.
Тооцоогоо хийе.
터—처—거— 히—예.

몇 시까지 체크아웃 해야 하나요?
Хэдэн цагаас өрөөгөө суллах хэрэгтэй вэ?
헤뎅 챠가—스 으러—그—어 솔라흐 헤르그태— 웨?

계산서를 준비해주세요.
Тооцоогоо хийх гэсэн юм.
터—처—거— 히—흐 게셍 욤.

계산이 잘못 되었습니다.
Тооцоо буруу байна.
터—처— 보로— 밴.

신용카드를 받으시겠습니까?
Зээлийн картаар тооцоо хийж болох уу?
제엘—잉 카르타—르 터—처— 히—쯔 벌러흐 오—?

택시를 예약해 주십시오.
Такси захиалаад өгөхгүй юу.
탁시 자히알라—드 우그흐꿰이 요—.

11시에 택시가 필요합니다.
Надад арван нэгэн цагт такси хэрэгтэй байна.
나다뜨 아롱 네겡 챡트 탁시 헤르그태— 밴.

여기 짐을 놔둬도 됩니까?
Энд тээшээ орхиж болох уу?
엔뜨 테—쉬에— 어리흐쯔 벌러흐 오—?

제가 선금 맡긴 것을 주십시오.
Урьдчилгаа мөнгийг минь өгөхгүй юу.
오리드칠가— 뭉그—익 민 우그흐꿰이 요—.

제 여권을 주십시오.
Паспортыг минь өгөхгүй юу.
파스퍼르트—익 민 우그흐꿰이 요—.

제 귀중품을 주십시오.
Хадгалуулсан үнэт зүйлсээ авъя.
하드갈로—울상 우네트 쮈세— 아브야.

3 일 후 월요일에 돌아오겠습니다.
Гурав хоногийн дараа Даваа гаригт буцаж ирнэ.
고로우 허넉—잉 다라— 다와— 가릭—트 보차쯔 이르네.

감사합니다. 아주 잘 묵었습니다.
Баярлалаа. Танай буудлаар үйлчлүүлэх сайхан байлаа.
바이를라. 타내— 보—달라—르 윌칠루—레흐 새—항 배—을라.

모든 것에 대단히 감사합니다. 안녕히 계십시오.
Маш их баярлалаа. Баяртай.
마쉬 이흐 바이를라. 바이르태—.

호텔 "Tuushin"는 수흐바타르 광장에서 멀지 않은 곳에 위치하고 있다.
새로운 개인 호텔이다. 객실이 전부 24호인 작은 호텔이다.

호텔직원: 안녕하세요? 예약하셨나요?
마이크: 네. 예약했습니다.
　　　여기 예약 접수를 컨폼한 팩스 사본입니다.
호텔직원: 좋습니다. 여권을 주세요.
마이크: 여기 있습니다.
호텔직원: 감사합니다. 내일 아침에 돌려받으실 겁니다.
마이크: 객실에 TV가 있나요?
호텔직원: 물론입니다. 몽골어 채널 5개가 있고, Arirang 방송을 보실 수 있습
　　　니다. 하루 종일 영어로 방송합니다.
마이크: 뉴스는 언제 방송하는 지 아시나요?
호텔직원: 죄송합니다. 정확히 기억 못합니다. 하지만 몽골어와 영어로 된
　　　모든 정보책자가 객실에 비치되어 있습니다.
마이크: 감사합니다. 여기서 세탁은 어떻게 하나요?
　　　드라이클리닝 하는 곳이 있나요?
호텔직원: 세탁할 물건을 정오 전에 맡기시면, 다음 날 아침 8시까지 준비 됩
　　　니다.
마이크: 좋습니다. 그래요. 뭔가 잊어버린 것 같은데! 영국신문이나 미국 신문
　　　없습니까?
호텔직원: 있습니다. 우리 호텔은 영국신문 "타임지"와 미국신문 "뉴욕 헤랄드
　　　트리뷴"을 받아 봅니다. 그런데 이틀 늦게 우리 호텔에 배달됩니다.
마이크: 레스토랑은 어디 있습니까? 언제 여나요?
호텔직원: 우리 호텔에는 레스토랑이 없습니다. 근처 코너 아주 가까운 곳에
　　　레스토랑이 있습니다.

마이크: 그러면 어디에서 아침 식사를 하죠?
호텔직원: 우리 호텔 2층에 가벼운 스낵과 피자 뷔페가 있습니다.
　　　메뉴는 손님 객실에 비치되어 있고요.
　　　원하시면, 아침식사를 룸서비스 받으실 수 있습니다.
마이크: 감사합니다. 당신이 많은 도움이 되었습니다.

"Туушин" зочид буудал Сүхбаатарын талбайгаас холгүй байрлалтай. Орчин үеийн зочид буудал. 24 өрөөтэй жижиг зочид буудал.
"토—쉥" 저치뜨 보—달 수흐바타르—잉 탈배—가—스 헐뀌이 배—를랄태— 어르칭 우이—잉 저치뜨 보—달. 허릉 두르웅 으러—태 저치뜨 보—달.

Зочид буудлын ажилтан: Сайн байна уу. өрөө захиалсан уу?
저치드 보달—잉 아질탕: 새앵 배—노? 으러— 자히알산노—?

Майк: Тийм ээ, захиалсан.
　　　Факсаар авсан захиалгын баталгааны хуудас нь энэ байна.
마이크: 티임 에— 자히알상.
　　　팍스—아르 아브상 자히알라그—잉 바탈가—니— 호—다스 엔 벤.

Зочид буудлын ажилтан: Ойлголоо. Паспортоо өгөхгүй юу.
저치드 보달—잉 아질탕: 어엘글러—, 파스퍼르터— 우그흐뀌이 요.

Майк: Энэ байна.
마이크: 엔 밴.

Зочид буудлын ажилтан: Баярлалаа. Паспортоо маргааш өглөө буцааж авч болно.
저치드 보달—잉 아질탕: 바이를라. 파스퍼르터 마르가—쉬 보차—쯔 아브치 벌너.

Майк: өрөөнд маань зурагт бий болов уу?
마이크: 으러언드 마느 조락트 배—가— 요—?

Зочид буудлын ажилтан: Байлгүй яахав. Таван суваг монголоор гарах бөгөөд Ариран TV бас өдөржин англиараа гарна.
저치드 보달—잉 아질탕: 바일뀌이 야—하—우. 타왕 소왁 몽골어—르— 가라흐 브구—우드 아리랑 티위 바스 우드르징 앙글라—르 가르나.

Майк: Та мэдээ хэдэн цагаас гарахыг мэдэхгүй биз?

마이크: 타 메떼— 헤뎅 챠가—스 가르—힉 메떼히뀌이 비쯔?

Зочид буудлын ажилтан: Сайн мэдэхгүй байна. Гэхдээ өрөөнд тань зурагтын хөтөлбөр монгол болон англи хэл дээр бий.

저치드 보달—잉 아질탕: 새앵 메드흐뀌이 밴. 게흐떼 으러언드 타느 조락트잉 후틀브르몽골 앙글 헬데—르 비—.

Майк: Энд хувцсаа угаах боломжтой юу? Хими цэвэрлэгээ байдаг уу?

마이크: 엔드 호와차—스 오가—흐 벌럼찌태— 요?. 히—미 체브를게 배—닥 오—?

Зочид буудлын ажилтан: Хэрэв та угаалгаж цэвэрлүүлэх зүйлсээ үд дундаас өмнө өгвөл маргааш өглөөний найман цагт бэлэн болсон байна.

저치드 보달—잉 아질탕:헤레우 타 오가—흐 체브렐루—레—흐 쮤세 우드 동다—스 으므느우그블 마르가—쉬 으글러—니— 내—몽 챡트 벨 렝 벌승 밴.

Майк: За. Өөр юу билээ байз? Мартах дөхлөө! Танайд англи юмуу америк сэтгүүл бий юу?

마이크: 자, 우—르 요 빌레— 배—쯔! 마리타흐 드흘러—! 타내—드 앙글 욤오— 아메르크 세트구울 비— 요—?

Зочид буудлын ажилтан: Тийм ээ, бид английн “Таймс”, америкийн “Нью-Йорк Геральд Трибьюн” сэтгүүлүүдийг захиалдаг. Гэхдээ хоёр хонож манайд ирдэг.

저치드 보달—잉 아질탕: 티임 에— 비드 앵글린 “Times” 아메르크인 “New York …………” 세트구울루—디익 자히알닥그. 게흐데— 허이르 허너쯔 마내—드 이리득그.

Майк: Танай зоогийн газар хаана байдаг вэ? Хэзээ онгойдог вэ?

마이크: 타내— 저그—잉 가자르 하—느 배—닥 웨? 헤제— 엉거에덕 웨?

Зочид буудлын ажилтан: Манайд зоогийн газар байхгүй. Гэхдээ эндээс ойрхон зоогийн газар бий.

저치드 보달—잉 아질탕: 마내—드 저그—잉 가자르 배—흐뀌이. 게흐데— 엔데—스어에르헝 저그—잉 가자르 비—.

Майк: Өглөөний цайгаа хаана уудаг вэ?

마이크: 으글러—니— 체가— 하—느 오—닥그 웨?

Зочид буудлын ажилтан: Манай буудлын хоёр давхарт зууш, пиццаны жижигхэн цайны газар бий. Хоолны цэс нь өрөөнд байгаа. Хэрэв хүсвэл өглөөний цайгаа өрөөндөө захиалж болно.

저치드 보달—잉 아질탕: 마내— 보—달링 허이르 다우하르트 조—쉬, 피차니— 찌찍헹 채—니— 가자리 비—. 허얼니 체신 으러언드 베—가—. 헤레우 후 스웰 우글러—니 체가— 으러언드—어 자히 알쯔 벌너.

Майк: Баярлалаа. Та үнэхээр их тус боллоо.

마이크: 바으를라—. 타 우네헤—르 이흐 토스 벌러— .

만남

▶▷▶

몽골 사람들은 세계 어느 나라 사람보다 손님맞이하기를 좋아하고
정을 베풀 줄 아는 민족이다. 몽골사람들과의 만남이 마음을 따뜻
하게 해주고 여행길을 아름답게 해준다. 초면에 만난 사람에게 말
걸기, 인사, 나이, 직업, 가족관계 등 자기소개 표현을 소개한다.

말걸기 [녹음]

안녕하세요?
Сайн байна уу?
새앵 배—노—?

당신 일은 어떠세요?
Ажил хэрэг бүтэмжтэй сайн уу?
아질 헤렉 부템지태— 새앵 노—?

매우 반갑습니다.
Тун таатай байна. \ Танилцахад таатай байна.
퉁 타—태— 밴. \타닐차하드 타—태— 밴.

저는 여기서 휴가 중입니다.
Би амралтаар яваа.
비 아므랄타—르 야와—.

저는 사업상 여기 왔습니다.
Би ажлаар ирсэн.
비 아질라—르 이르승.

뭐 좀 마시겠어요?
Уух юм авах уу?
오—흐 욤 아와호—?

담배 한 대 피우시겠어요?
Тамхи татах уу?
타미흐 타트호?

당신 이름은 무엇입니까?
Таны нэр хэн бэ?
타니— 네르 헴 베?

제 이름은 쳉길입니다.
Намайг Цэнгэл гэдэг.
나맥 쳉길 게—득.

인사& 소개(참고 쪽) : 국적

당신은 어디서 왔습니까?
Та хаанаас ирсэн бэ?
타 하—느—스 이르승 베?

저는 한국에서 왔습니다.
Би Солонгосоос ирсэн.
비 설렁거서—스 이르승.

저는 캐나다에서 왔습니다.
Би Канадаас ирсэн.
비 카나다—스 이르승.

저는 일본에서 왔습니다.
Би Японоос ирсэн.
비 야펀너—스 이르승.

저는 중국에서 왔습니다.
Би Хятадаас ирсэн.
비 햐타다—스 이르승.

저는 미국에서 왔습니다.
Би Америкаас ирсэн.
비 아메그카—스 이르승.

저는 오스트레일리아에서 왔습니다.
Би Австралиас ирсэн.
비 아와스트랄—아스 이르승.

저는 프랑스에서 왔습니다.
Би Францаас ирсэн.
비 프랑차—스 이르승.

저는 영국에서 왔습니다.
Би Англиас ирсэн.
비 앵글라—스 이르승.

당신은 몽골인입니까?
Та Монгол хүн үү?
타 멍걸 훈—우—?

네, 몽골인입니다.
Тийм ээ, би Монгол хүн.
티임에—. 비 멍걸 훙.

아뇨, 몽골인이 아닙니다.
Үгүй ээ, би Монгол хүн биш.
우꿰이 에—, 비 멍걸 훙 비쉬.

저는 한국인입니다.
Би солонгос хүн.
비 설렁거스 훙.

저는 일본인입니다.
Би япон хүн.
비 야펑 훙.

저는 중국인입니다.
Би хятад хүн.
비 햐타드 훙.

저는 미국인입니다.
Би америк хүн.
비 아메르크 훙.

저는 영국인입니다.
Би англи хүн.
비 앵글 훙.

Харилцан яриа : Танилцах
하를창 야리아 : 타닐차흐

어드: 안녕하세요? 저는 수흐바타르 어드입니다.
누구십니까?

홀랑: 저는 퐁착 홀랑입니다. 몽골인입니다.
당신도 몽골인이세요?

어드: 아뇨, 몽골인 아닙니다. 대몽골인도 아닙니다.
차하르인도 아니고요.

홀랑: 국적이 어디세요?

어드: 저는 보랴트인입니다. Ulan-Ude에서 태어났습니다.
당신은 어디 출신이세요?

홀랑: 저는 다르항 출신입니다. 지금은 여기 올란바타르에 살아요.
은해에서 일해요. 당신은 어디에서 일하세요?

어드: 저요? 저는 대학에서 일합니다. 몽골어 강의를 합니다.

홀랑: 그러니까, 저는 회계원이고, 당신은 강사군요...
그런데 이 젊은 사람은 누구인가요?

어드: 송입니다. 제 새로운 학생입니다. 한국인입니다. 몽골어를 공부하고
있어요. 송!
이리로 와 보세요! 송입니다. 이 분은 퐁착 홀랑. 은행에서 일합니다.

송: 매우 반갑습니다.

홀랑: 만나게 되어 매우 기쁩니다.

**Од: Сайн байна уу? Намайг Сүхбаатарын Одон гэдэг.
Таны нэр хэн бэ?**
어드: 새앵 배—노—? 나맥 수흐바타릉 어드 게득. 타니— 네르 헴 베?

Хулан: Намайг Пунцагийн Хулан гэдэг. Би монгол хүн.
Та бас монгол хүн үү?

홀랑: 나맥 퐁착잉 홀랑 게득. 비 멍걸 훙. 타 바스 멍걸 훈—우?

Од: Үгүй ээ би монгол хүн биш. Өвөрмонгол биш,
цахар ч биш.

어드: 우귀이 에—, 비 멍걸 훙 비쉬. 으워르 멍걸 비쉬. 차하르 츠 비쉬.

Хулан: Та хаанахын хүн бэ?

홀랑: 타 하—느흐잉 훙 베?

Од: Би буриад хүн. Би Улан-Үдэд төрсөн. Та
хаанахынх вэ?

어드: 비 보리아드 훙. 비 올랑 우데드 투르승. 타 하—느흐잉흐 웨?

Хулан: Би Дарханых. Гэхдээ би одоо Улаанбаатарт
амьдардаг. Би банкинд ажилладаг. Та хаана
ажилладаг вэ?

홀랑: 비 다르항니—흐. 게흐데— 비 어더— 울란바타르트 앰드르닥.
비 방큰드 아질라득.
타 하—느 아질라득 웨?

Од: Би юу? Би Их сургуульд ажилладаг. Монгол хэл
заадаг.

어드: 비 요—? 비 이흐 소르고일드 아질득. 멍걸 헬 자—닥.

Хулан: Тэгэхээр би санхүүч, та сурган
хүмүүжүүлэгч байх нь. Харин тэр залуу хэн бэ?

홀랑: 테게헤—르 비 상후—츠, 타 소르강 후무—쭈울렉츠 배—흥. 하링
테르 잘로— 헴 베?

Од: Энэ бол Сун. Тэр солонгосоос ирсэн. Шинэ
оюутан. Монгол хэл сурдаг юм. Сун! Нааш ир дээ!
Энэ бол Сун. Сун, энэ бол Пунцагийн Хулан.
Банкинд ажилладаг.

어드: 엔 벌 송. 테르 설렁거서시 이르승. 신 어유틍. 멍걸 헬 소르득 욤. 송!
나—쉬 이르데—!
엔 벌 송. 송, 엔 벌...퐁착잉 홀랑. 방큰드 아질라득.

Хулан: Таатай байна.

홀랑: 타—태— 밴.

Сун: Тантай танилцахад тун таатай байна.

송: 탄태— 타닐차하드 통 타—태— 밴.

당신은 몇 살입니까?
Та хэдэн настай вэ?
타 헤뎅 나스태— 웨?

저는 20세입니다
Би хорин настай.
비 허링 나스태—.

당신 딸은 몇 살입니까?
Таны охин хэдэн настай вэ?
타니— 어힝 헤뎅 나스태— 웨?

당신 아들은 몇 살입니까?
Таны хүү хэдэн настай вэ?
타니— 후— 헤뎅 나스태— 웨?

두 살입니다.
Хоёр настай.
허이르 나스태—.

다섯 살입니다.
Таван настай.
타왕 나스태—.

열한 살입니다.
Арван нэгэн настай.
아롱 네겡 나스태—.

당신은 나이보다 젊어 보입니다.
Та наснаасаа залуу харагдах юм.
타 나스나—사— 잘로— 하락다흐 욤.

당신이 저보다 세 살 어립니다.
Та надаас гурван насаар дүү юм байна.
타 나다—스 고롱 나사—르 두— 욤 밴.

당신이 저보다 세 살 많습니다.
Та надаас гурван насаар ах (эгч) юм байна.
타 나다—스 고롱 나사—르 아흐 (엑치) 욤 밴.

당신 직업은 무엇입니까?
Та ямар мэргэжилтэй вэ?
타 야마르 메르그질태— 웨?

저는 회계사입니다.
Би нягтлан бодогч.
비 냑틀랑 버덕츠.

저는 비즈니스맨입니다.
Би бизнесмен.
비 비즈네스멘.

저는 교사입니다.
Би багш.
비 박쉬.

저는 컴퓨터 프로그래머입니다.
Би программист.
비 프러그람미스트.

저는 엔지니어입니다.
Би инженер.
비 인제네르.

저는 대학생입니다.
Би оюутан.
비 어유틍.

저는 의사입니다.
Би эмч.
비 엠츠.

저는 간호사입니다.
Би сувилагч.
비 소월락츠.

저는 기자입니다.
Би сэтгүүлч.
비 세트구울츠.

저는 통역사입니다.
Би орчуулагч.
비 어르초올락츠.

저는 변호사입니다.
Би өмгөөлөгч.
비 음구울륵츠.

저는 컨설턴트입니다.
Би зөвлөх.
비 즈울르흐.

당신은 어디에서 일하십니까?
Та хаана ажилладаг вэ?
타 하—느 아질라득 웨?

저는 삼성회사에서 일합니다.
Би Самсунг корпорацид ажилладаг.
비 삼송그 커르퍼라츠—드 아질라득.

저는 관공서에서 일합니다.
Би улсын байгууллагад ажилладаг.
비 올스잉 배—고올라가드 아질라득.

저는 은행에서 일합니다.
Би банкинд ажилладаг.
비 방큵드 아질라득.

저는 마케팅 일을 합니다.
Би маркетингийн салбарт ажилладаг.
비 마르크팅그잉 살바르트 아질라득.

저는 대학에서 일을 합니다.
Би их сургуульд ажилладаг.
비 이흐 소르고일드 아질라득.

저는 연금수혜자입니다.
Би тэтгэвэртээ гарсан.
비 테트게웨르테— 가르상.

저는 개인 사업체를 갖고 있습니다.
Би хувиараа бизнес эрхэлдэг.
비 호위아라— 비즈네스 에르헬득.

저는 실업자입니다.
Би ажилгүй.
비 아질뀌이.

어디에서 공부하십니까?
Та хаана сурдаг вэ?
타 하—느 소르닥 웨?

저는 학교를 다닙니다.
Би сургуульд сурдаг.
비 소르고일드 소르닥.

저는 대학을 다닙니다.
Би их сургуульд сурдаг.
비 이흐 소르고일드 소르닥.

저는 단과대학을 다닙니다.
Би дээд сургуульд сурдаг.
비 데드 소르고일드 소르닥.

저는 대학원을 다닙니다.
Би магистрт сурдаг.
비 마기스트르드 소르닥.

무엇을 공부하십니까?
Та юу сурдаг/ судалдаг вэ?
타 요— 소르닥 / 소달닥 웨?

저는 몽골어를 공부합니다.
Би монгол хэл сурдаг.
비 멍걸 헬 소르닥.

저는 인문학을 공부합니다.
Би хүмүүнлэгийн ухаанд суралцдаг.
비 후무웅래그잉 오하앙드 소를차닥.

저는 경제를 공부합니다.
Би эдийн засгийн чиглэлээр суралцдаг.
비 에드—잉 자스그—잉 치글렐레—르 소를차닥.

저는 역사를 공부합니다.
Би түүхийн чиглэлээр суралцдаг.
비 투—흐잉 치글렐레—르 소를차닥.

저는 자연과학을 공부합니다.
Би байгалийн шинжлэх ухааны чиглэлээр суралцдаг.
비 배—갈리잉 슁쯜리흐 오하앙니— 치글렐레—르 소를차닥.

저는 수학을 공부합니다.
Би математикын чиглэлээр суралцдаг.
비 마테마트크—잉 치글렐레—르 소를차닥.

저는 생물학을 공부합니다.
Би биологийн чиглэлээр суралцдаг.
비 비얼럭그—잉 치글렐레—르 소를차닥.

저는 화학을 공부합니다.
Би химийн чиглэлээр суралцдаг.
비 히므—잉 치글렐레—르 소를차닥.

저는 생명공학을 공부합니다.
Би биоинженерийн чиглэлээр суралцдаг.
비 비어인제네르—잉 치글렐레—르 소를차닥.

Харилцан яриа
하를창 야리아 :

톨가: 이르무—웅, 당신은 처음부터 영어 강사를 했습니까?

이르무—웅: 아뇨, 처음부터는 아니에요. 대학 졸업 후 처음에는 출판사에 서 일했어요.

톨가: 왜 출판사를 그만 두셨어요? 일이 마음에 안 들었나요?

이르무—웅: 일은 마음에 들었어요. 어느 날 출판사 직원 그룹이 영어 공부를 함께 하자고 했어요. 그래서 가르치기 시작했지요. 새로운 일이 나를 사로잡기 시작했고, 가르치는 일이 나한테 더 맞는다는 것을 알았지요.

톨가: 후회하지 않습니까?

이르무—웅: 전혀요.

Тулга: Ирмүүн ээ, та анхнаасаа их сургуулийн англи хэлний багш байсан уу?

톨가: 이르무—웅에—, 타 안흐나—사— 이흐 소르골르—잉 앵글 헬니— 박쉬 배승 노—?

Ирмүүн: Үгүй ээ, анхнаасаа биш. Анхандаа их сургуулиа төгсөөд хэвлэлийн компанид ажиллаж байлаа.

이르무—웅: 우꿰이 에—, 안흐나—사— 비쉬. 안흥다— 이흐 소르골라 특수—우드 헤블렐르—잉 컴판드 아질라쯔 배—앨라—.

Тулга: Та яагаад хэвлэлийн компанид ажиллахаа болсон юм бэ? Ажил тань таалагддаггүй байсан уу?

톨가: 타 야—가—드 헤블렐르잉 컴판드 아질라하— 벌리승 욤 베? 아질 타느 타—알락다흐 꿰이 배—승 욤 오—?

Ирмүүн: Ажилдаа дуртай байсан. Нэг удаа хэвлэлийн компанийн маань хэсэг ажилчид намайг англи хэл зааж өгөхийг хүссэн юм. Тэгээд би хэл зааж эхэлсэн. Шинэ ажил маань их таалагдсан.

Хичээл заах нь надад илүү тохирч байгааг ухаараад, тэгээд л их сургуульд багшаар орсон.
이르무—웅: 아질다— 도르태— 배—승. 넥 으뜨르 헤블렐르잉 컴파니—
헤섹 아질치드 나맥 앵글 헬 자—쯔 으구흑 후스셍 욤. 테게—드 비
헬 자—쯔 에헬셍. 신 아질 마아느 이흐 타알락드상. 히츠엘 자—
흐느 나다뜨 일루— 터흐르치 배—가악 오하—라—드, 테게—드 이
흐소르골르드 박쉬아—르 어르성.

Тулга: Энэ шийдвэртээ харамсдаг уу?
톨가: 엔 쉬뜨웨르테— 하람스닥 오—?

Ирмүүн: Огтхон ч үгүй.
이르무—웅: 억트헝츠 우뀌이.

(남자에게)결혼하셨습니까?
Та эхнэртэй юу? – Та гэрлэсэн үү?
타 에흐네르태— 요—? \ 타 게를슨 누—?

기혼입니다.
Тийм ээ, би гэрлэсэн
티임 에—, 비 게를셍.

미혼입니다.
Үгүй ээ, би гэрлээгүй.
우뀌이 에—, 비 게를레—꾸이.

(여자에게) 결혼하셨습니까?
Та нөхөртэй юу?
타 느흐르태— 요—?

기혼입니다.
Тийм ээ, би нөхөртэй.
티임 에—, 비 느흐르태—.

미혼입니다.
Үгүй ээ, гэрлээгүй.
우뀌이 에―, 게를레―꾸이.

별거 중입니다.
Би эхнэрээсээ (нөхрөөсөө) түр тусдаа байгаа.
비 에흐네레―세― (느흐르―스―우) 투르 토스다― 배―가―.

독신입니다.
Би ганц бие.
비 강츠 비이―.

가족관계가 어떻게 되나요?
Танайх хэдүүлээ вэ?
타내―흐 헤뚜울레― 웨?

대가족입니다.
Манайх өнөр өтгөн айл.
마내―흐 으누르 으트긍 앨.

가족이 그다지 많지 않습니다.
Манайх олуулаа биш ээ.
마내―흐 얼로울라― 비쉬에―.

소가족입니다.
Манайх цөөхүүлээ айл.
마내―흐 츠―후울레― 앨.

부모님이 생존해 계십니다.
Эцэг эх маань амьд сэрүүн байгаа.
에첵 에흐 마아느 애므드 세―룽 배―가―.

형(오빠)이 있습니다.
Би ахтай.
비 아흐태―.

남동생이 있습니다.
Би эрэгтэй дүүтэй.
비 에렉태― 두―테―.

누나(언니)가 있습니다.
Би эгчтэй.
비 에흐츠태―.

여동생이 있습니다.
Би охин (эмэгтэй) дүүтэй.
비 어힝 (에멕태―) 두―태.

자녀가 있습니까?
Та хүүхэдтэй юу?
타 후―헤드태― 요―?

아이들이 있습니다.
Би хүүхэдтэй.
비 후―헤드태―.

딸이 둘입니다.
Би хоёр охинтой.
비 허이르 어힝태―.

아들이 있습니다.
Би хүүтэй.
비 후―태―.

아이가 없습니다.
Би хүүхэдгүй.
비 후―헤드뀌이.

부모님은 자식 둘을 두셨습니다.
Бид эхээс хоёулаа.
비드 에헤―스 허율라―.

우리 가족은 세 명입니다.
Манайх ам бүл гурвуулаа.
마내―흐 암 불 고로울라―.

우리는 저와 아내, 딸 이렇게 세 식구입니다.
Манайх гурвуулаа – эхнэр, би, бас охин маань.
마내―흐 고로울라―, 에흐네르, 비, 바스 어힝 마아느.

Харилцан яриа 1 :
하를창 야리아 1 :

침게: 당신 집은 대가족인가요?

서더ー: 아뇨, 네 식구입니다. 아내와 저, 아들, 딸이 있습니다.

침게: 딸이 몇 살이에요?

서더ー: 15살이에요.

침게: 당신한테 그렇게 큰 딸이 있으리라고는 생각도 못했어요.
아들은 몇 살인가요?

서더ー: 10살입니다.

침게: 아이들이 누구를 닮았나요?

서더ー: 딸은 엄마를, 아들은 저를 닮았어요.

Чимгээ: Танайх олуулаа юу?

침게: 타내ー흐 얼로올라ー 요ー?

Содоо: Үгүй ээ, дөрвүүлээ – эхнэр, би, тэгээд охин
хүү хоёр.

서더ー: 우뀌이 에ー, 드루울레ー, 에흐네르, 비, 테게ー드 어힝, 후ー 허이르.

Чимгээ: Охин тань хэдэн настай вэ?

침게: 어힝 타느 헤뎅 나스태ー 웨?

Содоо: Арван таван настай.

서더ー: 아롱 타왕 나스태ー.

Чимгээ: Таныг тийм том охинтой гэж бодсонгүй.
Хүү тань харин хэдтэй вэ?

침게: 타느익 티ー임 텀 어힝태ー 게쯔 버드성뀌이. 후ー 타느 헤뎅 나스
태ー 웨?

Содоо: Аравтай (арван настай).

서더ー: 아로우태ー (아롱 나스태ー)

Чимгээ: Аав ээжийнхээ хэнийг нь дуурайсан бэ?

침게: 아ー우 에ー즈잉헤ー 헤느ー근 도ー래ー상 베?

Содоо: Охин ээжийгээ, хүү намайг дуурайсан.

서더ー: 어힝 에ー즈ー게ー, 후ー 나맥 도ー래ー상.

아나르: 게를레, 당신 집은 대가족인가요?

게를레: 어떻게 말해야 하나? 우리 부모님은 삼남매를 두셨어요.
저와 남동생 그리고 여동생이요 요즘엔 많은 사람들이 자식이
셋이면 대가족이라 생각하더군요..

아나르: 당신 부모님은 어떤 분이셨지요?

게를레: 매우 엄격하셨어요. 요구사항도 많으셨고요.
아버지는 모든 면에서 질서 정연한 것을 좋아하셨어요.
군장교이셨거든요. 아버지가 제게 많은 것을 주었다고 생각해요.

아나르: 어머님은요?

게를레: 어머니는 교사였어요. 오래 직장 생활은 하지 않으셨어요.
남동생을 낳으시고 직장을 그만 두시고 집안일과 우리 돌보는
일만 하셨어요.

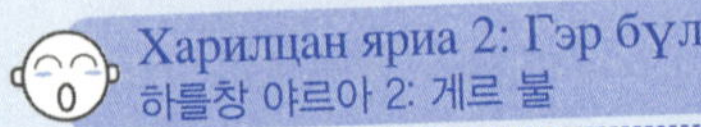

Харилцан яриа 2: Гэр бүл
하를창 야르아 2: 게르 불

Анар: Гэрэлээ гуай, танайх ах дүү олуулаа юу?

아나르: 게를레— 과이, 타내—흐 아흐 두— 얼루울라 요?

Гэрэлээ: Тийм ээ, юу ч гэж хэлмээр юм.Бид эхээс
гурвуулаа – би, тэгээд эрэгтэй дүү, эмэгтэй дүү
маань. Гурван хүүхэдтэй гэр бүлийг одоо олон
хүүхэдтэйд тооцох болсон бололтой.

게를레—: 티임 에—, 요— 치 게지 헬메—르 욤.
비드 에헤—스 고로울라—, 비, 테게—드 에렉태— 두— 에멕태—
두— 마아느. 고롱 후—헤 드태— 게르 불—이그 어더— 얼렁
후—헤드태드 터—처흐 벌승 벌럴태—.

Анар: Эцэг эх тань ямар хүмүүс байсан бэ?

아나르: 에측 에흐 타느 야마르 후무—스 배—상 베?

Гэрэлээ: Маш зарчимч. Ширүүн. Эцэг маань цэргийн
офицер хүн байсан болохоор бүх зүйлийг
эмх журамтай байхад дуртай байлаа. Аав маань
надад их юм зааж сургасан гэж боддог.

게를레—: 마쉬 자르침치츠. 쉬루—웅. 에측 마느 쳬르그—잉 어프츠르
훙 배—상 벌러허—르 부흐 쮈르—익 엠흐 쪼람태— 배—하드
도르태— 배—앨라—. 아—우 마아느 나다뜨 이흐 욤 자—쯔 소르
가상 게쯔 버뜨덕.

Анар: Харин ээж тань?
아나르: 하링 에—쯔 타느?

Гэрэлээ: Багшийн мэргэжилтэй байсан ч удаан
 ажиллаагүй.
 Эрэгтэй дүүг төрсний дараа ажлаасаа гарч
 гэрийн ажилтай болсон.
게를레—: 박쉬잉 메렉질태— 배—상츠 오다—앙 아질라꿰이. 에렉태— 두
 우그 투리스니—
 다라— 아질라—사— 가르츠 게르—잉 아질태— 벌성.

○ 외모와 성격　▶▷▶

외모와 성격은 일상생활에서 대화 테마로 자주 등장한다. 외모에
대한 관심은 우리나라 뿐만 아니라 몽골에서도 날이 갈수록 높아지
고 있다. 또한 외형에 대한 관심외에도 인간의 내면에 대한 관심도
주된 이야기거리다. 외모와 성격에 대한 표현을 총망라해본다.

외모 

그는(그녀는) 서른 살 쯤 되었습니다.
Тэр гуч орчим настай.
테르 고츠 어르침 나스태—.

그는 (그녀는) 서른이 조금 넘었습니다.
Тэр гучин хэдэн настай.
테르 고칭 헤뎅 나스태—.

그는 (그녀는) 서른이 넘지 않았습니다.
Тэр гуч хүрээгүй.
테르 고츠 후레—뀌이.

그는 (그녀는) 서른이 넘었습니다.
Тэр гуч гаруй настай.
테르 고츠 가뤼 나스태—.

그는 (그녀는) 오십 살 무렵입니다.
Тэр тавь орчим настай.
테르 태우 어르침 나스태—.

그는 (그녀는) 중년입니다.
Тэр дунд эргэм насны хүн.
테르 동드 에르겜 나스니— 훙.

그는(그녀는) 키가 큽니다.
Тэр өндөр нуруутай.
테르 응뜨르 노로—태—.

그는 (그녀는) 중간 키 입니다.
Тэр дунд зэргийн нуруутай.
테르 똥뜨 제륵기인 노로—태—.

그는 (그녀는) 중간 키 보다 큽니다.
Тэр өндөрдүү нуруутай.
테르 응뜨르두— 노로—태—.

그는 (그녀는) 키가 작습니다.
Тэр намхан нуруутай.
테르 남항 노로—태—.

그는 (그녀는) 키가 크지 않습니다.
Тэр өндөр биш.
테르 응뜨르 비쉬.

그는 (그녀는) 나보다 머리 하나 더 큽니다.
Тэр надаас нэг төө өндөр.
테르 나다—스 넥 투으— 응뜨르.

그는 (그녀는) 얼굴이 잘 생겼습니다(예쁩니다).
Тэр царайлаг(хөөрхөн).
테르 차래앨락 (흐—르흥)

그는 (그녀는) 얼굴이 검습니다.
Тэр бор царайтай.
테르 버르 차래—태—.

그는 (그녀는) 얼굴이 하얗습니다.
Тэр цагаан царайтай.
테르 차그—앙 차래—태—.

그는 (그녀는) 얼굴색이 좋습니다.
Тэр гэрэлтсэн нүүртэй.
테르 게렐트승 누—르테—.

그의 (그녀의) 얼굴에는 주근깨가 있습니다.
Тэр сэвхтэй нүүртэй.
테르 세우흐태— 누—르테—.

그의 (그녀의) 코에는 주근깨가 있습니다.
Тэр хамар дээгүүрээ сэвхтэй
테르 하마르 데—구—레— 세우흐태—.

그의 (그녀의) 얼굴은 깁니다.
Тэр гонзгой царайтай.
테르 겅저거에 차래—태—.

그의 (그녀의) 얼굴은 작습니다.
Тэр жижиг нүүртэй.
테르 찌찍 누—르태—.

그의 (그녀의) 얼굴은 큽니다.
Тэр том \ өргөн \ нүүртэй.
테르 텀 \으르궁\ 누—르태—.

그의 (그녀의) 얼굴은 둥급니다.
Тэр дугуй царайтай.
테르 독괴이 차래—태—.

그의 (그녀의) 이목구비는 반듯 합니다.
Тэр нүдэнд дулаахан \ энгийн \ царайтай.
테르 누뎅뜨 돌라—항 \엥그잉\ 차래—태—.

그의 (그녀의) 이목구비는 반듯하지 않습니다.
Тэр нүдэнд дулаахан биш \ эгэлгүй \ царайтай.
테르 누뎅뜨 돌라—항 비쉬 \에겔뀌이\ 차래—태—.

그의 (그녀의) 얼굴은 선이 굵습니다.
Тэр ширүүн царайтай.
테르 쉬루—웅 차래—태—.

그의 (그녀의) 눈은 파랗습니다.
Тэр цэнхэр нүдтэй.
테르 쳉헤르 누뜨태—..

그의 (그녀의) 눈은 검은 색입니다.
Тэр хар нүдтэй.
테르 하르 누뜨태―.

그의 (그녀의) 눈은 밤색입니다.
Тэр бор нүдтэй.
테르 버르 누뜨태―.

그의 (그녀의) 눈은 회색입니다.
Тэр саарал нүдтэй.
테르 사―랄 누뜨태―.

그의 (그녀의) 눈은 초록 색입니다.
Тэр ногоон нүдтэй.
테르 너그―엉 누뜨태―.

그의 (그녀의) 눈은 큽니다.
Тэр том нүдтэй.
테르 텀 누뜨태―.

그의 (그녀의) 눈은 크지 않습니다.
Тэр жижигхэн нүдтэй.
테르 찌찍헹 누뜨태―.

그의 (그녀의) 눈은 작습니다,
Тэр онигор нүдтэй.
테르 어니거르 누뜨태―.

그의 (그녀의) 눈은 둥급니다.
Тэр бөөрөнхий нүдтэй.
테르 부―어릉히― 누뜨태―.

그의 (그녀의) 눈은 빛납니다.
Тэр гэрэлтсэн нүдтэй.
테르 게렐트셍 누뜨태―.

그의 (그녀의) 눈은 표정이 풍부합니다.
Тэр нүдээрээ сэтгэлийн хөдөлгөөнөө илэрхийлдэг.
테르 누데―레― 세트겔르―잉 후둘그―ㄴ―어 일레르흘리덱.

그의 (그녀의) 눈은 진지합니다.
Тэр төлөв харцтай.
테르 튤르우 하르츠태ㅡ.

그의 (그녀의) 눈은 생각에 잠긴 눈입니다.
Тэр бодлогоширсон харцтай.
테르 버덜거쉬르성 하르츠태ㅡ.

그의 (그녀의) 눈은 교활합니다.
Тэр овжин харцтай.
테르 어우징 하르츠태ㅡ.

그의 (그녀의) 머리는 깁니다.
Тэр урт үстэй.
테르 오르트 우스태ㅡ.

그의 (그녀의) 머리는 깁니다.
Тэр богино үстэй.
테르 버기느 우스태ㅡ.

그의 (그녀의) 머리는 직모입니다.
Тэр шулуун үстэй.
테르 숄로웅 우스태ㅡ.

그의 (그녀의) 머리는 고수머리입니다.
Тэр буржгар үстэй.
테르 보르쯔가르 우스태ㅡ.

그의 (그녀의) 머리는 곱슬머리입니다.
Тэр долгионтсон үстэй.
테르 덜기엉트성 우스태ㅡ.

그의 (그녀의) 머리는 윤이 납니다.
Тэр гялалзсан \ толигор \ үстэй.
테르 걀랄즈상 \털리거르\ 우스태ㅡ.

그의 (그녀의) 머리는 북슬북슬합니다.
Тэр өтгөн буржгар үстэй.
테르 으트긍 보르쯔가르 우스태ㅡ.

그의 (그녀의) 머리는 숱이 많습니다.
Тэр өтгөн үстэй.
테르 으트긍 우스태ㅡ.

그의 (그녀의) 머리는 숱이 없습니다.
Тэр шингэн үстэй.
테르 쉬잉겡 우스태ㅡ.

그의 (그녀의) 머리색은 밝습니다.
Тэр цайвар үстэй.
테르 채ㅡ와르 우스태ㅡ.

그의 (그녀의) 머리색은 어둡습니다.
Тэр бараан үстэй.
테르 바르ㅡ앙 우스태ㅡ.

그의 (그녀의) 머리는 검은 색입니다.
Тэр хар үстэй.
테르 하르 우스태ㅡ.

그의 (그녀의) 머리는 회색입니다.
Тэр саарал үстэй.
테르 사ㅡ랄 우스태ㅡ.

그의 (그녀의) 머리는 붉은 색입니다.
Тэр улаан үстэй.
테르 올라앙 우스태ㅡ.

그의 (그녀의) 머리는 밤색입니다.
Тэр хүрэн үстэй.
테르 후렝 우스태ㅡ.

그는 (그녀는) 짧은 헤어스타일을 하고 있습니다.
Тэр богинохон засуулсан үстэй.
테르 버기느헝 자소울상 우스태ㅡ.

그는 (그녀는) 유행하는 헤어스타일을 하고 있습니다.
Тэр дэгжин засалттай үстэй.
테르 덱찡 자살트태ㅡ 우스태ㅡ.

그는 (그녀는) 금발입니다.
Тэр шаргал үстэй.
테르 샤르갈 우스태—.

그는 대머리입니다.
Тэр халзан.
테르 할장.

그의(그녀의) 시선은 솔직합니다.
Тэр шударга шулуун харцтай.
테르 쇼뜨라그 숄로웅 하르츠태—.

그의(그녀의) 시선은 평온합니다.
Тэр тайван дөлгөөн харцтай.
테르 태—왕 둘그—엉 하르츠태—.

그의(그녀의) 시선은 밝습니다.
Тэр гэрэлтсэн харцтай.
테르 게렐트셍 하르츠태—.

그의(그녀의) 시선은 다정합니다.
Тэр дулаан харцтай.
테르 돌라—앙 하르츠태—.

그의(그녀의) 시선은 수줍습니다.
Тэр ичингүйрсэн харцтай.
테르 이칭꿔이르셍 하르츠태—.

그의(그녀의) 시선은 천진난만합니다.
Тэр гэнэн хонгор харцтай.
테르 겐엥 헝거르 하르츠태—.

그의(그녀의) 시선은 당돌합니다.
Тэр өөртөө итгэлтэй харцтай.
테르 으—르투— 이트겔태— 하르츠태—.

그의(그녀의) 시선은 사려 깊습니다.
Тэр ухаалаг уужуу харцтай.
테르 오하알락 오—조— 하르츠태—.

그의(그녀의)눈초리는 뚫어지게 쳐다 봅니다 .
Тэр цоо ширтсэн харцтай.
테르 처— 쉬이르트셍 하르츠태—.

그는 (그녀는) 유쾌한 미소를 짓습니다.
Тэр баясгалантай \аз жаргалтай\ инээмсэглэдэг.
테르 바야스갈랑태— \아쯔 자르갈태—\이네엠섹겔득.

그는(그녀는) 환한 미소를 짓습니다.
Тэр хөгжилтэй инээмсэглэдэг.
테르 흑질테— 이넴—섹레득.

그는 (그녀는) 공손한 미소를 짓습니다.
Тэр даруу \нөхөрсөг\ инээмсэглэдэг.
테르 다로—\누흐리슥\ 이넴—섹레득.

그는 (그녀는) 우울한 미소를 짓습니다.
Тэр гунигтай \уйтгартай\ инээмсэглэдэг.
테르 고닉태— \오이트가르태—\ 이넴—섹레득.

그는(그녀는) 수줍은 미소를 짓습니다.
Тэр ичингүй инээмсэглэдэг.
테르 이칭꿔이 이넴—섹레득.

그는(그녀는) 크게 웃습니다.
Тэр нүүр дүүрэн мишээдэг.
테르 누—르 두—렝 미쉬에—득.

그는(그녀는) 행복한 미소를 짓습니다.
Тэр аз жаргалтай инээмсэглэдэг.
테르 아쯔 자르글태— 이넴—섹레득.

그는 (그녀는) 영악한 미소를 짓습니다.
Тэр зальжин инээмсэглэдэг.
테르 잘찡 이넴—섹레득.

그는 (그녀는) 피곤한 모습입니다.
Тэр ядарсан \залхсан\ шинжтэй харагдаж байна.
테르 야다르상 \잘흐상\ 쉬인즈태— 하락다쯔 밴.

그는 (그녀는) 기진맥진한 모습입니다.
Тэр тамир тэнхээгүй харагдаж байна.
테르 타미르 텡헤뀌이 하락다쯔 밴.

그는 (그녀는) 행복한 모습입니다.
Тэр жаргалтай харагдаж байна.
테르 자르갈태— 하락다쯔 밴.

당신은 누구를 닮았습니까?
Та хэнийг дуурайсан бэ?
테르 헨니그 도—래—상 베?

당신 동생은 누구를 닮았나요?
Таны дүү хэнтэй төстэй вэ?
타니— 두— 헹태— 투스태— 웨?

당신 여동생은 누구를 닮았나요?
Таны эмэгтэй дүү хэнтэй төстэй вэ?
타니 에멕태— 두— 헹태— 투스태— 웨?

당신 형제는 서로 닮았나요?
Та ахтайгаа төстэй юу?
타 아흐태—가— 투스태— 요—?

Харилцан яриа 1
하를창 야리아 1

숭지드마: 침게, 오늘 어떤 젊은 남자가 너를 찾아 왔더라.
         자기 이름은 밝히지 않고, 7시 이후에 다시 온다고 했어.
침게: 누가 왔다 갔지? 그 사람이 어떻게 생겼든?
숭지드마: 외모가 25세 쯤 되어 보였어. 중간 키고.
침게: 말랐어? 뚱뚱해?

숭지드마: 마른 편이었어.

침게: 얼굴은 거무스름했니? 검게 그을었든?

숭지드마: 아니, 흰 편이었어.

침게: 얼굴 생김새는 어땠어? 머리카락은?

숭지드마: 이목구비가 반듯했어. 머리는 검고 숱이 많았어.
　　　　눈은 커다랗고 갈색이었고.

침게: 그렇다면 내 사촌 동생이야. 울란바타르에서 의대를 다녀.

숭지드마: 네 사촌 동생이 울란바타르에 있는 줄 몰랐어.
　　　　왜 지금까지 한 번도 소개시켜 주지 않았니?

침게: 당장 오늘 저녁에 소개시켜 줄게.

**Сүнжидмаа: Чимгээ, өнөөдөр чамайг нэг залуу сурж **
　　　　асууж\ ирсэн.
　　　　Нэрээ хэлээгүй, гэхдээ долоо өнгөрөөгөөд
　　　　дахиад ирнэ гэсэн.

숭지드마: 침게—, 으너—뜨르 차맥 넥 잘로— 소르쯔 \아소—쯔\ 이르셍.
　　　　네레— 헬레—뀌이,
　　　　게흐데— 덜러 응그러—거—드 다히아뜨 이르느 게셍.

Чимгээ: Хэн юм бол? Ямархуу төрхтэй хүн байсан бэ?

침게—: 헹 욤 벌? 얌아르호— 투르흐태— 홍 배—상 베?

Сүнжидмаа: Нас нь хорин тав орчим. Дунд
зэргийн нуруутай.

숭지드마: 나슨느 허릉 타오 어르침. 똥뜨 제르그—잉 노로—태—.

Чимгээ: Тарган уу? Туранхай юу?

침게—: 타르강 오—? 토랑해— 오—?

Сүнжидмаа: Туранхайдуу.

숭지드마: 토랑해—도—.

Чимгээ: Царай нь бараан уу? Бор уу?

침게—: 차래—은 바라—노—? 버르 오—?

Сүнжидмаа: Цайвар цагаандуу.

숭지드마: 채—와르, 차가—앙도—.

Чимгээ: Нүүр царайны нь онцлог, үс нь ямар вэ?

침게—: 누—르 차래—니—은 언쯜럭, 우슨느 야마르 웨?

Сүнжидмаа: Энгийн царайтай, өтгөн хар үстэй.
　　　　Тэгээд бас том хүрэн нүдтэй.

숭지드마: 엥그—잉 차래—태—, 으트긍 하르 우스태—. 테게—드 바스 텀
　　　　후렝 누드태—.

그는 (그녀는) 정서적으로 섬세합니다.
Тэр их эмзэг мэдрэмтгий.
테르 이흐 엠젝 메드렘트기—.

그는 (그녀는) 유머 감각이 없지 않습니다.
Тэр их хөгжилтэй.
테르 이흐 훅쫄태—.

그는 (그녀는) 사람들에 대해 호의적인 태도를 갖고 있습니다.
Тэр хүмүүст их найрсаг ханддаг.
테르 후무스트 이흐 내—르삭 항뜨닥.

그는 (그녀는) 무슨 일에도 참을성이 없습니다.
Тэр ямар ч зүйлд тэвчээргүй ханддаг.
테르 야마르 츠 쮤ㄹ드 테위체—르꿔이 항뜨닥.

그는 (그녀는) 무슨 일에도 무관심합니다.
Тэр бүх зүйлд хайнга \ хэнэггүй \ ханддаг.
테르 부흐 쮤ㄹ드 해응그 \헤내그꿔이\ 항뜨닥.

그는 (그녀는) 이기주의자입니다.
Тэр хувиа хичээгч.
테르 호위아 히첵—츠.

그는 (그녀는) 책임감이 강합니다.
Тэр их зарчимч \ хариуцлагатай.
테르 이흐 자르침츠\ 하리오츨라그태—.

그는 (그녀는) 책임감이 없습니다.
Тэр зарчимч биш\хариуцлагагүй.
테르 자르침츠 비쉬\ 하리오츨라그뀌이.

그는 위선주의자입니다.
Тэр хоёр нүүр гаргадаг.
테르 허이르 누—르 가르가닥.

그는 (그녀는) 낙관주의자입니다.
Тэр өөдрөг үзэлтэй.
테르 으—뜨륵그 우쯜태—.

그는 (그녀는) 비관주의자입니다.
Тэр гутрангуй үзэлтэй.
테르 고트랑꼬이— 우쯜태—.

그는 (그녀는) 참을성이 있습니다(없습니다).
Тэр тэвчээр муутай.
테르 테위체—르 모—태—.

그는 (그녀는) 명랑합니다.
Тэр сэргэлэн цовоо.
테르 세르길릉 처워—.

그는 (그녀는) 겸손합니다.
Тэр даруухан.
테르 다로—항.

그는 (그녀는) 수줍음을 타는 성격입니다.
Тэр ичимхий.
테르 이침히—.

그는 (그녀는) 정직합니다.
Тэр шударга.
테르 쇼뜨라그.

그는 (그녀는) 진지합니다.
Тэр буурь суурьтай.
테르 보이르 소—우르태—.

그는 (그녀는) 경솔합니다.
Тэр хөнгөн хуумгай.
테르 훙긍 호움개—

그는 책임감이 강합니다(없습니다).
Тэр хариуцлагатай (хариуцлагагүй).
테르 하리오츨라그태— (하리오츨라그꿰이).

그는 (그녀는) (부)정확한 사람입니다.
Тэр болгоомжтой (болгоомжгүй).
테르 벌거엄찌테 (벌거엄찌꿰이)

그는 (그녀는) (비)양심적입니다.
Тэр сэтгэлтэй (сэтгэлгүй).
테르 세트겔태— (세트겔꾸이)

그는 (그녀는) 공정한 (공정하지 못한) 사람입니다.
Тэр шударга (биш).
테르 쇼뜨라그 (비쉬).

그는 (그녀는) 신뢰성이 있는(없는) 사람입니다.
Тэр найдвартай хүн (биш).
테르 내—드와르태— 훙 (비쉬).

그는 (그녀는) 제대로 교육을 받은 (받지 못한) 사람입니다.
Тэр боловсролтой (боловсролгүй) хүн.
테르 벌러우스럴태 (벌러우스럴꿰이) 훙.

그는 (그녀는) 공손한(공손하지 못한) 사람입니다.
Тэр соёлтой (биш).
테르 서일태 (비쉬).

그는 (그녀는) 교양 있는(없는) 사람입니다.
Тэр боловсон (биш) хүн.
테르 벌럽성 (비쉬) 훙.

그는 (그녀는) 개방적인 사람입니다.
Тэр их нийтэч \ нээлттэй.
테르 이흐 니―테츠 \ 네엘트태―.

그는 (그녀는) 폐쇄적인 사람입니다.
Тэр их бүрэг.
테르 이흐 부렉.

그는 사교성이 없는 사람입니다.
Тэр нийтэч биш.
테르 니―테츠 비쉬.

그는 (그녀는) 적극적인 사람입니다.
Тэр идэвхитэй хүн.
테르 이뜨우흐테― 훙.

그는 (그녀는) 소극적인 사람입니다.
Тэр их ноомой.
테르 이흐 너―매―.

그는 (그녀는)열정적인(열정이 없는) 사람입니다.
Тэр ажилдаа сэтгэлтэй \идэвхитэй (биш).
테르 아질다― 세트겔태―\ 이뜨우흐태― (비쉬).

그는 (그녀는) 따뜻한 사람입니다.
Тэр сайхан сэтгэлтэй.
테르 새―항 세트겔태―.

그는 (그녀는) 차가운 사람입니다.
Тэр хүйтэн сэтгэлтэй.
테르 휘텡 세트겔태―.

그는 (그녀는) 선한 사람입니다.
Тэр номхон дөлгөөн хүн (нүдэнд дулаахан).
테르 넘헝 둘그―응 훙 (누덴드 돌라―항).

그는 (그녀는) 악한 사람입니다.
Тэр муу (санаатай) хүн.
테르 모— (사나—태—) 훙.

그는 (그녀는) 부지런한 사람입니다.
Тэр ажилсаг хүн.
테르 아질사그 훙.

그는 (그녀는) 게으른 사람입니다.
Тэр залхуу хүн.
테르 잘호— 훙.

그는 (그녀는) 과묵한 사람입니다.
Тэр дуу цөөтэй хүн.
테르 도— 츠—테— 훙.

그는 (그녀는) 수다스럽습니다.
Тэр их яриа хүн.
테르 이흐 야리아 훙.

그는 (그녀는) 정력적입니다.
Тэр эрч хүчтэй.
테르 에르츠 후츠태—.

그는 (그녀는) 고슴도치처럼 날카롭습니다.
Тэр зараа шиг зожиг (хурц).
테르 자라— 쉭 저찍 (호르츠).

그는 (그녀는) 여우처럼 교활합니다.
Тэр үнэг шиг зальтай.
테르 우넥 쉭 잘태—.

그는 (그녀는) 토끼처럼 겁쟁이입니다.
Тэр туулайн зүрхтэй (туулай шиг аймхай).
테르 토올래앵 주르흐태—(토올래— 쉭 애앰해—)

그는 (그녀는) 당나귀처럼 고집이 셉니다.
Тэр илжиг шиг зөрүүд.
테르 일찍 쉭 즈루—드.

그는 (그녀는) 사자처럼 용감합니다.
Тэр арслан шиг зоригтой.
테르 아르슬랑 쉭 저릭태—.

그는 (그녀는) 뱀처럼 사악합니다.
Тэр могой шиг хорон.
테르 머거애— 쉭 허렁.

Харилцан яриа 1
하를창 야리아 1

바이라: 너 새로 입사한 엔지니어 보았니?
덜징: 보았어.
바이라: 그래, 어떻든?
덜징: "어떻다니?"가 무슨 뜻이야?
바이라: 어떻게 보이더냐구?
덜징: 모르겠어. 사람을 한 번 보고 판단하는 것은 어려운 일이야.
　　　 하지만 내가 보기에는 괜찮았어. 호감가고 조용한 사람이었어.
바이라: 그런데 왜 나는 그 사람이 왜 마음에 안 들까?
　　　 뭔가 교만하고 자기 잘난 맛에 사는 것 같고, 잘난 체하는 것 같았어.
　　　 오늘 복도에서 내 옆을 지나가면서 인사도 하지 않았어.
덜징: 그럴 수 있어. 첫째, 여기서 그가 아는 사람이 없잖아.
　　　 둘째, 단순히 못 보았을 수도 있잖아.
바이라: 모르겠어. 그럴 수도 있겠지.
덜징: 성급하게 결론짓지 말자.
　　　 지내다 보면 그가 어떤 사람인지 알 게 될 거야.

Баяраа: Чи шинэ инженерийг харсан уу?
바이라: 치 쉬느 인제내르익 하르산노—?
Должин: Харсан.
덜징: 하르상.

Баяраа: Тэгээд ямар байна?

바이라: 테게—뜨 야마르 밴?

Должин: Юу ямар байна гэж?

덜징: 요— 야마르 밴 게쯔?

Баяраа: Чамд ямархуу хүн санагдсан бэ?

바이라: 참뜨 야마르호 훙 사낙뜨상 베?

Должин: Мэдэхгүй юм.

Хүнийг шууд хараад дүгнэнэ гэдэг хэцүү.
Гэхдээ миний бодлоор зүгээр сайн хүн шиг
санагдсан.

Ээлдэг, дуу цөөтэй хүн шиг санагдсан.

덜징: 메데흐뀌이 욤.

훈이그 쇼—뜨 하라—드 둑네느 게득 헤추—. 게흐데— 미니— 버들
러—르 주게—르 새앵 훙 쉭 사낙드상.

에엘득그, 도— 추—태 훙 쉭 사낙드상.

Баяраа: Надад харин таалагдаагүй.

Их ширүүн, онгироо, ихэмсэг хүн шиг ээ.
Өнөөдөр корридорт таарахдаа мэндлээ ч үгүй.

바이라:나다뜨 하링 타알락다—뀌이. 이흐 쉬이루웅. 엉기라—,

이헴섹 훙 쉭 에—.

으너뜨르 커르떠르트 타—르흐따— 멘들레—치 우뀌이.

Должин: Магадгүй , Нэгт гэвэл тэр одоогоор хэнтэй ч
танилцаж амжаагүй яваа, хоёрт гэвэл чамайг
хараагүй ч байж магадгүй .

덜징: 마가드뀌이, 넥트 게웰 테르 어더—거—르 헨태—츠 타닐차쯔 암
짜—뀌이 야와—, 허

이르트 게웰 차맥 하라—뀌이 츠 배—쯔 마가드뀌이.

Баяраа: Мэдэхгүй юм даа, чиний зөв ч байж мэднэ.

바이라: 메드흐뀌이 욤다—, 치니— 줍 츠 배—쯔 멛네.

Должин: Харж л байя. Ямархуу хүн бэ гэдэг нь аяндаа
танигдана шүү дээ.

덜징: 하르쯜 배—야. 야마르호— 훙 게득느 아얀다— 타늭다느 슈— 데—.

○ 일과

▶ ▷ ▶

날마다 반복되는 일상생활, 자고, 일어나고, 먹고, 일하고, 몽골 사람들도 예외없이 이러한 단조로운 일상생활을 하고 있다. 몽골 보통 사람들의 일과에 대한 표현을 소개한다.

일과  녹음

언제 일어나세요?
Та хэдээс (хэдэн цагт) босдог вэ?
타 헤데—스 (헤등 착트) 버스덕 웨?

7시에 일어납니다.
Би долоон цагт босдог.
비 덜르엉 착트 버스덕.

오늘 몇 시간 잤나요?
Та өнөөдөр хэдэн цаг унтсан бэ?
타 으너뜨르 헤등 착 온트상 베?

7시간 잤어요.
Би долоон цаг унтсан.
비 덜르엉 착 옹트상.

아침 운동을 하나요?
Та өглөөний дасгал хийдэг үү?
타 으글러—니— 다쓰갈 히—득 우—?

네, 아침 운동을 합니다.
Тийм ээ, би өглөөний дасгал хийдэг.
티임 에—, 비 으글러—니— 다쓰갈 히—득.

아니오, 아침 운동을 안합니다.
Үгүй ээ, би өглөөний дасгал хийдэггүй.
우뀌이 에—, 비 으글러—니— 다쓰갈 히—득뀌이.

언제 아침 식사하나요?
Та өглөөний цайгаа хэдэн цагт уудаг вэ?
타 으글러—니— 채가— 헤등 챡트 오—닥 웨?

아침식사는 7시에 합니다.
Би долоон цагаас өглөөний цайгаа уудаг.
비 덜르엉 챠가—스 으글러—니— 채가— 오—닥.

집에서 언제 나오나요?
Та хэдэн цагт гэрээсээ гардаг вэ?
타 헤등 챡트 게레—세— 가르닥 웨?

8시에 집에서 나옵니다.
Би гэрээсээ найман цагт гардаг.
비 게레—세— 내—멍 챡트 가르닥.

업무 시간이 언제 시작됩니까?
Ажил хэдэн цагаас эхэлдэг вэ?
아질 헤뎅 챠가—스 에흘득 웨?

일을 언제 시작합니까?
Ажил хэдээс эхэлдэг вэ?
아질 헤데—스 에흘득 웨?

업무시간은 9시부터입니다.
Манай ажил есөн цагаас эхэлдэг.
마내— 아질 유승 챠가—스 에흘득.

직장을 걸어서 갑니까, 차를 타고 갑니까?
Та ажил руугаа явган явдаг уу, машинаар явдаг уу?
타 아질로—가— 야오강 야우닥 오—, 마쉬나—르 야오닥 오—?

직장까지 차를 타고 갑니다.
Би ажил руугаа машинаар явдаг.
비 아질로—가— 마쉬나—르 야오닥.

수업이 언제 시작됩니까?
Хичээл тань хэдээс эхэлдэг вэ?
히체엘 타느 헤데—스 에흘득 웨?

수업은 9시에 시작됩니다.
Хичээл есөн цагаас эхэлдэг.
히체엘 유승 챠가—스 에흘득

수업이 언제 끝납니까?
Хичээл хэдэн цагт тардаг вэ?
히체엘 헤등 챡트 타르닥 웨?

수업은 6시에 끝납니다.
Хичээл зургаан цагт тардаг.
히체엘 조르가앙 챡트 타르닥.

점심 식사를 주로 언제, 어디에서 합니까?
Өдрийн хоолоо ихэвчилэн хэдэн цагаас хаана иддэг вэ?
으뜨르잉 허얼러— 이헵칠렝 헤뎅 챠가—스 하—느 이뜨득 웨?

주로 식당에서, 1시에 점심 식사를 합니다.
Би ихэвчлэн нэг цагт цайны газарт өдрийн хоолоо иддэг.
비 이헵칠렝 넥 챡트 채—니— 가자르트 으뜨르잉 허얼러 이뜨득.

점심시간은 얼마나 되나요?
Өдрийн хоолны цаг хэр урт вэ?
으뜨르잉 허얼니— 챡 헤르 오르트 웨?

점심시간은 한시입니다.
Өдрийн хоолны цаг нэг цаг байдаг.
으뜨르잉 허얼니— 챡 넥 챡 배—닥.

언제 업무가 끝납니까?
Ажил хэдээс тардаг вэ?
아질 헤데—스 타르닥 웨?

업무가 6시에 끝납니다.
Ажил зургаан цагаас тардаг.
아질 조르가앙 챠가—스 타르닥.

언제 집에 오나요?
Хэдэн цагт гэртээ ирдэг вэ?
헤등 챡트 게르테— 이르득 웨?
Хэд гэж гэртээ ирдэг вэ?
해드 게쯔 게르테— 이르득 웨?

8시에 집에 옵니다.
Найман цагт гэртээ ирдэг.
내—믕 챡트 게르테— 이르득.
Найм гээд гэртээ ирдэг.
내앰 게—뜨 게르테— 이르득.

당신 아들은 언제 학교에서 돌아오나요?
Таны хүү хэзээ сургуулиасаа ирдэг вэ?
타니— 후— 헤제— 소르고일라사— 이르득 웨?

3시에 하교에서 옵니다.
Гурван цагт сургуулиасаа ирдэг.
고롱 챡트 소르고일라사— 이르득.

너는 얼마 동안 수업을 준비하니?
Чи хэр хугацаагаар хичээлдээ бэлддэг вэ?
치 헤르— 호가챠가아르 히체엘데— 벨드득 웨?

수업 준비는 두 시간 또는 3시간 합니다.
Хичээлийн бэлтгэлээ хоёроос гурван цаг хийдэг.
히체엘링 벨트겔레— 허이러—스 고롱 챡 히—득.

언제 잠자리에 드나요?
Хэдэн цагт унтдаг \ орондоо ордог \ вэ?
헤뎅 챡트 옹트닥 \어롱떠— 어르덕\ 웨?

11시에 잡니다.
Арван нэгэн цагт унтдаг.
아롱 네긍 챡트 온트닥.

아침에 뭐 하나요?
Өглөөгүүр юу хийдэг вэ?
으글러—구—르 요 히—득 웨?

낮에 뭐 하나요?
Өдөр юу хийдэг вэ?
우뜨르 요— 히—득 웨?

저녁에 뭐 하나요?
Орой юу хийдэг вэ?
어레에 요— 히—득 웨?

매일 저녁 뭐 하나요?
Оройдоо юу хийдэг вэ?
어레에더— 요— 히—득 웨?

여가시간에 뭐 하나요?
Чөлөөт цагаараа юу хийдэг вэ?
출르—트 챠가—라— 요— 히—득 웨?

독서합니다.
Ном уншдаг.
넘 온쉬닥.

영화를 봅니다.
Кино үздэг.
키너 우즈득.

컴퓨터를 합니다.
Компьютер дээр суудаг.
컴퓨트르 데—르 소—닥.

어제 뭐 했어요?
Өчигдөр юу хийсэн бэ?
으치끄뜨르 요— 히—셍 베?

집에서 책 읽었어.
Гэртээ ном уншсан.
게르테— 넘 온쉬상.

내일 뭐 할 건가요?
Маргааш юу хийх вэ?
마르가—쉬 요— 히—흐 웨?

토요일에 뭐 할 건가요?
Бямба гаригт юу хийх вэ?
뱜브 가릭트 요— 히—흐 웨?

일요일에 뭐 할 건가요?
Ням гаригт юу хийх вэ?
냠 가릭트 요— 히—흐 웨?

독서할 겁니다.
Ном уншина.
넘 온쉬나.

TV 볼 겁니다.
Зурагт үзнэ.
조락트 우쯔네.

숙제 할 겁니다.
Гэрийн даалгавраа хийнэ.
게르—잉 다알가와라— 히—네.

발레 볼 겁니다.
Балет үзнэ.
발례트 우쯔네.

음악 들을 겁니다.
Хөгжим сонсоно.
흑찜 성선너.

음악회 갈 겁니다.
Концертонд явна.
컹체르텅드 야우나.

극장 갈 겁니다.
Театр луу явна.
티아트로— 야우나.

별 다른 계획이 없습니다.
Надад онцын төлөвлөсөн зүйл байхгүй.
나다뜨 언츠—잉 틀르월승 쬘 배—흐꿰이.

몽골어 공부할 겁니다.
Би монгол хэлний хичээл хийнэ.
비 멍걸 헬니— 히체엘 히—네.

새로운 단어를 외우고 텍스트를 읽을 겁니다.
Шинэ үг цээжилж текст уншина.
신 욱 체—찔쯔 텍스트— 온쉬나.

Харилцан яриа 1
하를창 야르아 1

호이가: 오늘이 무슨 요일이니?
숭제—: 목요일이야.
호이가: 너 토요일에 뭐 할 거니?
숭제—: 아무 계획 없어.
호이가: 극장 가지 않을래.
숭제—: 좋아.

Хуягаа: Өнөөдөр хэддэх өдөр вэ? \ямар гариг вэ?
호이가—: 으너뜨르 헬떼흐 으뜨르 웨?\ 야마르 가릭 웨?

Сүнжээ: Өнөөдөр дөрөвдөх өдөр/Пүрэв гариг.
숭제: 으너뜨르 두르우 드흐 으뜨르\ 푸렙 가릭.

Хуягаа: Чи хагас сайнд \ Бямба гаригт юу хийх вэ?
호이가—: 치 하가스 새앤드\ 뱜바 가릭트 요— 히—흐 웨?

Сүнжээ: Тодорхой төлөвлөсөн зүйл байхгүй.
숭제: 터드르허에 틀르월승 쮤 배—흐뀌이.

Хуягаа: Тэгвэл театр луу цуг явах уу.
호이가—: 특웰 티아트로— 촉 야와흐 오—?

Сүнжээ: Тэгье!
숭제: 특그—.

오르나: 너 어제 저녁에 뭐 했니?
친저—: 어제 저녁에 발레 "오랑하스" 봤어.
　　　 너는 어제 뭐 했는데?
오르나: 하루 종일 집에 있었어. 책도 읽고.
　　　 발레는 어땠어?
친저—: 아주 좋았어.
오르나: 누가 공연했니?
친저: 어용선생님.
오르나: 어용이라고? 너 운이 좋았다!

Урнаа: Чи өчигдөр орой юу хийсэн бэ?
오르나—: 치 으칙뜨르 어레에 요— 히—셍 베?

**Чинзоо: Өчигдөр орой би "Уранхас" гэдэг балет үзсэн.
　　　　 Харин чи юу хийсэн бэ?**
친저: 으칙뜨르 어레에 비 "오랑하스" 게득 발레트 우쯔셍. 하링 치 요—
　　　 히—셍 베?

**Урнаа: Би өдөржин гэртээ суусан, ном уншсан.
　　　　 Балет ямархуу байсан бэ?**
오르나—: 비 으뜨르찡 게르테— 소—상, 넘 온쉬상. 발레트 야마르호—
　　　 배—상 베?

Чинзоо: Гайхалтай сайхан.
친저: 개—할태— 새—항.

Урнаа: Гол дүрд нь хэн бүжиглэсэн бэ?
오르나—: 걸 두르든 헹 부지글셍 베?

Чинзоо: Оюун гуай.
친저: 어용 꽈이— .

Урнаа: Оюун гуай юу? Чи ч азтай юм аа!
오르나—: 어용 꽈이 요—? 치 츠 아쯔태— 욤 아—.

절바야스흐: 촐롱, 너 오늘 저녁에 뭐 할거니?

촐롱: 공부할거야. 새 단어 외우고 이 단편을 다 읽으려고 해.
　　　너도 오늘 이 단편 다 읽을거니?
절바야스흐: 아니, 오늘 안 읽을거야. 바빠서, 하지만 내일은 다 읽으려고.
촐롱: 그런데 너 이 시 알고 있니?
절바야스흐: 알고 있어. 그 시 다 암송했어.
촐롱: 아주 아름다운 시야. 나도 꼭 암송해야지.

Золбаясах: Чулуун аа, чи өнөөдөр орой юу хийх вэ?
절바야스흐: 촐롱나―, 치 으너―뜨르 어레에 요― 히―흐 웨?
Чулуун: Хичээлээ хийнэ.
　　　Шинэ үг цээжилж, энэ өгүүллэгийг уншина.
　　　Чи бас өнөөдөр энэ өгүүллэгийг бүгдийг
　　　унших уу?
촐롱: 히체엘레― 히―네. 신 욱 체―찔쯔, 엔 으구울렉그―익 옹쉬나. 치
　　　바스 엔 으구울렉 그―익 북드―익 옹쉬흐 오―?
Золбаясах: Үгүй ээ, өнөөдөр уншихгүй.
　　　Өнөөдөр амжихгүй байх, завгүй гэхдээ
　　　маргааш уншиж дуусгана.
절바야스흐: 우꿰이 에―. 으너―뜨르 온쉬흐꿰이. 으너―뜨르 암찌흐꿰이
　　　배―흐, 자오꿰이 게흐데― 마르까―쉬 온쉬쯔 도스가나.
Чулуун: Чи энэ шүлгийг мэдэх үү?
촐롱: 치 엔 슐그―익 메데흐 우―?
Золбаясах: Тийм ээ, би цээжилсэн.
절바야스흐: 티임 에―, 비 체―찔셍.
Чулуун: Их сайхан шүлэг шүү.
　　　Би бас заавал цээжилнэ ээ.
촐롱: 이흐 새항 슐렉 슈―
　　　비 바스 차―왈 체―찔네 에―.

집 Гэр орон

▶ ▷ ▶

아파트 구조, 편의 시설, 이사, 집들이, 아파트 렌트 등 몽골 주거
생활 관한 회화 표현을 소개한다.

어디에 사세요?

Хаана амьдардаг\суудаг вэ?

하—느 앰드르닥 \소—닥\ 웨?

이전엔 어디에 사셨나요?

Өмнө нь хаана амьдарч байсан бэ?

음누은 하—느 앰드르츠 배—상 베?

당신 집은 몇 층인가요?

Танайх хэдэн давхарт вэ?

타내—흐 헤등 다오하르트 웨?

당신 집은 방이 몇 개인가요?

Таны гэр\байр хэдэн өрөөтэй вэ?

타니— 게르\배—르 헤등 으러—태— 웨?

당신 방 창문은 어느 쪽으로 나있나요?

Таны өрөө хаашаа харсан цонхтой вэ?

타니— 으러— 하—샤— 하르상 청흐태 웨?

당신 집에는 어떤 편의시설이 있나요?

Танай гэрт юу юу байдаг вэ?

타내— 게르트 요— 요— 배—닥 웨?

아파트는 모든 편의시설이 갖추어져 있습니다.
Ахуйн хэрэглээний бүх л зүйл бий.
아횡 헤렉글레니— 부흘 쯸 비—.

모든 집처럼 가스, 전화,
Бусад байруудын адил хийн түлш, утас,
보사드 배—로—드잉 아딜 히잉 툴쉬, 오트스,

온수, 전기 등이 있습니다.
Халуун ус, цахилгаан зэрэг байгаа.
할로옹 오스, 챠힐가앙 제렉 배—가.

이것은 누구의 집입니까?
Энэ хэний гэр\байшин\ байр вэ?
엔 헤니— 게르\배—쉥\ 배—르 웨?

이것은 출템의 집입니다.
Энэ бол Чүлтэмийн гэр.
엔 벌 출템—잉 게르.

옆에 사십니까?
Та энэ хавьд амьдардаг уу? \ хажууд амьдардаг уу?
타 엔 하브드 앰드르닥 오—?\하조—드 앰드르닥 오—?

정말 아름다운 큰 집이군요!
Ямар сайхан том байшин бэ?
야마르 새—항 텀 배—쉥 베?

당신 집은 큽니까?!
Таны байр\ гэр\ байшин\ том уу?
타니— 배—르 \게르\ 배—쉥\ 텀 오—?

큰 편입니다. 방이 4개고 60 평방미터입니다.
Нэлээн том шүү: 4н өрөөтэй – жаран метр квадрат.
넬레엥 텀 슈—: 드르웅 으러—테—, 쟈릉 미트르 크와드라트.

아파트엔 방이 몇 개입니까?
Танайх хэдэн өрөөтэй вэ?
타내—흐 헤등 으러—태— 웨?

윗 층에 방이 3개가 있고, 아래층에는 2개가 있습니다.
Дээд давхартаа гурав, доод давхартаа хоёр өрөөтэй.
데—드 다우하르타— 고로우, 더—드 다우하르타— 허이르 으러—태—.

당신 아파트는 몇 층입니까?
Танай байр хэдэн давхарт вэ?
타내— 배—르 헤등 다우하르트 웨?

새 아파트를 샀어요?
Шинэ байр худалдаж авсан уу?
신 배—르 호달다찌 아오산노—?

네, 새 집으로 이사했어요.
Тийм ээ, шинэ байр луу нүүгээд орсон.
티임 에—, 신 배—르로— 누—게—드 어르성.

집들이를 하려고 합니다.
Шинэ байрны найр хийх гэж байгаа.
신 배—르니— 내—르 히—흐 게쯔 배—가.

토요일 저녁 집들이에 오세요.
Бямба гаригт байрны найранд ирээрэй.
뱜바 가릭트 배—르니— 내—랑 데—르 이레—레—.

투글드르: 진아, 너는 어디에 사니?
진아: 나는 바가터이로에 있는 몽골국립대학교 기숙사에 살아.
　　　너는 어디에 사니?
투글드르: 나는 시내에 혼자 살고 있어.
　　　부모님은 다르항에 사셔.

네 부모님은 서울에 사시니?

진아: 응, 서울에 계셔.

부모님이 무척 보고 싶어.

Төгөлдөр:Жина, чи хаана амьдардаг вэ?

투글드르: 진아, 치 하—느 앰드르닥 웨?

Жина: Би бага тойрууд Монгол Улсын Их Сургуулийн

дотуур байранд амьдардаг.

Харин чи хаана амьдардаг вэ?

진아: 비 박가 터에로—드 멍걸 올스—잉 이흐 소르고일—잉 더토—르

배—랑드 앰드르닥.

하링 치 하—느 앰드르닥 웨?

Төгөлдөр: Би хотын төвд ганцаараа амьдардаг.

Эцэг эх маань Дарханд байдаг.

Танай аав ээж хоёр тань Сөүлд байдаг уу?

투글드르: 비 허트잉 투브드 간차—라— 앰드르닥.

에츠 에흐 마아느 다르항드 배—닥.

타내— 아—우 에—찌 허이르 서울드 배—닥 오—?

Жина: Тийм ээ, Сөүлд байдаг.

Би аав ээжийгээ маш их санаж байна.

진아: 티임 에—, 서울드 배—닥. 비 아—우 에—찌—게— 마쉬 이흐 사나

쯔 밴.

Харилцан яриа 2
하를창 야르아 2

바야스갈랑: 안녕, 어드바야르! 너 아파트 샀다면서?

어드바야르: 응, 벌써 새 집으로 이사했어. 토요일 집들이에 와.

바야스갈랑: 고마워. 당연히 가야지. 아파트는 크니?

어드바야르: 아니, 그렇게 크지 않아. 방 세 개, 거실, 부엌, 현관이지 뭐.

바야스갈랑: 편의시설은 뭐가 있어?

어드바야르: 다 있어. 전기, 가스, 온수, 전화, 인터넷...

바야스갈랑: 그런데 몇 층이야?

어드바야르: 5층이야

바야스갈랑: 엘리베이터 있어?

어드바야르: 응, 토요일에 잉헤하고 꼭 같이 와

바야스갈랑: 고마워. 갈게.

Баясгалан: Сайн уу, Одбаяраа! Чамайг шинэ байр авсан
гэж сонслоо?

바야스글랑: 새앵 노— 어드바야르아—? 차맥 신 배—르 아오상 게즈
성슬러—.

Одбаяр: Тийм ээ, аль хэдийн нүүгээд орчихсон. Бямба
гаригт манай шинэ байрыг ирж үзээрэй.

어드바야르: 티임 에—, 알르 헤등 누—게—드 어르치흐성. 뱜바 가륵트 마
내— 배—륵 이르 쯔 우쯔이레—.

Баясгалан: Баярлалаа. Дуртайяа зочилъё. Байр чинь
том уу?

바야스글랑: 바이를라. 도르태—야 어치—. 배—르친 텀 오—?

Одбаяр: Үгүй дээ, тийм ч томгүй: гурван өрөө, тэгээд
мэдээж гал зуух, ариун цэврийн өрөө,
угаалгын өрөө, бас үүдний өрөөтэй.

어드바야르: 우뀌이 데—, 티임츠 텀뀌이: 고롱 으러—. 테게—드 메데—찌
갈조—흐, 아리옹
체웨르—잉 으러—. 오가알그—잉 으러— 바스 우—드니— 으
러—태—.

Баясгалан: Тохижилт нь хэр вэ?

바야스글랑: 터흐질튼 헤르 웨?

Одбаяр: Бүгд байгаа: цахилгаантай, хийн түлштэй,
халуун ус, утас, интернет.

어드바야르: 북드 배—가, 차힐가앙태—, 히잉 툴쉬태—, 할로옹 오스, 오트
스, 인테르네트 —.

Баясгалан: Хэдэн давхарт вэ?

바야스글랑: 헤등 다오하르트 웨?

Одбаяр: Таван давхарт.

어드바야르: 타옹 다오하르트.

Баясгалан: Цахилгаан шаттай юу?

바야스글랑: 차힐가앙 샤트태— 요—?

Одбаяр: Байгаа. Бямба гаригт Энхээтэй цуг заавал
ирээрэй.

어드바야르: 배—가—, 뱜바 가륵트 잉헤—내— 촉 자—왈 이레—레—.

Баясгалан: Очно оо, баярлалаа.

바야스글랑: 어친너—, 바이를라—.

라마: 상쟈! 기숙사에서 지내기가 조금 불편해.
여기에는 부엌이 없잖아. 그래서 식사준비 하기가 어려워.
상쟈: 아파트 렌트하고 싶니?
라마: 응. 아파트로 옮기고 싶어.
아파트에는 물론 부엌도 있고, 목욕탕도 있고, 방도 크잖아.
상쟈: 알겠어.
그런데 어느 지역으로 이사하고 싶니?
라마: 생각이 떠오르지 않아.
아파트 세가 얼마지?
상쟈: 월세가 약 20만 투그릭 정도야.
라마: 그렇게 비싸지 않구나.
좀 더 생각해 보고 결정해야겠어.

Лхамаа: Санжаа, надад оюутны байранд амьдрахад
жаахан төвөгтэй байна.
Гал зуухгүй болохоор хоол хийхэд хэцүү юм.
라마: 상쟈, 나다뜨 어요트니— 배—란드 앰드라하드 자—항 트우윽태—
밴. 갈조—흐뀌이
벌허—르 허얼 히—헤드 헤추— 욤.
Санжаа: Чи байр хөлсөлмөөр байгаа юм уу?
상쟈: 치 배—르 훌슬무—르 배—가— 욤 오—?
Лхамаа: Тийм ээ, хөлсний байранд ормоор байна.
Байранд бол мэдээж гал зуух, угаалгын өрөө
бий, өрөөнүүд нь том шүү дээ.
라마: 티임 에—. 흘스니— 배—란드 어르머—르 밴. 배—란드 벌 메데—쯔
갈조—흐, 오가
알그—잉 으러— 비—, 으러—누—든 텀 슈—데—.
Санжаа: Ойлгомжтой. Хотын хаана нь байр
хөлсөлмөөр байна?
상쟈: 어엘검지태—. 허트잉 하—느는 배—르 훌슬무—르 밴?
Лхамаа: Сайн мэдэхгүй байна. Ер нь сарын хөлс нь хэд
байдаг вэ?
라마: 새앵 메데흐뀌이 밴. 예른 사리잉 훌슨 헤드 배—닥 웨?

Санжаа: Сардаа хоёр зуун мянган төгрөг орчим болов
уу.

상쟈: 사르다— 허이리 조옹 미양강 투그륵 어르침 벌러우 오—.

Лхамаа: Тийм ч үнэтэй биш л юм. Сайн бодож,
тооцож үзэж байгаад шийднэ ээ.

라마: 티임 치 우느내— 비쉬을 욤. 새앵 버드즈, 터—처즈 우제쯔
배—가—드 쒸—드네—.

아리오나: 집들이 축하해.

바야라: 고마워. 우린 대만족이야.

아리오나: 그래 보여. 집이 아주 훌륭해. 그런데 어떻게 시내에서 이사 갈
생각을 했니? 시내에는 모든 것이 바로 코앞에 있잖아.
직장도 옆에 있고.

바야라: 그런데 우리가 신시가지로 이사 오고 싶었던 것 너도 알지.
신시가지는 나름대로 장점을 갖고 있어. 소구역마다 백화점, 쇼핑
센터, 학교, 유치원, 은행, 우체국 등, 말하자면, 생활에 필요한 모든
것이 다 있어. 그런데 시내에는 사람은 많고 차량으로 소음도 많고,
나무가 작잖아.

아리오나: 그래, 너 무척 기뻐하는 것 같아. 사람들이 말하는 것처럼, 행복
해서 하늘에 붕떠 있는 것처럼 보여. 하지만 난 여전히 시내가 더 좋아.
평생 평화 거리에 살아서, 다른 곳으로 이사하고 싶은 생각이 없어.

Ариунаа: Шинэ байранд орсонд баяр хүргэе!

아리오나: 신 배—란드 어르선드 바이르 후르그이!

Баяраа: Баярлалаа. Бид их баяртай байгаа.

바야라: 바이를라. 비드 이흐 바이르태— 배—가—.

Ариунаа: Ойлгож байна аа...
Байр чинь их сайхан юм!
Харин яагаад хотын төвөөс нүүхээр шийдсэн юм бэ?
Бүх зүйл гар дор, ажил ойрхон, амар биш үү?

아리오나: 어엘거쯔 배—나—. 배—르 친 이흐 새항 욤! 하링 야—가—드
허트잉 트우으—스
누—헤—르 쒸—드셍 욤 베? 부흐 쮤 가르 더르, 아질 어에르헝,
아마르 비쉬 우—?

Бараа: бид шинэ хороолол руу нүүхийг хүсч байсан юм.
Шинэ хороололд өөрийн гэсэн давуу тал бий:
Бичил хороолол болгонд нь – супермаркет,
худалдааны төв, сургууль, тоглоомын талбай,
цэцэрлэг, шуудан, банк гээд хэрэгтэй бүхэн л бий.
Харин хотын төвд – олон хүн, замын дуу
шуугиан, мод ч гэх юм байхгүй...

바야라: 비드 신 허러얼럴로 누―히익 후스치 배―상 욤. 신 허러얼럴드
으―르잉 게셍 다

오― 탈 비―: 비칠 허러얼럴 벌건든 소피르마르크트, 호달다―니― 트우,
소로고올, 턱글러―므잉 탈배―, 체체를렉, 쇼―당, 방크 게―드
헤렉태― 부헹을 비―.
하링 허트잉 트우드 얼렁 훙, 자밍 도― 쇼―기앙, 머드츠 게흐 욤
배―흐뀌이...

Ариунаа: Тийм байх нь ээ, нүүсэнд чинь баяртай байна.
Гэхдээ л би хотын төвд байхыг илүүд үздэг.
Хүмүүсийн ярьдгаар хөл нь газарт хүрэхгүй
баяртай байх шиг байна.
Насаараа Энхтайвны гудамжинд амьдарлаа,
хаашаа ч нүүмээргүй санагддаг.

아리오나: 티임 배―흐네―, 누―센드 친 바이르태― 밴. 게흐데엘 비 허트
잉 트우드 배―흐익 일루―드 우쯔득. 후무―스잉 야리톡가르 흘
은 가쯔르트 후레 흐뀌이 바이르태― 배―흐 쉬 밴.
나사―라― 엔흐태―완니― 고담징드 앰드를라―, 하―샤―츠
누―메―르뀌이 사낙뜨닥.

○ 비자 Виз

몽골여행을 계획하면 먼저 비자받는 일부터 신경쓰이기 시작한다.
몽골 영사와 비자 인터뷰를 멋지게 소화해내는 것이 몽골 여행을
산뜻하게 시작하는 길이다.

비자 (녹음)

비자를 어디에서 받을 수 있는지 아시나요?
Та хаана виз олгодгийг мэдэхгүй биз?
타 하—느 비즈 얼럭득익 메데흐꿔이 비쯔?

대사관 영사관에서요.
Элчин сайдын яамны консулын хэлтэст.
엘칭 새—드잉 얌니— 컨솔리—잉 헬테스트.

몽골 입국 비자를 여기에서 받을 수 있는 지 말씀해 주세요.
Уучлаарай, энд Монгол улсын виз олгодог уу?
오—츌라—래—, 엔뜨 멍걸 올스잉 비즈 얼거덕 오?

네, 여기에서요.
Тийм ээ, энд олгодог.
티임 에—, 엔드 얼거덕.

초청 방문입니까?
Та урилгаар явах уу?
타 오릴가—르 야와흐 오?

네, 물론입니다.
Тийм ээ, мэдээж.
티임 에—, 메데—쯔.

초청장을 보여 주세요.
Урилгаа үзүүлнэ үү.
오릴가ー 우쭈울 누ー.

여기 있습니다.
Энд байна.
엔드 밴.

여행 목적이 무엇입니까?
Таны аяллын зорилго юу вэ?
타니ー 아일랄ー잉 저릴거 요ー 웨?

비즈니스 방문입니다.
Бизнес айлчлал.
비즈네스 아일츠랄.

연수입니다.
Мэргэжил дээшлүүлэх.
메르그찔 데ー쉴루울레흐.

유학입니다.
Суралцах.
소랄차흐.

비자 유효 기간을 얼마나 원하십니까?
Хэдий хугацааны виз авахыг хүсч байна вэ?
헤디ー 호가차ー니ー 비즈 아와흐익 후스츠 밴 웨?

한 달입니다.
Нэг сарын.
넥 사르ー잉.

울란바타르에 3 주 머무를 겁니다.
Би Улаанбаатарт гурван долоо хоног байна.
비 울란바타르트 고롱 덜러 헌녁 밴.

비자유효기간을 한 달로 하겠습니다.
Танд нэг сарын виз өгье.
탠드 넥 사르ー잉 비즈 우끄이ー.

언제 비자를 받을 수 있나요?
Визээ хэзээ ирж авч болох вэ?
비제— 헤제— 이르쯔 아오츠 벌러흐 웨?

2주 후에 찾으러 오세요.
Хоёр долоо хоногийн дараа ирээрэй.
허이르 덜러 헌넉—잉 다라— 이레—레—.

복수비자를 받을 수 있나요?
Олон удаагийн виз авч болох уу?
얼렁 오다—그잉 비즈 아오츠 벌러흐 오—?

자주 왕래를 해야 할 것 같습니다.
Би байнга нааш цаашаа явах бололтой.
비 배앵가 나—쉬 차—쉬아 야와흐 벌럴 태—.

복수비자를 주겠습니다.
Танд олон удаагийн виз өгье.
탠드 얼렁 오다—그잉 비즈 우꼬이.

복수비자를 받기 힘듭니다.
Танд олон удаагийн виз олгоход төвөгтэй байна.
탠드 얼렁 오다—그잉 비즈 얼거허드 트우윽태— 밴.

단수비자를 주겠습니다.
Танд нэг удаагийн виз өгье.
탠드 넥 오다—그잉 비즈 우꼬이.

비자 신청서를 받으시고 그곳에 기입하십시오.
Визний мэдүүлэг авч бөглөнө үү.
비즈니— 메두울렉 아우츠 븍글르누—.

초청장과 사진, 여권 사본을 첨부하십시오.
Мэдүүлгэндээ цээж зураг, урилга болон паспортын
хуулбараа хавсаргана уу.
메두울렉응데— 체—찌 조락, 오릴가 벌렁 파스퍼르트잉 호올바라— 하오사르간 오—.

당신 비자는 2 주 후에 나옵니다.
Таны виз хоёр долоо хоногийн дараа гарна.
타니— 비즈 허이르 덜러 헌넉—잉 다라— 가르나.

언제 비자가 나옵니까?
Виз маань хэзээ гарах вэ?
비지 마아느 헤제— 가라흐 웨?

비자는 2 주 후에 나올 겁니다.
Таны виз хоёр долоо хоногийн дараа гарна.
타니— 비즈 허이르 덜러 헌넉—잉 다라— 가르나.

비자를 연장하고 싶습니다.
Би визээ (визнийхээ хугацааг) сунгуулмаар байна.
비 비제— (비즈니—헤— 호가차악) 송고올마—르 밴.

당신 여권을 제출하십시오.
Паспортоо өтнө үү.
파스퍼르터— 우그노—.

외국인 비자 등록부로 가세요.
Гадаадын виз хариуцсан иргэний хэлтэст хандана уу.
가다—드잉 비즈 하리오츠상 이르게니— 헬테스트 한드 노—.

- 출국비자 Гарах виз 가라흐 비즈
- 입국비자 Орох\нэвтрэх виз 어러흐\ 네우트레흐 비즈
- 출입국 비자 Орох-гарах виз 어러흐-가라흐 비즈
- 통과비자 Дамжин өнгөрөх виз 담진 은그러흐 비즈
- 단수비자 Нэг удаагийн виз 낵 오다—기잉 비즈
- 복수비 Олон удаагийн виз 얼렁 오다—기잉 비즈

Харилцан яриа 1
하를창 야르아 1

철수: 울란바타르로 출장 갑니다.
숭지드마: 언제요? 얼마나 가세요?
철수: 다음 주말에요. 3주 갑니다.
숭지드마: 몽골 비자가 있나요?
철수: 없어요. 어제서야 몽골에서 초청장을 받았습니다.
순지디마: 서둘러야겠네요. 빨리 대사관에 가서 비자 양식을 작성하세요.
거기에 사진, 초청장, 여권사본을 첨부해야 합니다. 비자 발급비로
10만원 을 내면 이틀 만에 비자가 발급됩니다.

Чол Сү: Би Улаанбаатар луу бизнес аялалаар явах
гэсэн юм.
철수: 비 올란바트를로— 비즈네스 아일랄라—르 야와흐 게셍 욤.

Сүнжидмаа: Хэзээ? Хэр удаан явах вэ?
순지디마—: 헤제—? 헤르 오다앙 야와흐 웨?

Чол Сү: Дараагийн хагас бүтэн сайнаар. Гурван долоо
хоногоор.
철수: 다라—그잉 하가스 부텡 새—나—르. 고롱 덜러 허느거—르.

Сүнжидмаа: Та монголын виз даруулсан уу?
순지디마—: 타 멍걸—잉 비즈 다로올스노—?

Чол Сү: Үгүй. Би урилгаа монголын талаас
өчигдөр л хүлээж авсан.
철수: 우뀌이. 비 오릴가— 멍걸—잉 탈라—스 으측뜨를 훌레—즈 아오상.

Сүнжидмаа: Та түргэлэх хэрэгтэй дээ. Шууд элчин
сайдын яам руу очиж визний мэдүүлэг
бөглөөрэй. Тэгээд цээж зураг, урилга болон
паспортын хуулбараа хавсаргана. Визний
хураамж зуун мянган төгрөг төлбөл виз тань хоёр
хоногийн дотор гарна.

순지디마—: 타 투르겔레흐 헤렉태—데—. 쇼—드 엘칭 새—드잉 얌로—
　　　　 어치즈 비즈니—
메두울렉 북를—레—. 테게—드 체—지 조락, 오릴락 벌렁 파스퍼르트잉
　　　　 호올바라— 하우사르간. 비즈니 호르암즈 조옹 미양강 투그륵 틀
　　　　 블 비즈 타느 허이르 헌넉—잉 더터르 가르나.

Харилцан яриа 2
하를창 야르아 2

Жин-а: Та виз хаанаас авдагийг мэдэхгүй биз?
진아: 타 비즈 하—느—스 아우득—익 메데흐뀌이 비쯔?

잠미잉 훙: 엘칭 새—드잉 얌니— 비즈 얼거흐 헬트세—스.

Замын хүн: Элчин сайдын яамны виз олгох хэлтсээс.
Жин-а: Баярлалаа.
진아: 바이를라.

Харилцан яриа 3
하를창 야르아 3

진아: 안녕하세요?
　　　여기서 몽골 입국비자를 받나요?
영사: 네. 여기에요. 초청방문입니까?
진아: 네, 물론입니다.
영사: 초청장 보여 주세요.
진아: 자, 여기 있습니다.
영사: 당신의 여행 목적은 무엇입니까?
진아: 연수차입니다.
영사: 비자 유효기간을 얼마나 원하세요?
진아: 한 달을 원합니다.
영사: 좋습니다. 비자유효기간을 한 달 주겠습니다.
　　　언제 울란바타르로 떠나십니까?
진아: 3 주 후에요, 더 정확하게, 2월 15일에 떠납니다.
　　　언제 비자를 받을 수 있나요?
영사: 2주 후에요.
진아: 대단히 감사합니다.
영사: 비자 신청서를 받으시고 그곳에 기입하십시오. 초청장과 사진,
　　　여권 사본도 첨부하시구요. 당신 비자는 2 주 후에 나옵니다.

Жин-а: Сайн байна уу! Энд Монголын виз олгодог уу?

진아: 새앵 배—노—? 엔뜨 멍걸—잉 비즈 얼거덕 오—?

Визийн хэлтсийн ажилтан: Тийм ээ, олгоно. Танд
    урилга бий юу?

비즈니 헬트스잉 아질탕: 티임 에, 얼럭너. 탄드 오를락 비— 요—?

Жин-а: Тийм ээ, байгаа .

진아: 티임 에—, 배—가—.

Визийн хэлтсийн ажилтан: Урилгаа үзүүлнэ үү.

비즈니 헬트스잉 아질탕: 오를가— 우쭈울누—.

Жин-а: Энд байна.

진아: 엔뜨 밴.

Визийн хэлтсийн ажилтан: Таны аяллын зорилго юу вэ?

비즈니 헬트스잉 아질탕: 타니— 아일랄—잉 저릴거 요— 웨?

Жин-а: Мэргэжил дээшлүүлэх.

진아: 메렉질 데—쉴룰—레흐.

Визийн хэлтсийн ажилтан: Хэдий хугацааны виз
    хэрэгтэй вэ?

비즈니 헬트스잉 아질탕: 헤디— 혹챠—니— 비즈 헤렉태— 웨?

Жин-а: Нэг сар.

진아: 넥 사르.

Визийн хэлтсийн ажилтан: Ойлголоо. Танд нэг сарын
    виз бичье. Та хэзээ Улаанбаатар луу явах вэ?

비즈니 헬트스잉 아질탕: 어엘걸러—. 탄드 넥 사르잉 비즈 비치—.
    타 헤제— 울란바타르로— 야우흐 웨?

Жин-а: Гурван долоо хоногийн дараа. Тодорхой хэлбэл
    хоёр сарын арван таванд . Виз хэзээ гарах вэ?

잔아: 고롱 덜러 헌넉—잉 다라—. 터더르허에 헬벨 허이르 사르잉 아롱 타
    완드. 비즈 헤제— 가라흐 웨?

Визийн хэлтсийн ажилтан: Хоёр долоо хоногийн дараа.

비즈니 헬트스잉 아질탕: 허이르 덜러 헌넉—잉 다라—.

Жин-а: Маш их баярлалаа.

진아: 마쉬 이흐 바이를라.

Визийн хэлтсийн ажилтан: Визийн мэдүүлэг авч
    бөглөнө үү. Тэгээд цээж зураг, урилга болон
    паспортын хуулбараа хавсаргаарай. Тэгээд хоёр
    долоо хоногийн дараа таны виз гарна.

비즈니 헬트스잉 아질탕: 비즈니 메두울렉 아우치 북글누—.
    테게—드 체—지 조락, 오를락
    벌렁 파스퍼르트잉 호올바라— 하오사르가—래—.
    테게—드 허이르 덜러 헌넉—잉 다라—타니— 비즈 갸르나.

○ 식당

▶ ▷ ▶

몽골 식당에 초대받아 갔을 때 몽골 음식명을 몰라 주문할 때, 진땀나고, 막상 어렵게 주문한 음식이 생각과는 다른 맛일 때 난감하기만 하다. 음식은 그 나라의 문화를 보여주는 대표적인 것으로서 식당 관련 회화와 함께 몽골 음식문화를 이해해야 한다.
몽골 레스토랑 정보, 식당 예약, 음식 주문, 특별식 주문, 식사 중 테이블에서의 대화, 건배, 불편사항, 요구사항, 계산에 이르기까지 식사와 관련된 에센스 표현을 소개한다.

식당 정보  녹음

여기 어디에 레스토랑이 있나요?
Зоогийн газар хаана байдаг вэ?
저—그잉 가쯔르 하—느 배—닥 웨?

여기 어디에 좋은 레스토랑이 있나요?
Сайн зоогийн газар энд хаана байдаг вэ?
새앵 저—그잉 가쯔르 엔드 하—느 배—닥 웨?

여기 어디에 비싸지 않은 레스토랑이 있나요?
Энд хямдхан ресторан хаана байдаг вэ?
엔뜨 햠드항 리스터랑 하—느 배—닥 웨?

여기 어디에 식당이 있나요?
Хоолны газар хаана байдаг вэ?
허얼니— 가쯔르 하—느 배—닥 웨?

- 몽골의 식당 타입 **Зоогийн газрын төрөл** 저—그잉 가즈리잉 투를
- 식당 **Хоолны газар** 허얼니 가쯔르
- 대중음식점 **Гуанз \нийтийн хоолны газар** 꽝즈\니—트잉 허얼니— 가쯔르\
- 카페-레스토랑 **Кафе-зоогийн газар** 카페-\저—그잉 가쯔르
- 카페 **Кафе** 카페
- 카페 바 **Кафе бар** 카페 바—르
- 카페테르야 **Цайны газар\ Өөртөө үйлчлэх гуанз**
  채—니— 가쯔르\으—리투 우일칠레흐 꽝지

- 아이스크림점 Мөхөөлдөсний газар 무흐을드스니— 가쯔르
- 찻집 Цайны газар 채—니— 가쯔르
- 간이식당 Буфет 부페트
- 패스트푸드점 Түргэн хоолны газар 투르겡 허얼니— 가쯔르
- 스낵바 Зуушны газар 조—쉬니— 가쯔르
- 샌드위치 가게 Сэндвичний газар 센드위츠니— 가쯔르
- 맥주집 Уушийн газар 오—쉬—잉 가쯔르

좋은 레스토랑을 추천해 주시겠습니까?

Та сайн зоогийн газар зааж өгөөч \санал болгоно уу \ ?

타 새앵 저—그잉 가쯔르 자—쯔 으거—츠 \사날 벌건노—?\

여기 어디 가까운 곳에 식사를 잘 할 수 있는 곳이 있나요?

Энэ хавьд гайгүй зоогийн газар бий болов уу?

엔 하위드 개—뀌이 저—그잉 가쯔르 비— 벌러우 오—?

여기 어디 가까운 곳에 싸게 식사할 수 있는 곳이 있나요?

Энэ хавьд хямдхан \боломжийн үнэтэй\ зоогийн газар бий болов уу?

엔 하위드 햠드항 \벌럼즈잉 우네태—\저—그잉 가짜르 비— 벌러우 오—?

여기 어디에서 식사할 수 있나요?

Энд хаана хоол идэж болох вэ?

엔뜨 하—느 허얼 이데쯔 벌러흐 벌?

여기서 멀지 않은 곳에 좋은 레스토랑이 있습니다.

Эндээс холгүй сайн зоогийн газар бий.

엔데—스 헐뀌이 새앵 저—그잉 가쯔르 비—.

그곳은 음식을 잘하고 항상 메뉴가 다양합니다.

Тэнд сайн хоолтойгоос гадна олон төрлийн сонголт бий шүү.

텐드 새앵 허얼터에거—스 가드느 얼렁 투를르잉 성걸트 비— 슈—.

오늘 저녁 4명 예약하고 싶습니다.
Өнөө орой дөрвөн хүний ширээ захиалах гэсэн юм.
으너— 어러이 드르웅 후니— 쉬레— 자히알라흐 게셍 욤.

두 명 예약하고 싶습니다.
Хоёр хүний ширээ захиалах гэсэн юм.
허이르 후니— 쉬레— 자히알라흐 게셍 욤.

7시에 예약하고 싶습니다.
Долоон цагаас захиалга өгөх гэсэн юм.
덜러엉 챠가—스 자히알락 으그흐 게셍 욤.

금연 테이블로 예약하고 싶습니다.
Тамхи татадгүй ширээ захиалмаар байна.
타미흐 타트닥뀌이 쉬레— 자히알마—르 밴.

흡연 테이블로 예약하고 싶습니다.
Тамхи татаж болдог ширээ захиалмаар байна.
타미흐 타트쯔 벌덕 쉬레— 자히알마—르 밴.

이 테이블은 빈자리인가요?
Энэ ширээ захиалгатай\хүнтэй юу?
엔 쉬레— 자히알가태—\ 훙태— 요—?

두 명 테이블이요.
Хоёр хүний ширээ.
허이르 후니— 쉬레—.

세 명 테이블 부탁합니다.
Гурван хүний ширээ хэрэгтэй.
고롱 후니— 쉬레— 헤륵태—.

자리가 없습니다.
Ширээ алга.\ суудал алга\ байхгүй
쉬레— \알락. \소—달 알락\ 배—흐뀌이.

여기는 셀프 서비스입니까?
Энд өөртөө үйлчилдэг үү?
엔드 으—르트— 우일츨득 우—?

레스토랑 열었나요?
Зоогийн газар нээлттэй байна уу?\ онгойсон уу?
저—그잉 가쯔르 네엘트태— 밴노—?\언거에—선노—?

레스토랑은 닫았습니다.
Зоогийн газар хаалттай байна.
저—그잉 가쯔르 하알트태— 밴.

얼마나 오래 동안 기다려야 하나요?
Хэр удаан хүлээх хэрэгтэй вэ?
헤르 오다앙 훌레흐 헤렉태— 웨?

화장실이 어디인가요?
Ариун цэврийн өрөө хаана байдаг вэ?
아리옹 체위르잉 으러— 하—느 배—닥 웨?

어디에서 손을 씻을 수 있나요?
Хаана гараа угааж болох вэ?
하—느 가라— 오가—쯔 벌러흐 웨?

담배 펴도 되나요?
Тамхи татаж болох уу?
타미흐 타트쯔 벌러흐 오—?

바에서

바를 추천해 주시겠습니까?
Баар зааж өгөхгүй юу?
바—르 자—쯔 으거흐뀌이 요—?

술집을 추천해 주시겠습니까?
Юм уучихмаар газар зааж өгөхгүй юу?
욤 오—치흐마—르 가쯔르 자—쯔 으거흐뀌이 요—?

맥주 집을 추천해 주시겠습니까?
Пивоны газар зааж өгөхгүй юу?
피워/샤르 애락 니 가쯔르 자—쯔 으거흐뀌이 요—?

맥주 주세요.
Пиво\шар айраг авъя.\ өгөөч
피—워 \샤르 애락 아위\ 으거—츠.

같은 걸로 한 잔 더 주세요!
Дахиад нэг хундаг нэмж авъя.
다히아드 넥 혼다그 넴쯔 아위.

얼음 빼고요.
Мөсгүйг авъя.
무스뀌이그 아위.

마십시다!
Ууцгаая!.\ Тогтооё!
오—츠가—이!\ 턱터—이!

제가 대접하겠습니다.
Би даая.\ би дайлъя.
비 다—이.\ 비 대앨리—.

전 술을 마시지 않습니다.
Би архи уудаггүй.
비 아리흐 오—닥뀌이.

차가운 것 있습니까?
Хүйтэн юм байна уу?
휘텡 욤 밴노—?

얼마입니까?
Хэд вэ?
헤드 웨?

바로 이거야!
Энэ их зүгээр юм!
엔 이흐 주게—르 욤!

기분이 아주 좋습니다.
Сэтгэл өндөр байна.
세트겔 은드르 밴.

많이 마셨습니다.
Дэндүү их уучихлаа
덴두— 이흐 오—츠흘라—.

취했습니다.
Би согтчихлоо.
비 석트츠흘러—.

피곤합니다.
Би ядарч байна.
비 야다르츠 밴.

집에 갈 때입니다.
Гэртээ харих цаг болчихжээ.
게르테— 하리흐 착 벌치흐쩨—.

택시를 불러주세요.
Такси дуудаад өгөхгүй юу.
타크스이 도—다—드 으거흐뀌이 요—.

당신은 운전을 해선 안 됩니다.
Та жолоо барьж болохгүй.
타 절러— 바르쯔 벌러흐뀌이.

술 깨었습니다.
Архи гарсан байна.
아리흐 가르상 밴.

맥주는 당신에게 해롭습니다!
Пиво танд зохихгүй л байна даа.
피워— 탠뜨 저히흐뀌일 밴 다—.

웨이터, 메뉴 주세요.
Зөөгчөө , цэсээ өгөхгүй юу.
즈—그처, 체스에 으거흐뀌이 요—.

영어로 된 메뉴 주세요.
Англи цэс өгөөч.
앵길 체스 으거—츠.

어린이 메뉴 주세요.
Хүүхдийн хоолны цэс өгөөч.
후—흐드잉 허얼니— 체스 으거—츠.

웨이터, 음료수 메뉴 주세요.
Зөөгчөө, уух юмны цэсээ өгөхгүй юу.
즈—그처—, 오—흐 욤니— 체스에— 으거흐뀌이 요—.

와인 메뉴 주세요.
Дарсны цэсээ өгөхгүй юу.
다르스니— 체스에— 으거흐뀌이 요—.

무엇을 추천해주시겠습니까?
Та юу санал болгох вэ?
타 요— 산날 벌거흐 웨?

채식 메뉴가 있습니까?
Танайд цагаан хоол байдаг уу?
타내—드 차가앙 허얼 배—닥 오—?

다이어트 메뉴가 있습니까?
Танайд хоолны дэглэм сахигчдад зориулсан цэс бий юу?
타내—드 허얼니— 데글렘 사흭츠다뜨 저리올상 체스 비— 요—?

어린이 메뉴를 권해주시겠어요?
Хүүхдийн цэс санал болгоно уу.
후—흐드잉 체스 산날 벌건노—.

고르셨습니까?
Хоолоо сонгосон уу?
허얼러— 성거선노—?

무엇을 주문하시겠습니까?
Та юу захиалах вэ?
타 요— 자히알라흐 웨?

전채 요리로 무엇을 주문하시겠습니까?
Та ямар зууш захиалах вэ?
타 야마르 조—쉬 자히알라흐 웨?

무슨 스프를 주문하시겠습니까?
Та ямар шөл захиалах вэ?
타 야마르 슐 자히알라흐 웨?

메인 요리로 무엇을 주문하시겠습니까?
Та хоёрдугаар хоолондоо юу захиалах вэ?
타 허이르 또가—르 허얼렁더— 요— 자흐알라흐 웨?

디저트로 무엇을 주문하시겠습니까?
Та ямар амттан захиалах вэ?
타 야마르 암트탕 자히알라흐 웨?

전채요리에 무엇이 있습니까?
Ямар ямар зууш бий вэ?
야마르 야마르 조—쉬 비— 웨?

전채요리로 게살을 곁들인 샐러드를 하겠습니다.
Зуушиндаа хавчтай салат авъя.
조—쉰다— 하우치태— 살라트 아우이.

전채요리는 필요 없습니다.
Зууш авахгүй ээ, баярлалаа.
조—쉬 아와흐뀌이 에—, 바이를라—.

스프로 보르쉬를 하겠습니다.
Нэгдүгээр хоолондоо борш шөл авъя.
넥 뚜게—르 허얼렁더— 버르쉬 슐 아우이.

메인 요리로 라이스를 곁들인 닭요리를 주세요.
Хоёрдугаар хоолондоо шарсан тахиатай будаа авъя.
허이르 또가—르 허얼렁더— 샤르승 타히아태— 보다— 아우이.

디저트로 아이스크림을 주세요.
Амттандаа зайрмаг авъя.
암트탄다— 자에르막 아우이.

이 요리는 미리 예약하셔야 합니다.
Энэ хоолыг урьдчилан захиалах шаардлагатай.
엔 허얼릭 오리드칠랑 자히알라흐 샤—르들가태—.

치즈를 곁들여 주시겠어요?
Бяслагтай хийж өгч болох уу?
비슬락태— 히—쯔 윽치 벌러흐 오—?

후추를 넣어 주시겠어요?
Хар чинжүүтэй хийж өгч болох уу?
하르 친주—태— 히—쯔 윽치 벌러흐 오—?

칠리소스를 넣어 주시겠어요?
Чили соустай хийж өгч болох уу?
칠리 써오쓰태— 히—쯔 윽치 벌러흐 오—?

마늘을 넣어 주시겠어요?
Сармистай хийж өгч болох уу?
사르미쓰태— 히—쯔 윽치 벌러흐 오—?

케찹을 넣어 주시겠어요?
Улаан лоолийн сүмстэй хийж өгч болох уу?
올라앙 럴—르잉 숨스태— 히—쯔 윽치 벌러흐 오—?

견과류를 넣어 주시겠어요?
Самартай хийж өгч болох уу?
사마르태— 히—쯔 윽치 벌러흐 오—?

버터를 넣어 주시겠어요?
Цөцгийтэй\маслотой\ хийж өгч болох уу?
츠츠기—태—\마슬태—\ 히—쯔 윽치 벌러흐 오—?

소스를 넣어 주시겠어요?
Соустай хийж өгч болох уу?
써오스태— 히—쯔 윽치 벌러흐 오—?

식초를 곁들여 주시겠어요?
Цагаан цуутай хийж өгч болох уу?
챠가앙 초—태— 히—쯔 윽치 벌러흐 오—?

치즈를 빼고 주시겠어요?
Бяслаггүй хийж өгч болох уу?
비슬락꿰이 히—쯔 윽치 벌러흐 오—?

후추를 빼고 주시겠어요?
Хар чинжүүгүй хийж өгч болох уу?
하르 친주—꿰이 히—쯔 윽치 벌러흐 오—?

칠리소스를 빼고 주시겠어요?
Чили соусгүй хийж өгч болох уу?
칠리 써오스꿰이 히—쯔 윽치 벌러흐 오—?

마늘을 빼고 주시겠어요?
Сармисгүй хийж өгч болох уу?
사르미쓰꿰이 히—쯔 윽치 벌러흐 오—?

케찹을 빼고 주시겠어요?
Улаан лоолийн сүмсгүй хийж өгч болох уу?
올라앙 럴—르잉 숨스꿰이 히—쯔 윽치 벌러흐 오—?

견과류를 빼고 주시겠어요?
Самаргүй хийж өгч болох уу?
사마르꿰이 히—쯔 윽치 벌러흐 오—?

버터를 빼고 주시겠어요?
Цөцгийгүй/маслогүй хийж өгч болох уу?
츠츠기—꿰이/마슬꿰이 히—쯔 윽치 벌러흐 오—?

소스를 빼고 주시겠어요?
Соусгүй хийж өгч болох уу?
써오스꿰이 히—쯔 윽치 벌러흐 오—?

식초를 빼고 주시겠어요?

Цагаан цуугүй хийж өгч болох уу?

챠가앙 초—꿰이 히—쯔 윽치 벌러흐 오—?

저는 고기를 못 먹습니다. 고기를 빼고 이 요리를 해줄 수 있나요?

Би мах идэж чаддаггүй. Энэ хоолыг махгүй хийж өгч болох уу?

비 마흐 이데쯔 차드딱꿰이. 엔 허얼—익 마흐꿰이 히—쯔 윽치 벌러흐 오—?

고기를 어떻게 익혀 드릴까요?

Махыг нь яаж болгох вэ?

마흐익—은 야—쯔 벌거흐 웨?

Well Done으로요.

Сайн болгоорой.

새앵 벌거—래—.

Medium으로요.

Дунд зэргийн болгоорой.

돈뜨 제르그—잉 벌거—래—.

Rare로요.

Шүүрхийдүү байхад болно.

슈르히—두— 배—하뜨 벌너.

무엇을 마시겠습니까?

Та юу уух вэ?\ уух юм юу авах вэ?\

타 요— 오—흐 웨? /오—흐 욤 요— 아와흐 웨?/

주스 주세요.

Жимсний шүүс авъя.

짐스니— 슈—스 아우이.

콜라 주세요.

Кола авъя.

컬라 아우이.

물 한 잔 주세요.

Аяга ус авъя.

아이가 오스 아우이.

물 한 병 주세요.
Шил ус авъя.
쉴 오스 아우이.

얼음과 함께 주세요.
Мөс бас өгөөч.
무스 바스 으거—츠.

맛있게 드세요!
Сайхан хооллоорой.
새항 허얼러—래—.

더 필요하신 것 있습니까?
Өөр хэрэгтэй \хүсэх\ зүйл байна уу?
으르 헤렉태— \후세흐\ 쬘 밴 오—?

빵을 갖다 주세요.
Талх авчирч өгөхгүй юу.
탈흐 아오츠르츠 으그흐꿰이 요—.

잔을 갖다 주세요.
Шилэн аяга авчирч өгөхгүй юу.
쉬일렝 아이가 아오츠르츠 으그흐꿰이 요.

냅킨을 갖다 주세요.
Сальфетка/ амны алчуур авчирч өгөхгүй юу.
살피트카/ 암니— 알초—르 아오츠르츠 으그흐꿰이 요—.

위스키 잔을 갖다 주세요.
Вискиний хундага авчирч өгөхгүй юу.
위스키니— 혼닥 아오츠르츠 으그흐꿰이 요—.

빵 좀 더 주시겠어요?
Талх нэмж өгөхгүй юу.
탈흐 넴쯔 으그흐꿰이 요—.

물 좀 더 주시겠어요?
Ус нэмж авчирч өгөхгүй юу?
오스 넴쯔 아오츠르츠 으그흐꿰이 요—?

포도주 더 주시겠어요?
Дарс \вино\ нэмж авчирч өгөхгүй юу?
다르스 \위너\ 넴쯔 아오츠르츠 으그흐뀌이 요—?

이것은 뭐라 부르나요?
Үүнийг юу гэдэг юм бэ?
우—니익 요— 게득 욤 베?

음식	**Хоол** 허얼	
음료수	**Ундаа** 온다—	
알콜 음료	**Спиртний төрлийн ундаа** 이스피르틴니— 트를—잉 온다—	
전채요리	**Зууш** 조—쉬	
스프	**Суп\ шөл \нэгдүгээр хоол** 소프 \슐\넥 뚜게—르 허얼\	
메인요리	**Хоёрдугаар хоол** 허이르 또가—르 허얼	
디저트	**Амтлагч** 암틀락츠	

채식 및 특별식 Цагаан хоол, тусгай хоол

버터를 빼고 요리해주시겠어요?
Маслогүйгээр хийж өгч болох уу?
마슬뀌이게—르 히—쯔 윽치 벌러흐 오—?

계란을 빼고 요리해주시겠어요?
Өндөггүйгээр хийж өгч болох уу?
은득뀌이게—르 히—쯔 윽치 벌러흐 오—?

생선을 빼고 요리해주시겠어요?
Загасгүйгээр хийж өгч болох уу?
자가스뀌이게—르 히—쯔 윽치 벌러흐 오—?

고기를 빼고 요리해주시겠어요?
Махгүйгээр хийж өгч болох уу?
마흐뀌이게—르 히—쯔 윽치 벌러흐 오—?

돼지고기를 빼고 요리해주시겠어요?
Гахайны махгүйгээр хийж өгч болох уу?
가해앤니— 마흐꿰이게—르 히—쯔 윽치 벌러흐 오—?

닭고기를 빼고 요리해주시겠어요?
Тахианы махгүйгээр хийж өгч болох уу?
타히아니— 마흐꿰이게—르 히—쯔 윽치 벌러흐 오—?

저는 버터를 먹지 않습니다.
Би масло\цөцгий иддэггүй.
비 마슬 \츠츠기— 이뜨덱꿰이.

저는 계란을 먹지 않습니다.
Би өндөг иддэггүй.
비 은득 이뜨득꿰이.

저는 생선을 먹지 않습니다.
Би загас иддэггүй.
비 자가스 이뜨득꿰이.

저는 고기를 먹지 않습니다.
Би мах иддэггүй.
비 마흐 이뜨득꿰이.

저는 돼지고기를 먹지 않습니다.
Би гахайн мах иддэггүй.
비 가해잉 마흐 이뜨득꿰이.

저는 닭고기를 먹지 않습니다.
Би тахианы мах иддэггүй.
비 타히아니— 마흐 이뜨득꿰이.

이것은 카페인이 없나요?
Энэ кофеингүй биз дээ?
엔 커피엥꿰이 비쯔 데—?

이것은 동물제품이 들어 있지 않나요?
Энэ амьтны гаралтай зүйлгүй биз дээ?
엔 아믙니— 가랄태— 쮈꿰이 비쯔 데—?

이것은 유전자조작 식품인가요?
Химийн болон генетикийн аргаар гаргаж авсан хүнс биш биз
дээ?
히미잉 벌렁 기네틱—잉 아르가—르 가르가즈 아오상 홍스 비쉬 비즈 데—?

이것은 저지방인가요?
Тос багатай юу?
터스 바그태— 요—?

이것은 저당분인가요?
Сахарын агууламж нь бага биз дээ?
사하—링 아고올람쯔 바그— 비쯔 데—?

이것은 유기농인가요?
Цэвэр байгалийн гаралтай юу?
체웨르 배—갈르잉 가랄태— 요—?

이것은 염분이 없나요?
Давсгүй биз дээ?
다오스꿰이 비쯔 데—?

저는 동물을 사랑합니다, 그래서 고기를 먹지 않습니다.
Би амьтанд хайртай учраас мах иддэггүй.
비 아미탄드 해—르태 오치라—스 마흐 이뜨득꿰이.

고기를 먹는 것은 살인입니다.
Мах бэлтгэх бол аллага үйлдэж байгаа хэрэг.
마흐 벨트게흐 벌 알라그 우일드쯔 배—가— 헤렉.

저는 게 알레르기가 있습니다.
Би хясааны харшилтай.
비 햐사—니— 하르쉴태—.

저는 우유 알레르기가 있습니다.
Би сүүн бүтээгдэхүүний харшилтай.
비 수웅 부테엑데후—니— 하르쉴태—.

저는 계란 알레르기가 있습니다.
Би өндөгний харшилтай.
비 은득니— 하르쉴태—.

저는 젤라틴 알레르기가 있습니다.
Би цэлцэгнүүрийн харшилтай.
비 첼첵누—르잉 하르쉴태—.

저는 알레르기가 있습니다.
Би харшилтай.
비 하르쉴태—.

저는 꿀 알레르기가 있습니다.
Би зөгийн балны харшилтай.
비 즈기잉 발니— 하르쉴태—.

저는 견과류 알레르기가 있습니다.
Би самарны харшилтай.
비 사마르니— 하르쉴태—.

저는 해산물 알레르기가 있습니다.
Би далайн гаралтай хүнсний харшилтай.
비 달래앵 가랄태— 훙스니— 하르쉴태—.

불편사항 Санал гомдол

여기 빵이 부족합니다.
Энд талх хүрэлцэхгүй байна.
엔뜨 탈흐 후렐체흐뀌이 밴.

제 샐러드를 안주셨는데요.
Та миний салатыг авчирч өгөөгүй байна.
타 미니— 살라트익 아오츠르츠 으거—뀌이 밴.

제 커틀렛 요리를 안주셨는데요.
Та миний котлетийг авчирч өгөөгүй
타 미니— 커트레틱 아와치르츠 으그승뀌이. \으거—뀌이.

제 아이스크림을 안주셨는데요.
Та мартчихаж миний зайрмагийг.
타 마르트치하쯔 미니— 재—르막기익.

저는 이 요리를 주문하지 않았습니다.
Би энэ хоолыг захиалаагүй.
비 엔 허얼리익 자히알라—꿰이.

스프가 식었습니다.
Шөл хөрчихсөн байна.
슐 흐르치흐승 밴.

스프가 너무 짭니다.
Шөл шорвог байна.
슐 셔르웝 밴.

고기가 질깁니다.
Max хатуу байна.
마흐 하토— 밴.

고기가 너무 기름집니다.
Max их тостой\ɵɵхтэй байна.
마흐 이흐 터스태—\ 으흐태— 밴.

생선이 신선하지 않습니다.
Загас шинэ биш байна.
자가스 신 비쉬 밴.

다시 가져가세요.
Үүнийг буцаагаад аваад явахгүй юу.
우—닉 보차—가—드 아오아—드 야오흐꿰이 요—.

매니저를 불러 주세요.
Менежерээ дуудаад ɵгɵɵч.
메니즈레— 도—다—뜨 으거—츠.

무엇을 먹을까요?
Юу идэх/ захиалах вэ?
요— 이데흐/ 자히알라흐 웨?

스프를 무엇을 먹을까요?
Ямар шөл авах вэ?
야마르 슐 아와흐 웨?

전채 요리로 무엇을 먹을까요?
Хоёрдугаар хоолондоо юу авах вэ?
허이르 또가—르 허얼런더— 요— 아와흐 웨—?

디저트로 무엇을 먹을까요?
Ямар амттан авах вэ?
야마르 암트탕 아와흐 웨?

무엇을 마시겠습니까?
Юу уух вэ?
요— 오—흐 웨?

저는 생과일 주스를 마실게요.
Би жимсний шүүсууна.
비 짐스니— 슈스 오온.

저는 보드카는 안됩니다.
Би архи ууж болохгүй.
비 아리흐 오—쯔 벌러흐뀌이.

따라드려도 될까요?
Танд хундагалж\хийж өгөх үү?
탠뜨 홍닥글라쯔 \ 히—쯔 으그후—?

당신의 건강을 위하여 건배하고 싶습니다!
Таны эрүүл мэндийн төлөө тогтооё.
타니— 에루울 멘드잉 틀러— 턱터—이—.

만남을 위하여!
Уулзсаныхаа төлөө тогтооё.
오올즈산니—하— 틀러— 턱터—이.

우정을 위하여!
Нөхөрлөлийнхөө төлөө тулгая.
느흐를리잉허— 틀러— 톨그—이.

소금을 건네주세요.
Давс аваад өгөөч.
다브스 아와뜨 으거—츠.

빵을 건네주세요.
Талхаа аваад өгөхгүй юу.
탈하— 아와—뜨 으그흐뀌이 요—.

버터를 건네주세요.
Цөцгийгөө\маслоо аваад өгөөч.
츠츠기—거—\마슬러— 아와뜨 으거—츠.

소금을 건네주세요.
Давсаа аваад өгдөө.
다브사— 아와뜨 윽더—.

빵을 더 드세요.
Талх идээрэй!
탈흐 이데—래!

이 음식이 아주 맛있습니다.
Хоол их амттай юм.
허얼 이흐 암트태— 욤.

저는 현지 음식이 마음에 듭니다.
Үндэсний хоол надад их таалагдаж байна.
운드스니— 허얼 나다뜨 이흐 타알락드즈 밴.

몽골 요리가 마음에 듭니다.
Монгол хоол таалагдаж байна.
멍걸 허얼 타알락드즈 밴.

아주 맛있었습니다.
Их амттай байлаа.
이흐 암트태— 밸라—.

과식했습니다.
Хэтэрхий их идчихжээ.
헤테르히— 이흐 이드치흐쩨—.

감사합니다. 배부릅니다.
Баярлалаа, одоо болсон. \Би цадсан.
바이를라—, 어더— 벌성. \비 차드상.

이것은 제가 계산하지요.
Би тооцоогий нь хийе.\ би даая.
비 터—처—기느 히—예.\비 다—이.

계산 Тооцоогоо хийх

계산서 주세요.
Тооцоогоо авъя.\ өгөөрэй.
터—처—거— 아위이.\으거—래—.

전체 계산서 주세요.
Тооцоогоо нэгтгээд авъя.
터—처—거— 넥트게—뜨 아위이.

따로 계산해 주시겠어요?
Тооцоогоо тус тусдаа авъя.
터—처—거— 토스 토스다— 아위이.

봉사요금이 포함되었나요?
Үйлчилгээний хөлс нь орсон уу?
우일칠게—니— 흘슨 어르선노—?

계산이 틀린 것 같습니다.
Тооцоо буруу байх шиг байна.
터—처— 보로— 배—흐 식 밴.

난 받지 않았습니다.
Би аваагүй.
비 아와꿰이.

식사 맛있었습니까?
Хоол амттай байсан уу?
허얼 암트태— 배—상 노—?

훌륭한 식사였습니다.
Хоол их амттай байлаа.
허얼 이흐 암트태— 밸라—.

잔돈은 필요 없습니다.
Хариултын өөртөө үлдээ.
하리올트인 으르터— 울데—.

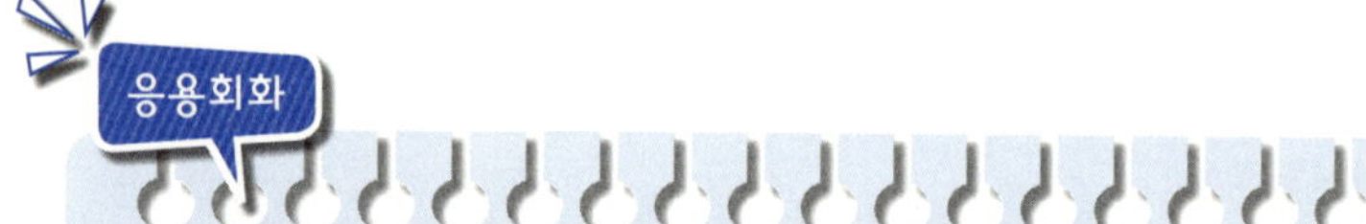

뭉거: 식사 초대 정말 고마워요.
델게르: 이 식당에 두 번 와 봤는데, 음식을 아주 맛있게 해요.
보드카, 포도주, 샴페인과 함께 5가지 요리가 제공되죠.
웨이터: 전채 요리로 무엇을 드시겠어요?
뭉거: 무엇이 있나요?
웨이터: 생선, 알, 소세지, 샐러드가 있습니다.
델게르: 샐러드가 좋겠습니다.
웨이터: 스프는요? 오늘 저희 식당에는 울란바타르식 호이채가 맛있습니다.
뭉거: 저는 호이채를 좋아해요.
델게르: 좋습니다. 호이채 두 개 주세요.
웨이터: 메인요리로는 무엇을 드시겠습니까?
생선을 하시겠습니까? 고기로 하시겠습니까?
델게르: 무엇을 추천해 주시겠습니까?
웨이터: 우리 식당에는 철갑상어 요리가 있습니다. 아주 맛있습니다.
델게르: 그럼 나는 철갑상어 요리가 좋겠어요. 뭉거! 당신은 결정했나요?
뭉거: 저는, 글쎄, 고기로 해야겠어요. 무슨 요리가 있나요?

웨이터: 헝가리식 골랴쉬를 적극 추천합니다. 우리 식당의 비프스테이크
　　　 또한 울란바타르에서 제일 알아주는 요리이기도 하지만요.
뭉거: 그게 끌리네요. 그렇다면 저는 비프로 할게요.
웨이터: 디저트로는 우리 식당에...
델게르: 디저트는 지금 말고요. 식사 해보고요. 원하는 것을 그때 주문하
　　　 겠습니다.
웨이터: 무엇을 마시겠습니까? 보드카요? 물론 하시구요. 샴페인도요.
　　　 적포도주는 고기요리에, 백포도주는 생선요리에 곁들여 드십시오.
델게르: 아주 좋아요. 자. 뭉거, 우리 우정을 위해서 건배합시다.

Мөнгөө: Хоолонд урьсан явдалд баярлалаа.
뭉거: 허얼런드 오리상 야오달드 바이를라.

Дэлгэр: Би энд хоёр ч удаа ирж байсан. Хоол нь их
　　　 амттай.
　　　 Архи, дарс, оргилуун дарс, өгөхөөс гадна таван
　　　 курс хоолтой.
델게르: 비 엔뜨 허이르 오다— 이르쯔 배—상. 허얼른 이흐 암트태—.
　　　 아르흐 다르스, 어륵 글롱 다르스, 컨냐키 으거허—스 가든
　　　 타오 코르스 허얼터에.

Зөөгч: Та зуушинд юу авах вэ?
즈—그치: 타 조—쉰드 요— 아와흐 웨?

Мөнгөө: Танайд юу байгаа вэ?
뭉거: 타내—드 요— 배—가— 웨?

Зөөгч: Манайд загас, түрс, зайдас, салат бий.
즈—그치: 마내—드 자가스, 투르스, 재—다스, 살라트 비—.

Дэлгэр: Салат захиалья.
델게르: 살라트 자히알리.

Зөөгч: Ямар шөл захиалах вэ? Манайд өнөөдөр
　　　 Улаанбаатар маягийн маш сайхан хуйцай байгаа.
즈—그치: 야마르 슐 자히알라흐 웨? 마내—드 으너—드르 울란바타르
　　　 마약기잉 마쉬 새항 호이채배—가—.

Мөнгөө: Би хуйцайнд дуртай.
뭉거: 비 호이채드 도르태—.

Дэлгэр: Тэгвэл хоёр хуйцай.
델게르: 텍웰 허으리 호이채.

Зөөгч: Хоёрдугаар хоолоо махтай авах уу, загастай юу?
즈—그치: 허이르 또가르 허얼러— 마흐태— 아와흐 오—,
　　　자가스태— 요—?

Дэлгэр: Та бидэнд юу санал болгохсон бол?
델게르: 타 비덴드 요 사날 벌거흐승 벌?

Зөөгч: Манайд өнөөдөр их амттай хилэм загас байгаа.
즈그치: 으느뜨르 마내—드 이흐 암트태 힐렘 자가스 배—가.

Дэлгэр: Тэгвэл би шарсан хилэм авъя. Мөнгөө чи харин
　　　юу захиалах вэ?
델게르: 테그웰 비 샤르승 힐렘 아위—. 뭉거 치 하링 요 자히알라흐 웨?

Мөнгөө: Би махтай хоол захиална. Танайд ямар хоол
　　　байгаа вэ?
뭉거: 비 마흐태— 허얼 자히알르느. 타내—드 야마르 허얼 배—가 웨?

Зөөгч: Би танд унгар гуляш санал болгох байна. Манай
　　　бифштекс бас Улаанбаатартаа нэртэй шүү.
즈그치: 비 탄드 옹가르 골랴쉬 사날 벌거흐 밴. 마내— 비프 바스
　　　울란바타르타 네르태 쉬우.

Мөнгөө: Сонсоход таатай байна. Тэгвэл би бийф
　　　захиалъя.
뭉거: 성서흐드 타—태— 밴. 테그웰 비 비프 자히알리.

Зөөгч: Харин дессертэнд манайд ...
즈그치: 하링 디세르트텐드 마내—드....

Дэлгэр: Дессертээ азнаж байгаад болъё. Хоолоо идэж
　　　дууссаныхаа дараа юу идмээр санагдахыг харъя.
델게르: 디세르테— 아즈나즈 배—가드 벌르이. 허얼러 이데즈 도스사니하
　　　다라— 요 이드 메르 사낙다흐익 하르이.

Зөөгч: Ямар архn авах вэ? Архn мэдээж. Тэгээд бас
　　　оргилуун дарс. Махан хоолтой цуг хундага улаан
　　　дарс, загастай харин цагаан дарсаар даруулвал
　　　зүгээр.
즈그치: 야마르 아리흐 아와흐 웨? 아리흐 메데즈, 테게드 바스 어리글롱
　　　다르스. 마항 허얼태— 촉
혼다그 올랑 다르스, 자가스태— 함트 하링 차가앙 다르스사르 다로올즈
　　　오—왈 주게르.

Дэлгэр: Гайхалтай! За, Мөнгөө тулгая. Бидний
　　　нөхөрлөлийн төлөө.
델게르: 개—할태—, 자 뭉거 톨그이—. 비드니 느흐를링 틀러.

○ 교통

▶ ▷ ▶

몽골을 여행할 때 교통 관련 생활 회화 표현을 숙지하는 것이 몽골을 기동력있게 움직일 수 있는 비결이다. 길 묻기, 교통수단, 표 예약, 표 구매, 교통문의, 항공, 해상, 기차, 대중교통 이용 관련한 필수 회화 표현을 소개한다.

교통일반 

어떤 버스가 달랑자드가드행입니까?
Даланзадгад руу ямар автобус явдаг вэ?
달랑자드가드로— 야마르 아오터보스 야와닥 웨?

이 배가 울란바타르행입니까?
Энэ хөлөг онгоц Улаанбаатарт очих уу?
엔 흘륵 언거츠 울란바타르트 어치흐 오—?

이 버스가 울란바타르행입니까?
Энэ автобус Улаанбаатар хүрэх үү?
엔 아오터보스 울란바타르 후레흐 우—?

이 비행기가 울란바타르행입니까?
Энэ онгоц Улаанбаатар луу нисэх үү?
엔 언거츠 울란바타르로 니스흐 우—?

이 기차가 울란바타르행입니까?
Энэ галт тэрэг Улаанбаатарт очих уу?
엔 갈트 테렉 울란바타르트 어치흐 오—?

언제 첫 버스/기차/비행기가 있습니까?
Эхний автобус\ галт тэрэг\ онгоц хэзээ вэ?
에흐니— 아오터보스\갈트 테렉\ 언거츠 헤제— 웨?

언제 다음 버스/기차/비행기가 있습니까?
Дараагийн автобус\ галт тэрэг\ онгоц хэзээ вэ?
다라—그잉 아오터보스 \갈트 테렉\ 언거츠 헤제— 웨?

언제 마지막 버스/기차/비행기가 있습니까?
Сүүлчийн автобус\ галт тэрэг\ онгоц хэзээ вэ?
수울치잉 아오터보스 \갈트 테렉\ 언거츠 헤제— 웨?

언제 출발합니까?
Хэдээс хөдлөх вэ?
헤데—스 후들르흐 웨?

다르항까지 얼마나 걸립니까?
Дархан хүртэл хэдэн цаг явах вэ?
다르항 후르텔 헤뎅 챡 야와흐 웨?

얼마나 연착합니까?
Хэр их хоцорч байгаа вэ?
헤르 이흐 허처르츠 배—가— 웨?

자리 있나요?
Энэ суудал хүнтэй юу?\ суудал байгаа юу?
엔 소—달 훈태— 요—?\소—달 배—가— 요?/

제 자리입니다.
Энэ миний суудал.
엔 미니— 소—달.

언제 살히트에 도착하는 지 말씀해 주세요.
Хэдэн цагт Салхит хүрэхийг хэлж өгөхгүй юу?
헤뎅 챡트 살히트 후르흐익 헬쯔 으그흐뀌이 요—?

여기서 세워 주세요.
Энд зогсоорой!
엔뜨 적서—래—!

시내를 어떻게 가야 하는 지 말씀해주세요.
Хотын төв руу яаж явахыг хэлж өгнө үү?
허트잉 투브루— 야아즈 야와흐익 헬쯔 으누—?

베.렌칭 거리를 어떻게 가야 하나요?
Б. Ренчиний нэрэмжит гудамжинд яаж очих вэ?
베.렌칭니— 네렘지트 고담진드 야—즈 어치흐 웨?

국립 드라마 극장을 어떻게 가야 하나요?
Улсын Драмын Эрдмийн Театрт яаж очих вэ?
올스잉 드람—잉 에르듬—잉 티아트리트 야—즈 어치흐 웨?

가까운 버스장루장 어떻게 가야 하나요?
Ойрхон автобусны буудал руу яаж очих вэ?
어에르헝 아오터보스니— 보—달로— 야—즈 어치흐 웨?

뭐 타고 출근하십니까?
Та ажил руугаа юугаар явдаг вэ?
타 아질로—가— 요—가—르 야오닥 웨?

버스로 갑니다.
Автобусаар явдаг.
아오터보사—르 야오닥.

지하철로 갑니다.
Метрогоор явдаг.
미트러—거—르 야오닥.

무궤도 전차로 갑니다.
Троллейбусаар явдаг.
트럴레보사—르 야오닥.

승용차로 갑니다.
Машинаар явдаг.
마쉰나—르 야오닥.

택시로 갑니다.
Таксигаар явдаг.
타크스—가—르 야오닥.

집에서 대학교까지 어떤 교통수단을 이용합니까?
Гэрээсээ сургууль руугаа ямар унаагаар явдаг вэ?
게레—세— 소르고일로 고담진드 야마르 오나—가—르 야오닥 웨?

버스를 이용합니다.
Автобусанд суудаг.
아오터보산뜨 소—닥.

승용차를 이용합니다.
Машинд сууж явдаг.
마쉰뜨 소—쯔 야오닥.

지하철을 이용합니다.
Метронд сууж явдаг.
미트런뜨 소—쯔 야오닥.

버스와 지하철 두 가지 교통수단을 이용해야 합니다.
Би хоёр унаа дамжиж явдаг: Автобус, метро.
비 허이르 오나— 담지즈 야오닥: 아오터보스, 미트러.

어떤 교통수단을 선호합니까?
Ямар унааг\ тээврийн хэрэгслийг илүүд үздэг вэ?
야마르 온나—그 \ 테—브르잉 헤렉슬—익 일루—드 우즈득 웨?

지하철을 선호합니다.
Би метроог илүүд үздэг.\ Би метрогоор явах илүү дуртай.
비 미트럭 일루—드 우지득. \비 미트러거—르 야와흐 일루— 도르태—.

기차를 선호합니다.
Би галт тэргээр явахыг илүүд үздэг.
비 갈트 테르게—르 야와흐—익 일루—드 우즈득.

버스를 선호합니다.
Би автобусаар явахыг илүүд үздэг.
비 아오터보사—르 야와흐—익 일루—드 우즈득.

대중교통 이용하는 것을 선호합니다.
Би нийтийн тээврээр явахыг илүүд үздэг.
비 니—트잉 테—브레—르 야와흐익 일루—드 우즈득.

당신은 갈아타야 합니까?
Та унаа дамжих шаардлагатай юу?
타 오나— 담지흐 샤—르들가태— 요—?

네, 갈아타야 합니다.
Тийм ээ, би унаа сольж суух\ дамжих хэрэгтэй болдог.
티임 에—; 비 오나— 설지 소—흐\ 담지흐 헤렉태— 벌덕그.

어디에서 내려야하는 지 말씀해주세요.
Хаана буух хэрэгтэйг минь хэлж өгөхгүй юу?
하—느 보—흐 헤렉태—엑 민 헬쯔 으그흐꿔이 요—?

어디에서 가아타야 하는 지 말씀해주세요.
Хаанаас сольж суудагыг хэлж өгөхгүй юу?
하—느—스 설지 소—닥익 헬쯔 으그흐꿔이 요—?

티켓 일반 Тасалбар

어디에서 차표를 살 수 있나요?
Тасалбар хаанаас худалдаж авах вэ?
타살바르— 하—느—스 호달다즈 아와흐 웨?

헙드행 표를 주세요.
Ховдын билет авъя.
헙드—잉 빌레트 아워—이.

1등석 표를 주세요.
Нэгдүгээр зэрэглэлийн тасалбар авъя.
넥 뚜게—르 제렉렐—잉 타살바르 아워이.

2등석 표를 주세요.
Хоёрдугаар зэрэглэлийн тасалбар авъя.
허이르 또가—르 제렉렐—잉 타살바르 아워이.

어린이 표를 주세요.
Хүүхдийн тасалбар\ билет авъя.
후—흐디잉 타살바르\ 빌레트 아워이.

편도 한 장 주세요.
Нэг талын тасалбар авъя.
넥 탈르—잉 타살바르 아워이.

왕복 표 한 장 주세요.
Хоёр талын тасалбар\ билет авъя.
허이르 탈르—잉 타살바르\ 빌레트 아위이.

대학생 표 한 장 주세요.
Оюутны тасалбар\ билет авъя.
어요튼니— 타살바르\ 빌레트 아위이.

얼마입니까?
Хэд вэ?
헤드 웨?

1000 투그릭 표 한 장 주세요.
1000 төгрөгний тасалбар\ билет авъя.
망강 투그륵니— 타살바르\ 빌레트 아위이.

도착까지 얼마 걸립니까?
Хэдэн цаг явж хүрэх вэ?
헤덩 챡 야오즈 후레흐 웨?

직행입니까?
Шууд явдаг шугам уу?
쇼드 야오닥 쇼감 오—?

체크인이 언제 시작되나요?
Хэзээ оруулж эхлэх вэ?\ бүртгэл хэзээ эхлэх вэ?
헤제— 어로올지 에흘레흐 웨? \부르트겔 헤제— 에흘레흐 웨?

옆 좌석을 원합니다.
Хажуугын суудал байгаа юу?.
하조—그잉 소—달 배—가— 오—?

흡연석을 원합니다.
Тамхи татаж болдог суудал байвал сайн байна.
타미흐 타타즈 벌덕그 소—달 배왈 새앵 밴.

금연석을 원합니다.
Тамхи татдаггүй суудал байвал сайн байна.
타미흐 타트닥뀌이 소—달 배왈 새앵 밴.

창가 좌석을 원합니다.
Цонхон талын суудал байвал сайн байна.
천헝 탈르—잉 소—달 배왈 새앵 밴.

표를 취소하고 싶습니다.
Би тасалбараа цуцлах гэсэн юм.
비 타살바라— 초츨라흐 게셍 욤.

표를 바꾸고 싶습니다.
Би тасалбараа солиулах гэсэн юм.
비 타살바라— 설리올라흐 게셍 욤.

표를 컨폼하고 싶습니다.
Би суудлаа шалгах гэсэн юм.
비 소—들라— 샬가흐 게셍 욤.

수하물 Ачаа тээш

어디에서 수하물을 찾나요?
Ачаагаа хаанаас авах вэ?
아차—가 하—느—스 아와흐 웨?

수하물 섹션이 어디인가요?
Ачаа тээшний хэсэг хаана байдаг вэ?
아차— 테—쉰니— 헤섹 하—느 배—닥 웨?

자동 보관함이 어디 있나요?
Автомат тээшээ хадгалдаг газар хаана вэ?
아오터마트 테—쉬에— 하드갈닥 가쯔르 하—느 웨?

어디에 카터가 있나요?
Ачааны тэргэнцэр хаана байгаа вэ?
아차—니— 테르겐체르 하—느 배—가— 웨?

제 짐이 망가졌습니다.
Миний ачаа хугарч гэмтсэн байна.
미니— 아차— 호가르츠 겜트셍 밴.

제 짐이 분실되었습니다.
Миний ачаа алга болсон байна.
미니— 아차— 알가 벌성 밴.

제 짐이 도난당했습니다.
Миний ачаа хулгайд алдагдсан байна.\ ачаагаа алдчихлаа.
미니— 아차— 홀개—드 알닥뜨상 밴. \아차—가— 알뜨치흘라—.

이것은 제 짐이 아닙니다.
Энэ миний ачаа биш байна.
엔 미니— 아차— 비쉬 밴.

험드행 비행기가 다음에 언제 있는 지 말씀해 주세요.
Дараагийн Ховдын нислэг хэзээ байгааг хэлж өгөөч.
다라—그잉 험드—잉 니슬렉 헤제— 배—가악 헬쯔 으거—츠.

표가 더 있습니까?
Дахиад тасалбар бий юу?
다히아뜨 타살바르 비— 요—?

이르후행 표가 필요합니다.
Би Эрхүүгийн тасалбар авах гэсэн юм.
비 에르후—그잉 타살바르 아와흐 게셍 욤.

이르후행 편도 표 한 장이 필요합니다.
Эрхүүгийн нэг талын тасалбар хэрэгтэй.
에르후—기잉 넥 탈르—잉 타살바르 헤륵태—.

울란바타르 왕복 비행기 표를 예약하고 싶습니다.
Улаанбаатарын чиглэлийн хоёр талын тасалбар захиалах
гэсэн юм.
울란바타르—잉 칙렐—잉 허이르 탈르—잉 타살바르 자히알라흐 게셍 욤.

7월 15일 워싱턴 비행기 표를 예약하고 싶습니다.
Долоон сарын арван тавны Вашингтон нислэгийн тасалбар
захиалах гэсэн юм.
덜렁 사르잉 아롱 타오니— 워싱그텅 니슬렉—잉 타살바르 자히알라흐 게셍 욤.

이코노믹 클래스는 얼마입니까?
Экономик класс нь хэд вэ?
에크너믹 클라스 헤드 웨?

비즈니스 클래스는 얼마입니까?
Бизнес классын тасалбар хэд вэ?
비즈네스 클라쓰—잉 타살바르 헤뜨 웨?

일등석은 얼마입니까?
Нэгдүгээр зэрэглэлийн тасалбар нь хэд вэ?
넥 뚜게—르 제렉레르잉 타살바르 헤뜨 웨?

금연석으로요? 흡연석으로요?
Тамхи татаж болдог суудал уу, татдаггүй суудал уу?
타미흐 타트즈 벌덕 소—달 오—, 타트딱꿰이 소—달 오—?

창가 쪽 좌석을 주세요.
Цонхон талын суудал өгөөч.
청헝 탈르—잉 소—달 으거—츠.

통로 쪽 좌석을 주세요.
Хонгил талын суудал биччихгүй юу.
헝길 탈르—잉 소—달 비츠치흐꿰이 요—.

이 표를 취소하고 싶습니다.
Энэ тасалбарыг цуцлах гэсэн юм.
엔 타살바르—익 초츨라흐 게셍 욤.

이 표를 바꾸고 싶습니다.
Тасалбараа солиулах гэсэн юм.
타살바라— 설리올라흐 게셍 욤.

미아트 비행기는 어느 공항에 도착하나요?

МИАТ-ын онгоц аль онгоцны буудалд буух вэ?

미아틍 엉거츠 알 언거츠니— 보—달드 보—흐 웨?

KAL 항공사 체크인은 어디에서 하나요?

КАЛ-ын нислэгийн бүртгэл хаана явагдаж байна вэ?

KAL은 니슬렉—잉 부르트겔 하—느 야왁다즈 밴 웨?

울란바타르행 비행기 게이트는 어디인가요?

Улаанбаатарын нислэг хэддүгээр гарцан дээр байгаа вэ?

올란바—타르잉 니슬렉 헤뜨두게—르 가르창 데—르 배—가—웨?

게이트 3은 어디인가요?

Гуравдугааар гарц руу яаж очих вэ?

고로우 또가—르 가르츠로— 야쯔 어치흐 웨?

출국장은 어디인가요?

Явах хэсэг хаана байдаг вэ? Нисэх хэсэг хаана байдаг вэ?

야와흐 헤섹 하—느 배—닥 웨? 니스흐 헤섹 하—느 배—닥 웨?

Seoul 출발 비행기는 몇 시에 도착하나요?

Сөүлийн онгоц хэдээс буух вэ?

서울—잉 엉거츠 헤데—스 보—흐 웨?

당신 표 여기 있습니다.

Таны тасалбар\ билет энд байна.

타니— 타살바르\ 빌레트 엔뜨 밴.

이것을 핸드캐리어 해도 되나요?

Үүнийг гар тээшиндээ авч орж болох уу?

우—니익 가르 테—쉰데— 아오츠 어르쯔 벌러흐 오—?

물 한 잔 갖다 주세요.
Аяга ус авчирч өгөхгүй юу?
아이가 오스 아오츠르츠 으그흐꿔이 요—?

베개 하나 더 주시겠어요?
Дэр (нэмж) авчирч өгөхгүй юу?
데르 (넴쯔) 아오츠르츠 으그흐꿔이 요—?

담요 한 장 더 주시겠어요?
Бүтээлэг (нэмж) авчирч өгөхгүй юу?
부테엘렉 (넴쯔) 아오츠르츠 으그흐꿔이 요—?

자리를 바꿔도 괜찮을까요?
Суудлаа сольж сууж болох уу?
소—들라— 설쯔 소—쯔 벌러흐 오—?

도착 

울란바타르 – 인천 노선을 운행하는 KAL 976 편이 착륙하였습니다.
Улаанбаатар Инчоны чиглэлийн КАЛ есөн зуун далан зургаа
онгоц амжилттай газардлаа.
올란바—타르 – 인천니— 칙레르—잉 KAL 유승 조옹 달랑 조르가— 엉거츠 암찔트태
— 가쯔르들라—.

제 짐이 분실되었습니다.
Миний ачаа гээгдсэн байна.
미니— 아차— 게엑드셍 밴.

제 짐이 망가졌습니다.
Миний ачаа гэмтсэн\ эвдэрсэн байна.
미니— 아차— 겜트셍 \에우드르셍 밴.

울란바타르 시내 방향 버스가 어디에서 출발합니까?
Хотын төв хүрэх автобус хаанаас явдаг вэ?
허트잉 트우 후레흐 아오터보스 하—느—스 야오닥 웨?

• 항공사 Нислэгийн компани 니슬렉기잉 컴판느
• 공항 Онгоцны буудал 엉거츠니— 보—달
• 공항세 Онгоцны буудлын хураамж \ Нэвтрэх хураамж
	엉거츠니— 보—달—잉 호라암쯔\ 네우트레흐 호라암쯔

• 도착 Газардалт 가쯔르달트
• 도착시간 Газардах цаг \ буух цаг 가쯔르다흐 착 \보—흐 착
• 수하물 Ачаа тээш 아차— 테—쉬
• 카터 Гар тэрэг 가르 테륵
• 수하물 체크인 Ачаа тээш шалган нэвтрүүлэх
	아차— 테—쉬 샬강 네우트루울레흐

• 수하물 클레임 Ачаа тээштэй холбоотой гомдол
	아차— 테—쉬테— 헐버—태— 검덜

• 탑승권 Онгоцонд суух тасалбар\ онгоцны тийз
	엉그천뜨 소—흐 타살바르 \ 엉거츠니—티—즈

• 취소하다 цуцлах 초츨라흐
• 체크인 Тасалбар шалгуулах 타살바르 샬고올라흐
• 트랜짓 Нэвтрэх \ дамжин өнгөрөх 네우트레흐\ 담징 은그르흐
• 연착 Хоцрох, цагаасаа хоцрох, хожимдох
	허츠러흐, 챠가—사— 허츠러흐, 허짐더흐

• 국내비행 дотоодын нислэг 더터—드잉 니슬렉
• 면세점 Татваргүй дэлгүүр 타트와르뀌이 델구—르
• 비상구 Нөөц гарц Ослын гарц 느—츠 가르츠 \어슬르잉 가르츠
• 비상착륙 Ослын газардалт 어슬르잉 가쯔르달트
• 무게초과 Ачааны жин илүүдэх 아차—니— 징 일루—데흐
• 비행 Нислэг 니슬렉
• 승무원 Онгоцны үйлчлэгч\ баг 엉거츠니— 우일츨렉츠 \박
• 게이트 Гарц 가르츠
• 국제비행 Олон улсын нислэг 얼렁 올스잉 니슬렉
• 착륙 Газардах 가쯔르다흐
• 구명조끼 Аврах хантааз 아오라흐 한타—쯔
• 승객 Зорчигч 저르칙츠
• 조종사 Нисгэгч 니스겍츠
• 안전검사 Аюулгүй байдлын хяналт \ шалгалт
	아율뀌이 배—들—잉 햐날트 \ 샬갈트

• 이륙 Хөөрөх 흐—러흐
• 동반자 Хамт яваа хүн \хамт явах хүн 함트 야와— 훙 \함트 야와흐 훙
• 추가 요금 Нэмэлт хураамж 네멜트 호라암쯔

다르항행 표 두 장 주세요.

Дархан явах тасалбар хоёрыг авъя.

다르항 야와흐 타살바르 허이르익 아위.

새앵샨드행 표 한 장 주세요.

Сайншандын нэг билет авъя.

새앵샨드잉 넥 빌레트 아위.

새앵샨드행 편도 표 한 장 주세요.

Сайншанд хүрэх нэг талын тасалбар авъя.

새앵샨드 후레흐 넥 탈르—잉 타살바르 아위.

새앵샨드행 왕복표 한 장 주세요.

Сайншанд хүрээд буцах хоёр талын билет авъя.

새앵샨드 후레—드 보차흐 허이르 탈르—잉 빌레트 아위.

울란바타르–달랑자드가드 표 한 장 주세요.

Улаанбаатар-Даланзадгадын нэг билет өгөөч.

올란바—타르–달랑자드가드잉 넥 빌레트 으거—츠.

새앵샨드행 오늘 표 한 장 주세요.

Сайншанд руу өнөөдрийн вагоноор явах нэг билет авъя.

새앵샨드 로 으너—드르잉 와건너—르 야와흐 넥 빌레트 아위.

새앵샨드행 내일 표 한 장 주세요.

Сайншанд руу маргаашийн вагоноор явах билет авъя.

새앵샨드 로— 마르가—쉬잉 와건너—르 야와흐 빌레트 아위.

새앵샨드행 수요일 표 한 장 주세요.

Лхагва гаригийн Сайншандын нэг тасалбар авъя.

라왁 가릭—잉 새앵샨드잉 넥 타살바르 아위.

새앵샨드행 8월 4일 자 표 한 장 주세요.

Найман сарын дөрөвний Сайншандын нэг тасалбар авъя.

네망 사르잉 드르우니— 새앵샨드잉 넥 타살바르 아위.

새앵샨드행 202호 기차 표 한 장 주세요.
Сайншанд руу явах хоёр зуун хоёрдугаар галт тэрэгний нэг
тасалбар авъя.
새앵샨드로— 야와흐 허이르 조옹 허이르 또가—르 갈트 테르그니— 넥 타살바르 아위.

연석 차 표 한 장 주세요.
Зөөлөн вагоны нэг тасалбар авъя.
즈을릉 와건니 넥 타살바르 아위.

4인실 침대 차 표 한 장 주세요.
Купейний тасалбар нэгийг авъя.
코페엔니— 타살바르 네그—익 아위.

칸막이 없는 침대 차 표 한 장 주세요.
Хоёрдугаар зэрэглэлийн вагоны билет нэгийг авъя.
허이르 또가—르 제렉글렐리잉 와건니— 빌레트 네그—익 아위.

일반 차량 표 한 장 주세요.
Энгийн вагоны билет нэгийг авъя.
엔그잉 와건니— 빌레토 네그—익 아위.

급행 기차 표 한 장 주세요.
Түргэн галт тэрэгний билет нэгийг авъя.
투르겡 갈트 테르그니— 빌레트 네그—익 아위.

위 칸 침대 자리로 주세요.
Дээд талын суудал байвал сайн байна.
데—드 탈르—잉 소—달 배—왈 새앵 밴.

아래 칸 침대 자리로 주세요.
Нэг давхрын суудал байвал сайн байна.
넥 다오흐르잉 소—달 배—왈 새앵 밴.

어린이 할인이 있습니까?
Хүүхдийн билет хямдралтай/ урамшуулалтай юу?
후—흐디잉 빌레트 햠드랄태—/오람숄랄태— 요—?

학생 활인이 있습니까?

Оюутнуудад хөнгөлөлттэй юу?

어요튼노—다드 흔글를트태— 요—?

몇 시에 202호 기차로 환승해야 합니까?

Хоёр зуун хоёрдугаар галт тэргэнд хэдэн цагаас дамжиж суух вэ?

허이르 조옹 허이르 또가—르 갈트 테르근뜨 헤똥 챠가—스 담지쯔 소—흐 웨?

몇 번 환승해야 하나요?

Хэдэн удаа дамжих хэрэгтэй вэ?

헤똥 오다— 담지흐 헤렉태— 웨?

기차역에서 Галт тэрэгний буудал дээр

제 트렁크를 기차 화물칸에 맡길 수 있나요?

Би ачааны галт тэргэнд тээшээ өгч болох уу?

비 아차—니— 갈트 테르근뜨 테—쉬에— 윽치 벌러흐 오—?

실례합니다, 울란바타르행 기차는 어디 트랙에서 출발합니까?

Уучлаарай, Улаанбааатарын галт тэрэг хэддүгээр зам дээрээс хөдлөх вэ?

오—츨라—래—, 올란바—타르잉 갈트 테륵 헤뜨두게—르 잠 데—레—스 흐뜰르흐 웨?

새앵샨드발 기차가 10분 연착합니다.

Сайншандаас ирэх галт тэрэг арван минутаар хоцорч байна.

새앵샨다—스 이레흐 갈트 테륵 아롱 미노타—르 허처르츠 밴.

이 역에서 기차가 얼마 동안 정차하나요?

Энэ зогсоол дээр галт тэрэг хэр удаан зогсох вэ?

엔 적서얼 데—르 갈트 테륵 헤르 오다앙 적서흐 웨?

죄송합니다만, 여기 빈자리인가요?
Уучлаарай, энэ суудал хүнтэй юу?
오—츨라—래—, 엔 소—달 훙테— 요—?

창문을 열어도 될까요?
Цонхоо онгойлгож болох уу?
청허— 엉거엘거쯔 벌러흐 오—?

창문을 닫아도 될까요?
Цонхоо хааж болох уу?
청허— 하—쯔 벌러흐 오—?

죄송합니다만, 여긴 제 자리 같습니다.
Уучлаарай, энэ миний суудал бололтой.
오—츨라—래—, 엔 미니— 소—달 벌럴태—.

여기 제 표가 있습니다.
Миний тасалбар энэ байна.
미니— 타살바르 엔 밴.

- 기차 시간표 **Галт тэрэгний цагийн хувіаарь**
  갈트 테르그니— 챠그—잉 호위아르
- 출발 **Гарах ,хөдлөх** 가라흐 ,흐들르흐
- 도착 **Ирэх , хүрэх \очих** 이레흐 ,후레흐 \어치흐
- 인포메이션 **Мэдээлэл** 메델렐
- 포터 **Ачаа зөөгч/ Ачигч** 아차— 즈—그츠\ 아칙츠
- 여자 화장실 **Эмэгтэй бие засах газар** 에믁태— 비이 자사흐 가쯔르
- 남자 화장실 **Эрэгтэй бие засах газар** 에륵태— 비이 자사흐 가쯔르
- 육아실 **Эхчүүд, хүүхдийн өрөө** 에흐추—드, 후—흐뜨잉 으러—
- 매표소 **Билетийн касс** 빌레트잉 카쓰
- 표 예약 및 판매 철도청 **галт тэрэгний тасалбар захиалга, худалдаа ,төмөр замын газар**
  갈트 테르그니— 타살바르 자히알락, 호달다—, 투무르 자므잉 가

Luxury-class sleeping car\ Люкс зэрэглэлийн унтлагын вагон
료크스 제렉레르잉 옹탈그—잉 와겅

Compartment car\ Купей 코페
Couchette car\ Зөөлөн вагон 줄—릉 와겅
Simple car\ Энгийн вагон 엥그잉 와겅

- 금연 Тамхи татахыг хориглоно. 템흐 타타흐익 허리글너.
- 택시 정류장 Таксины зогсоол 탁스—니— 적서얼
- 지하철 Метроо 메트러
- 교외선 Хот хоорондын \галт тэрэгний\ шугам
  허트 허—런드잉 \갈트 테르그니—\ 쇼감
- 보관소 Тээш хадгалах газар 테—쉬 하드갈라흐 가쯔르
- 카터 Тэргэнцэр 테르겐체르
- 대합실 Хүлээлгийн танхим 훌레—를그잉 탕힘
- 동반자 Хамт аялагч \ хамт яваа хүн 함트 아일락츠\ 함트 야와— 훙
- 추가 요금 Нэмэлт хураамж 네멜트 호라암쯔
- 수하물 Ачаа тээш 아차— 테—쉬
- 수하물 코너 Ачаа тээшний тасаг, ачаа тээшний хэсэг
  아차— 테—쉬니— 헤섹
- 차량번호 \Галт тэрэгний\ машины дугаар
  \갈트 테렉니—\ 마쉰니— 도가—르
- 어린이 표 Хүүхдийн тасалбар 후—흐드잉 타살바르
- 쿠페 Купео 코페
- 승무원 Галт тэрэгний \онгоцны\ үйлчлэгч
  갈트 테르그니— \엉거츠니—\ 우일츨렉츠
- 통로 Галт тэрэгний орох хэсэг, хаалга 갈트 테렉니— 어러흐 헤섹, 하알락
- 식당차 Галт тэрэгний ресторантай хэсэг
  갈트 테르그니— 레스터랑태— 헤섹
- 기차표 Галт тэрэгний тасалбар 갈트 테르그니— 타살바르
- 주 기차역 Төв галт тэрэгний буудал 트우 갈트 테르그니— 보—달
- 할인 Хямдрал, хөнгөлөлт 햠드랄, 흥글를트
- 예약 Захиалга 자히알락
- 왕복표 Хоёр талын тасалбар 허이르 탈르—잉 타살바르
- 금연 칸 Тамхи татдаггүй өрөө 템흐 타티뜩뀌이 으러—
- 스낵 카터 Зуушны \хоолны \ хэсэг 조—쉰니— \허얼니—\ 헤섹
- 표에 스탬프를 찍다 Галт тэрэгний билет шалгах, таслах
  갈트 테르그니— 빌레트 샬가흐, 타살라흐
- 정거 Зогсоол 적서얼
- 표 Билет/ Тасалбар 빌레트\ 타살바르
- 매표소 Билетийн касс 빌레트잉 카쓰
- 표 검사 Тасалбар шалгалт 타살바르 샬갈트

• 기차역 Вокзаол\ Галт тэрэгний буудал 왁잘\ 갈트 테렉니— 보—달
• 창가 좌석 Цонхон талын суудал онгоц 청헝 탈르잉 소—달.

배 멀미 약 있습니까?
Дотор эвгүйрхэх үед уудаг эм бий юу?
더터르 에워뀌르흐흐 우이드 오–닥 엠 비— 요?

어디에 가장 가까운 버스 정류장이 있나요?
Хамгийн ойрхон автобусны буудал хаана байна вэ?
함그—잉 어에르헝 아오터보스니— 보—달 하—느 밴 웨?

어디에 가장 가까운 트롤리버스 정류장이 있나요?
Хамгийн ойрхон троллейбусны буудал хаана байна вэ?
함그—잉 어에르헝 터를레—보스니— 보—달 하—느 밴 웨?

어디에 가장 가까운 지하철역이 있나요?
Хамгийн ойрхон метроны буудал хаана байгаа вэ?
함그—잉 어에르헝 미트러니— 보—달 하—느 배—가— 웨?

이 역은 무슨 역인가요?
Энэ ямар\ юу гэдэг буудал\ зогсоол вэ?
엔 야마르\ 요— 게덱 보—달\ 적서얼 웨?

다음 역은 무슨 역인가요?
Дараагийн буудал нь юу\ хаана байдаг вэ?
다라—기잉 보—달른 요—\하—느 웨?

몇 버스가 씨름경기장 갑니까?
Хэдэн номер Бөхийн өргөө ордог вэ?
헤뚱 너미르 부흐잉 으르거— 어르득 웨?

날라이흐 차가 몇시에 있습니까?
Налайхын унаа хэдээс явдаг вэ?
날래—흐잉 오나— 헤데—스 야와득 웨?

중앙도사관 몇 번이 갑니까?
Хэдэн номер төв номын сан руу явдаг вэ?
헤뜽 너미르 트우 넘—잉 산로— 야오득 웨?

시내는 몇 번이 갑니까?
Хэдэн номер хотын төв руу явдаг вэ?
헤뜽 너미르 허트잉 트우루— 야오득 웨?

첫 차는 언제 있습니까?
Эхний унаа хэдээс явдаг вэ?
에흐니 오나— 헤떼—스 야오득 웨?

마지막 차는 언제 있습니까?
Сүүлийн унаа хэд хүртэл явдаг вэ?
수울르잉 오나— 헤뜨 후르텔 야오득 웨?

이 버스는 수흐바타르 광창을 갑니까?
Энэ автобус Сүхбаатарын талбай руу явдаг уу?
엔 아오터보스 수흐바—다르잉 탈배—로— 야오득 오—?

몽골국립대학교까지 몇 정거장입니까?
МУИС хүртэл хэдэн буудал вэ?
모이스 후르텔 헤뜽 보—달 웨?

제가 언제 내려야할 지 말씀 좀 해주시겠어요.
Хаана буухыг минь хэлж өгөхгүй юу?
하—느 보—흐익 민 헬쯔 으그흐뀌이 요—?

갈아타야 합니까?
Унаа дамжиж суух хэрэгтэй юу?
오나— 담지쯔 소—흐 헤렉태— 요—?

많은 사람들이 출근할 때 대중교통을 이용합니다.
Ихэнх хүмүүс ажил руугаа нийтийн тээврээр зорчдог.
이헹흐 후무—스 아질로—가— 니—트잉 테—우레—르 저르치득.

가장 빠른 교통수단은 지하철입니다.
Хамгийн хурдан тээврийн хэрэгсэл нь метро юм.
함그—잉 호르당 테—우르잉 헤렉셀른 메트러 욤.

- 버스 Автообус 아오터보스
- 버스정류장 Автообусны буудал 아오터보슨니 보—달
- 케이블 카 Дүүжин лифт 두—징 리프트
- 시내버스 Хот доторхи нийтийн тээврийн автобус
  허트 더터르흐 니—트잉 테—우르잉 아오터보스
- 교외선, 전동차 Орон нутгийн галт тэрэг 어렁 노특—잉 갈트 테렉
- 차장 Билет шалгагч 빌레트 샬각츠
- 일일 티켓 Нэг өдрийн тасалбар 넥 으뜨르잉 타살바르
- 출발 Эхний буудал 에흔니— 보—달
- 방향 Чиглэл 칙렐
- 종점(지하철 등) Эцсийн буудал 에츠스잉 보—달
- 종점(버스 등) Эцсийн зогсоол \ сүүлийн зогсоол
  에츠스잉 적서얼 /수울르잉 적서얼
- 통행료 Замын хураамж 자므잉 호라암쯔
- 시외버스 Хот хоорондын автобус 허트 허—렁뜨잉 아오터보스
- 월 정기권 Хөнгөлөлт \сарын хугацаатай зорчих \билет\ эрх
  훙글를트 \사르잉 호가차—태— 저르치흐 \빌레트\ 에르흐
- 시간표 Цагийн хуваарь 챠그—잉 호위아—르
- 표 검사원 Шалгагч 샬각츠

어디에 택시 정류장이 있습니까?
Таксины зогсоол хаана байдаг вэ?
탁스—니 적서얼 하—느 배—득 웨?

여기 어디 가까운 곳에 택시 정류장이 있는 지 말씀해주세요.
Ойрхон таксины зогсоол хаана байдгийг хэлж өгөөч?
어에르헝 탁스—니 적서얼 하—느 배—득익 헬쯔 으거—츠?

빈 차입니까?
Хүнтэй юу?\ Явах уу?
훙테— 요—?\야와흐 오—?

택시를 불러 주시겠습니까?
Такси дуудаж өгөөч?
탁쓰이 도—다쯔 으거—츠?

아침 9시에 택시가 필요합니다.
Өглөө есөн цагаас такси хэрэгтэй байна.
으글러— 유승 챠가—스 탁쓰이 헤렉태— 밴.

여보세요. 자미양궁 거리 36동으로 지금 바로 택시를 보내주세요.
**Байна уу! Жамъян гүний гудамж, гучин зургадугаар байр
гэсэн хаягаар такси дуудах гэсэн юм.**
밴노—! 자미양 구니— 고담쯔, 고칭 조르가 또가—르 배—르 게셍 하이가—르 탁쓰이
도—다흐 게셍 욤.

여보세요. 자미양궁 거리 36동으로 7시에 택시를 보내주세요.
**Байна уу! Жамъян гүний гудамж, гучин зургадугаар байр
гэсэн хаягаар долоон цагт такси дуудах гэсэн юм.**
밴노—! 자미양 구니— 고담쯔, 고칭 조르가 또가—르 배—르 게셍 하이가—르 덜렁 챡트 탁
쓰이 도—다흐 게셍 욤.

어디로 모실까요?
Хаашаа явах вэ?
하—샤— 야와흐 웨?

울란바타르 호텔까지 부탁합니다.
Улаанбаатар зочид буудал руу.
올란바—타르 저치드 보—달로—.

삼당 거리 부탁합니다.
Самдангийн гудамж руу
삼당기잉 고담쯔로—.

중앙 도서관 부탁합니다.
Улсын төв номын сан руу.
올스잉 트우 너미잉 상로—.

미터기를 켜세요.
Километрийн заалтаа асаана уу?\ тэглэнэ үү ?.
킬러미트르잉 자알타— 아산-노—?\ 텍렐네 우—?

킬로 당 얼마입니까?
Километрийн хөлс нь хэд вэ?
킬러미트르잉 흘슨 헤뜨 웨?

공항까지 얼마입니까?
Онгоцны буудал хүртэл хэд вэ?
엉거츠니— 보—달 후르텔 헤뜨 웨?

여기서 세워 주세요.
Энд зогсоорой.
엔뜨 적서—래—.

얼마입니까?
Хэд вэ?\ Хэдийг төлөх вэ?
헤뜨 웨?\ 헤뜨익 툴르흐 웨?

이천 오백 ₩투그릭₩ 입니다.
Хоёр мянга таван зуун төгрөг.
허이르 미양가 타옹 조옹 투그릭.

영수증을 써 주시겠습니까?
Төлбөрийн баримт өгөөрэй?
툴브르잉 바림트 으거—래—?

여기요.
За, май .
자. 매—.

내리고 싶습니다.
Буумаар байна!
보—마—르 밴!

너무 빨리 가지 마세요!
Та дэндүү хурдан явж байна!
타 덴두— 호르당 야오쯔 밴!

기다려주세요!
Хүлээж байгаарай \ хүлээгээрэй!
훌레—쯔 배—가—래— \훌레—게—래—!

- 택시 정류장 Таксины зогсоол 탁스—니 적서얼
- 택시 기사 Таксины жолооч 탁스—니 절러—츠
                Flat rate Нийт үнэ 니—트 우느
- 킬로미터 당 요금 Километрийн хөлс 킬러미트르잉 흘스
- 안전벨트 Аюулгүйн бүс/ даруулга 아요올꿔잉 부쓰\ 다로올락
- 팁 Цайны мөнгө/ гар цайлгах мөнгө 채니— 뭉그\ 가르 채앨가흐 뭉그

승용차

자동기아 차로 렌트하고 싶습니다.
Би автомат араатай машин түрээслэх гэсэн юм.
비 아오터마트 아라—태— 마씽 투레—슬레흐 게셍 욤.

수동 기아차로 렌트하고 싶습니다.
Би гар араатай машин түрээслэх гэсэн юм.
비 가르 아라—태— 마씽 투레—슬레흐 게셍 욤.

에어콘이 있는 차로 렌트하고 싶습니다.
Би кондишнтой машин түрээслэх гэсэн юм.
비 컹디쉰태— 마씽 투레—슬레흐 게셍 욤.

기사 딸린 차를 렌트하고 싶습니다.
Би жолоочтой машин хөлслөх гэсэн юм.
비 절러—츠태— 마씽 흘슬르흐 게셍 욤.

일일 렌트비가 얼마입니까?
Нэг өдрийн түрээсийн үнэ нь хэд вэ?
넥 으뜨르잉 투레—스잉 운느 헤뜨 웨?

여기에 보험비가 포함되어있나요?
Даатгал нь түрээсийн үнэндээ багтсан уу?
다—트갈른 투레—스잉 우넨데— 박트상노—?

영어로 된 교통법규 책자가 있습니까?
Замын хөдөлгөөний дүрэм англиар бий юу?
자므잉 흐들거—니 두렘 앵글아르 비— 요—?

도로지도가 있습니까?
Танайд замын зураг бий юу?
타내—뜨 자므잉 가쯔르잉 조락 비— 요—?

운전하십니까?
Жолоо барьдаг уу?
절러— 바르득 오—?

네, 운전합니다.
Тийм ээ, жолоо барьдаг.
티임 에—, 절러— 바르득.

아뇨, 운전 못 합니다.
Үгүй ээ, жолоо барьж чадахгүй.
우뀌이 에—, 절러— 바르쯔 차다흐뀌이.

운전면허가 있습니다.
Жолооны үнэмлэхтэй.
절러—니— 우넴레흐태—.

교통법규를 준수해야 합니다.
Замын хөдөлгөөний дүрмийг баримтлах хэрэгтэй.
자므잉 흐들거니— 두르미익 바림틀라흐 헤렉태—.

교통위반 벌금을 내야 합니다.
Замын хөдөлгөөний дүрэм зөрчвөл торгууль төлөх шаардлагатай.
자므잉 흐들거니— 두렘 주르츠웰 터르고올 툴루흐 사—르들가태—.

도로에서 Замд

제한 속도가 얼마입니까?
Хурдны хязгаар нь хэд вэ?
호르드니— 햐즈가—른 헤뜨 웨?

이 도로가 에르덴니트 가는 길인가요?
Энэ Эрдэнэтийн зам мөн үү?
엔 에르데느트잉 잠 문누—?

어디에 주차장이 있습니까?
Машины зогсоол хаана вэ?
마쉬니— 적서얼 하—느 웨?

주유소가 어디에 있습나까?
Шатахуун түгээх газар хаана байгаа вэ?
샤타호옹 투게—흐 가쯔르 하—느 배—가— 웨?

여기는 셀프 서비스입니까?
Энд өөртөө үйлчилдэг үү?
엔뜨 으—르터— 우일츨르득 우—?

가득 채우세요.
Шатахууны сав\ банк дүүргэчих.
샤타호온니— 사오\ 방크 두—륵그치흐

15리터요.
Арван таван литрийг.
아롱 타옹 리트리익.

오일을 점검해주세요.
Тосыг нь\ маслыг нь бас үзээд өгөөч.
터시익근 \마슬리익근 바쓰 우제—뜨 으거—츠.

타이어 압력을 점검해주세요.
Дугуйны даралтыг шалгаад өгөөч.
도꼬이니— 다랄트익 샬가—뜨 으거—츠.

냉각수를 점검해주세요.
Усыг нь шалгаад өгөөч.
오쓰익근 샬가—뜨 으거—츠.

여기 (얼마 동안) 세워도 됩니까?
Энд хэр удаан зогсож болох вэ?
엔뜨 헤르 오다앙 적서쯔 벌러흐 웨?

유료입니까?

Төлбөртэй юу?

틀브르테— 요—?

- 무료 **Төлбөргүй\ үнэгүй** 틀브르뀌이 \운뀌이
- 운전면허증 **Жолооны үнэмлэх \жолоочын үнэмлэх**
  절러—니— 우넴레흐 \절러—츠잉 우 넴레흐
- 도로표지판 (항상 대문자로 쓰인다) **замын тэмдэглэгээ \самбар**
  자므잉 템득글렉게— \삼 바르\
- (전차) 조심! **Болгоомжтой!** 벌거엄쯔태—!
- 주의! **Анхаар!** 앙하—르!
- 공사 중 **Засвартай/ Засварын ажил явагдаж байна**
  자스와르태—\ 자스와르잉 아질 야왁다즈 밴.
- 입구 **Орох хаалга** 어러흐 하알락
- 출구 **Гарах/ Гарц** 가라흐 \ 가르츠
- 경찰 **Цагдаа** 챡다—
- 일방통행 **Нэг чигийн урсгалтай зам** 넥 칙—잉 오라스갈태—
- 위험 **Аюултай** 아요올태—.
- 통행금지 **Хориотой** 허리어태—.
- 스톱 **Зогс** 적쓰
- 주차금지 **Машин тавихыг хориглоно** 마씽 타위흐익 허릭글너
- 양보운전 **Зам тавьж өг** 잠 타위쯔 윽.

고장 

자동차 수리공이 필요합니다.

Машины засварчин хэрэгтэй байна.

마쉬니— 자스와르칭 헤륵태— 밴.

사고를 당했습니다.

Зам тээврийн \осолд орсон\ осол гарсан.

잠 테—우르잉 \어설뜨 어르성\ 어설 가르상.

차가 에르데니트에서 고장 났습니다.
Машин Эрдэнэтэд эвдрээд зогсчихсон.
마슁 에르데느테뜨 에우뜨레—뜨 적스치흐성.

타이어가 펑크 났습니다.
Дугуй хагарчихлаа.
도꼬이 하가르치흘라—.

차가 시동이 안 걸립니다.
Машин асахгүй байна.
마슁 아사흐뀌이 밴.

자동차 키를 분실했습니다.
Машиныхаа түлхүүрийг гээчихлээ.
마쉬니—하— 툴후—르익 게—치흘레—.

차안에 열쇠를 두었습니다.
Би машиныхаа түлхүүрийг дотор нь хийгээд хаачихаж.
비 마쉬니—하— 툴후—르익 더터른 히—게—뜨 하—치하쯔.

벤진이 없습니다.
Бензин дуусчихлаа.
빈젱 도—스치흘라—.

(오늘) 해주실 수 있나요?
(өнөөдрийн дотор) янзлаж засаж чадах уу?
(으너—뜨르잉 더터르) 얀잘쯔 자사쯔 차다흐 오—?

언제 수리가 끝나나요?
Хэзээ засч дуусах вэ?\ засвар хэзээ дуусах вэ?
헤제— 자스츠 도—사흐 웨? \자스와르 헤제— 도—사흐 웨?

Харилцан яриа 2
하를창 야르아 2

뭉거: 왠지 약간 피곤한 것 같아.
아마도 우리가 울란바타르 반절은 걸어 다닌 것 같아. 뭔가를 타고 가자.
락화: 미안해. 내가 너를 너무 끌고 다녔나 보다.
뭉거: 전차나 버스를 타는 게 더 낫겠어.
난 대중교통을 이용하는 게 더 좋아.
락화: 그럼 그러지 뭐.
저쪽으로 건너가서 버스를 타자.
뭉거: 몇 번을 타야 되는데?
락화: 10번.
뭉거: 확실히 10번 버스가 몽골 국립대학까지 가니?
락화: 물론이지. 내가 매일 타고 다니는 노선이야.
　　　여기 버스 왔다.

Мөнгөө: Би жаахан ядарч байна. Улаанбаатарын талыг
　　　явган тууллаа шүү дээ. Унаанд суух уу?
뭉거―: 비 자―항 야다르츠 밴. 올란바―타르잉 탈르―익 야오강
　　　토올라― 슈― 데―.
오나―응뜨 소―흐 오―?
Лхагва: Уучлаарай, чамайг баахан ядраачихлаа.
　　　Таксинд суух уу?
락화: 오―츨라― 래―, 차맥 바―항 야드라―치흘라―.
　　　탁스―잉뜨 소―흐 오―?
Мөнгөө: Автобус юмуу троллейбусанд суусан нь дээр
　　　байх аа. Би нийтийн унаанд суухыг эрхэмлэдэг.
뭉거―: 아오터보스 요모― 터를레―보산뜨 소―상는 데―르 배―하―.
　　　비 니―트잉 오나―응뜨 소―흐익 에르헤믈득.
Лхагва: За тэгвэл тэр буудал руу очиж автобусанд сууя.
락화: 자 텍웰 테르 보―달로― 어치쯔 아오터보산뜨 소―야.

Мөнгөө: Хэдэн номерт суух вэ?
뭉거―: 헤뜽 너메르트 소―흐 웨?
Лхагва: Арван номер.
락화: 아롱 너메르.
Мөнгөө: Арван номер МУИС -руу явдаг юм уу?
뭉거―: 아롱 너메르 모이스로― 야오득 욤 오―?
Лхагва: Тэгэлгүй яахав. Би байнга сууж явдаг юм.
　　Арван номер ирж байна.
락화: 테겔뀌이 야하우. 비 배앵가 소―쯔 야오득 욤. 아롱 너메르 이리쯔밴.

Харилцан яриа 3: Та ажил руугаа яаж явдаг вэ?
하를창 야르아 3: 타 아질로―가― 야쯔 야오득 웨?

히쉬게: 너희 집에서 직장이 머니?
뱜바: 멀어.
히쉬게: 집에서 직장까지 시간이 얼마나 걸리는데?
뱜바: 1시간 반 정도.
히쉬게: 집에서 보통 몇 시에 나오니?
뱜바: 7시에 나와.
히쉬게: 직장까지 어떻게 가니?
집에서 직장까지 한 번에 가는 게 있니?
뱜바: 아니. 직통으로 가는 게 없어.
처음에는 버스 타고, 그 다음엔 지하철로 갈아 타.
집 근처에 지하철역이 없어서 불편해.

Хишгээ: Танай ажил гэрээс чинь хол уу?
히쉬게―: 타내― 아질 게레―스 친 헐로―?
Бямбаа: Хол.
뱜바―: 헐.
Хишгээ: Гэрээсээ ажил хүртлээ хэр удаан явдаг вэ?
히쉬게―: 게레―세― 아질 후리틀레― 헤르 오다앙 야오득 웨?
Бямбаа: Цаг гучин минут.
뱜바: 착 고칭 미노트.
Хишгээ: Гэрээсээ хэд гэж гардаг вэ?
히쉬게: 게레―세― 헤드 게쯔 가르득 웨?

Бямбаа: Долоон цагт.
뱜바ー: 덜렁 챡.

Хишгээ: Ажил руугаа яаж явдаг вэ? Ажил руу чинь
        шууд явдаг унаа бий юу?
히쉬게ー: 아질로ー가ー 야쯔 야오득 웨? 아질로 친 쇼ー뜨 야오득
        오나ー 비ー 요ー?

Бямбаа: Байхгүй ээ. Унаа дамжих хэрэгтэй болдог.
        Эхлээд автобусанд сууна, тэгээд метронд дамжиж
        сууна даа. Манай гэрийн ойролцоогоос метро
        явдаггүй болохоор төвөгтэй байдаг.
뱜바ー: 배ー흐꿰이 에ー.오나ー 담찌흐 헤렉태ー 벌덕.
        에흘레ー뜨 아오터보산뜨 소온, 테게ー뜨 미트런뜨 담찌찌
        소ー나 다ー. 마내ー 게르잉 어에럴처ー거ー스 미트러 야오득꿰이
        벌러허ー르 트우윽태ー 배ー득.

미아트 직원: 미아트입니다. 말씀하세요.
델게르: 헙드행 아침 비행기 시간 좀 말씀해 주세요.
미아트 직원: 두 편이 있습니다. 메모하세요. 11시 미아트 출발 비행기가
있고, 10시에 출발하는 EZNIS 비행기가 있습니다.
델게르: 비행기 가격은 어떻게 됩니까?
미아트 직원: 2십만 투그릭입니다.
델게르: 비행기 편 명은요?
미아트 직원: 미아트 비행기는 TU-154 편이 있고, EZNIS는 AN-24 편이
있습니다.
델게르: 비행시간은 얼마나 걸리나요?
미아트 직원: 2시간 정도 걸립니다.
델게르: 저는 10시 비행기로 예약하겠습니다.

МИАТ-ын ажилтан: Сайн байна уу?
        МИАТ сонсож байна.
미아트ー잉 아질탕: 새앵 밴노ー?, 미아트 선서쯔 밴.

Дэлгэр: Ховдын өглөөний нислэг бий юу?
델게르: 헙드ー잉 으글러ー니ー 니슬렉 비ー 요ー?

МИАТ-ын ажилтан: Хоёр байна. Тэмдэглэж авна уу!
    Арван нэгэн цагаас МИАТ-ын нэг,
    арван цагаас ЭЗНИС-ийн нэг нислэг байна.
미아트―잉 아질탕: 허이르 밴. 템득글레쯔 아오노―:아롱 네겡 챠가―스 미아트―잉
넥. 아롱 챠가―스 에지니스―잉 넥 니슬렉 밴.

Дэлгэр: Билетийн үнэ нь хэд вэ?
델게르: 빌레트―잉 운는 헤뜨 웨?

МИАТ-ын ажилтан: Хоёр зуун мянган төгрөг.
미아트―잉 아질탕: 허이르 조옹 미양강 투그룩.

Дэлгэр: Ямар онгоц нисэх юм бэ?
델게르: 야마르 엉거츠 니세흐 욤 베?

МИАТ-ын ажилтан: МИАТ-ын нислэгийг ТУ зуун
    тавин дөрөвдүгээр онгоц, ЭЗНИС-
    ийнхийг АН хорин дөрөв дугаарын онгоц үйлдэнэ.
미아트―잉 아질탕: 미아트―잉 니슬렉―익 토 조옹 태웅 두루우 뚜게―르 엉거츠, 에
지니스잉흐익 안느 허링 두루우 뚜게―르 엉거츠 우일덴네.

Дэлгэр: Хэр удаан нисч очих вэ?
델게르: 헤르 오다앙 니스츠 어치흐 웨?

МИАТ-ын ажилтан: Хоёр цаг орчим.
미아트―잉 아질탕: 허이르 챡 어르침.

Дэлгэр: Арван цагийн нислэгийн билет захиалья.
델게르: 아롱 챡―잉 니슬렉―잉 빌레트 자히알리―.

Харилцан яриа 5: Вокзал дээр
하를창 야르아 5: 왁짤 데―르

절자르갈: 다르항 행 오늘 표가 있나요?
매표원: 어떤 기차를 원하세요/
낮 3시 표와 밤 12시 표가 몇 장 남았습니다.
절자르갈: 그럼, 밤 열차를 주세요. 다르항에 언제 도착하나요?
매표원: 아침 6시입니다.
절자르갈: 바로 제게 필요한 표입니다.
침대차로 두 장 주세요.
매표원: 여기 있습니다.

Золжаргал: Дархан руу өнөөдөр явах вагоны
билет бий юу?

절자르갈: 다르항로— 으너—뜨르 야와흐 와거—니— 빌레트 비— 요—?

Кассчин: Ямар вагоны билет авах вэ? Өдрийн гурван
цагийн болон шөнийн арван хоёр
цагийн билет цөөхөн үлдсэн байна.

카스칭: 야마르 와거니— 빌레트 아와흐 웨? 으뜨리잉 고롱 챠그—잉 벌렁
슌—잉 아 롱 허이르 챠그—잉 빌레트 츠—흥 울드셍 밴.

Золжаргал: Шөнийн вагоны билет авъя.
Хэд гэж Дарханд очих вэ?

절자르갈: 슌니잉 와거니— 빌레트 아위. 헤뜨 게쯔 다르항뜨 어치흐 웨?

Кассчин: Өглөө зургаан цагт.

카스칭: 으글러— 조르가앙 챡트.

Золжаргал: Болох юм байна. Хоёр хүний купейны
билет.

절자르갈: 벌러흐 욤 밴. 허이르 후니— 코페—니— 빌레트.

Кассчин: За, энэ байна.

카스칭: 자 엔 밴.

승무원: 지금 출발합니다. 20여 분 후에 차를 마실 겁니다.
원하시면, 식당차를 이용하세요.
절자르갈: 어디에 식당차가 있나요?
앞쪽이에요, 아니면 뒤쪽이에요?
승무원: 기차 운행 방향으로 다음 차량입니다.
절자르갈: 그런데 이것들은 무슨 버튼이에요?
승무원: 여기 이것은 라디오와 불을 켜는 것입니다.
그리고 이 버튼은 승무원 호출용입니다.
곧 침대 시트와 차를 가져오겠습니다.
표 좀 보여 주십시오.

Вагоны үйлчлэгч: Галт тэрэг одоо хөдөлж байна.
Хорин минутын дараа цай өгнө.
Гэхдээ та хэрэв хүсвэл хоолны вагон руу явж болно.

와거니— 우일츨렉츠: 갈트 테렉 어더— 흐들쯔 밴. 허링 미노트잉

다라— 채— 윽너. 게흐데— 타 헤르우 후스웰 허얼니— 와건로—
야오쯔 벌런.

Золжаргал: Хоолны вагон хаана байгаа вэ: урагшаа юу,
хойшоо юу?

Вагоны үйлчлэгч: Арын вагонд.

절자르갈: 허얼니— 와겅 하—느 배—가— 웨. 오락샤— 요—,
허—셔— 요—? 와거니— 우일츨렉츠: 아르—잉 와겅뜨.

Золжаргал: Энэ товчлууруд ямар учиртай юм бэ?

절자르갈: 엔 터우츨로로—뜨 야마르 오치르태— 욤 베?

Вагоны үйлчлэгч: Энд дарвал радио, гэрэл асна.
Харин энэ үйлчлэгчийг дуудах товчлуур.
Би одоо ор дэрний хэрэгсэл, цай авчирч өгье.
Билетээ шалгуулна уу.

와거니— 우일츨렉츠: 엔뜨 다르왈 라디어, 게렐 아슨. 하링 엔 우일츨렉
츠—익 도—다흐 터우츨로르. 비 어더— 어르 데르니— 헤렉셀, 채
아와츠르츠 윽그. 빌레테— 샬고올노—?

Харилцан яриа 7: Хотын зам тээврийн асуудал
하를창 야르아 7: 허티잉 잠 테—우리잉 아소—달

우울릉: 현대인들은 차를 너무 많이 타고 다녀. 출근하려면, 대도시에서는
수 많은 킬로를 달려야 하잖아.

하다—: 그것과 관련된 문제가 많이 발생하지. 대도시 주민은 매일 버스나
전찰 안에서 약 2 시간을 보내잖아.

우울릉: 어떻게 하면 길거리에서 버리는 시간을 줄일 수 있을까?

하다—: 그 문제를 해결하기란 매우 어려운 일이야. 내 생각에는 지하철
건설을 늘리거나, 도로를 가능한 편리하게 만들어야 할 것 같아.

우울릉: 대도시의 교통문제는 제일 심각한 문제로 남아 있어. 그 문제 해결을
위해 도로를 확장하고 있지. 버스전용차선을 만들기 위해서 말이야.

Өэлүн: Хотын хүмүүс унаагаар явах шаардлага өндөр.
Ажилдаа очих гэж л том хотод нилээд
хэдэн километр давхина шүү дээ.

우울릉: 허트잉 후무—쓰 오나—가—르 야와흐 샤—르들가 은드르.
아질다— 어치흐 게쯜 텀 허터뜨 닐레—뜨 헤뚱 킬러메트르 다우힌
슈— 데—.

Хадаа: Үүнтэй холбоотойгоор асуудлууд ихээр ундарна.
Их хотын иргэд өдөрт хоёр цагийг автобус машин
дотор өнгөрөөнө.
하다—: 우운테— 헐버—태—거—르 아소—들로—뜨 이헤—르 온다른.
이흐 허트잉 이르게뜨 으뜨르트 허이르 착—익 아오터보스 마씽
더터르 은그러언.

Өэлүн: Унаагаар явах хугацааг яавал багасгаж болох
бол?
우울릉: 오나—가—르 야와흐 호가차—악 야쯔 바가스가쯔 벌러흐 웨?

Хадаа: Их төвөгтэй асуудал л даа. Миниийхээр бол метро
барьж, машин замын ачааллыг багасгах хэрэгтэй.
하다—: 이흐 트우윽테— 아소달를 다—. 미니—헤—르 벌 미트러 바르쯔,
맛씽 자므잉 아차알르—익 바가스가흐 헤렉태—.

Өэлүн: Их хотын замын хөдөлгөөний хамгийн том
асуудал шийдэгдээгүй хэвэндээ.
Хотын автомашины замыг өргөтгөх ажил
хүлээгдсээр л байна. Өргөтгөвөл уг нь автобус
зорчих шугам нь тусдаа болох учиртай юм.
우울릉: 이흐 허트잉 자므잉 흐들거—니— 함그—잉 텀 아소달 쉬—덱
데—뀌이 헤운데
허트잉 아오터마쉬니— 자므익 자사흐 아질 훌레엑드세—를 밴
으럭트거월 옥근 아오 토보스 저르치흐 쇼감 은 토스타— 벌러흐
오치르태— 욤.

은행 서비스 Банкны үйлчилгээ ▶ ▷ ▶

몽골 여행 시 신용카드 결제 외에는 모든 공공시설과 상점에서 투그릭으로 계산해야 한다. 따라서 환전은 필수적인 사항이다.
은행, 환전소 찾기 표현부터 환전을 비롯하여 은행 서비스 이용 관련중요한 회화 표현을 소개한다.

은행정보 

은행이 어디 있는지 말씀해 주시겠어요?
Банк хаана байдгийг зааж өгөөч?
방크 하—느 배—득—익 자—쯔 으거—츠?

외환은행이 어디 있는지 말씀해 주시겠어요?
Арилжааны банк хаана байдгийг зааж өгөөч?
아릴자—니 방크 하—느 배—득—익 자—쯔 으거—츠?

자동현금인출기가 어디 있는지 말씀해 주시겠어요?
Банкны\ бэлэн мөнгөний автомат хаана байдгийг хэлж өгөхгүй юу?
방크니—\벨렝 뭉근니— 아오터마트 하—느 배—득—익 헬뜨 으그흐뀌이 요—?

은행이 어디인가요?
Банк хаана байдаг вэ?
방크 하—느 배—득 웨?

환전소가 어디인가요?
Валют солих цэг хаана байдаг вэ?
왈요트 설리흐 첵 하—느 배—득 웨?

어디에서 돈을 바꿀 수 있나요?
Мөнгө хаана солиулж болох вэ?
뭉그 하—느 설리올쯔 벌러흐 웨?

어디에서 여행자 수표를 바꿀 수 있나요?
Аялалын чек хаана солиулж болох вэ?
아일랄―잉 체크 하―느 설리올쯔 벌러흐 웨?

어디에서 현금 서비스를 받을 수 있나요?
Картнаасаа мөнгө авч болох газар хаана байдаг вэ?
카르튼나―사 뭉그 아오츠 벌러흐 가쯔르 하―느 배―득 웨?

어디에서 돈을 인출할 수 있나요?
Хаана картнаасаа (даснаасаа) мөнгө авч болох вэ?
하―느 카르트나―사― (단슨나―사―) 뭉그 아오츠 벌러흐 웨?

은행이 언제 여나요?
Банк хэзээ\ хэдээс онгойх вэ?
방크 헤제―\헤데―스 엉거에흐 웨?

은행이 언제 끝나나요?
Банк хэзээ\ хэдээс хаах вэ?
방크 헤제―\헤데―스 하―흐 웨?

저는 100달러 투그릭로 바꾸고 싶습니다.
Зуун доллар төгрөгөөр солиулах гэсэн юм.
조옹 덜라르 투그륵거―르 설리올라흐 게승 욤.

저는 100유로 투그릭로 바꾸고 싶습니다.
Зуун евро төгрөгөөр солиулах гэсэн юм.
조옹 예오러 투그륵거―르 설리올라흐 게승 욤.

저는 100프랑을 투그릭로 바꾸고 싶습니다.
Зуун франк төгрөгөөр солиулах гэсэн юм.
조옹 프랑크 투그륵거―르 설리올라흐 게승 욤.

오늘 환율이 어떻게 되나요?
Өнөөдрийн ханш хэд байгаа вэ?
으너―뜨르잉 한쉬 헤뜨 배―가― 웨?

1달러 당 환율이 어떻게 되나요?
Нэг доллартай харьцах ханш өнөөдөр хэд байгаа вэ?
넥 덜라르태— 하리차흐 한쉬 으너—뜨르 헤뜨 배—가— 웨?

환율이 어떻게 되나요?
Ханш хэд байгаа вэ?
한쉬 헤뜨 배—가— 웨?

얼마를 내야 하나요?
Хэдийг төлөх вэ?
헤뜨익 틀르흐 웨?

이 여행자 수표를 현금으로 바꾸고 싶습니다.
Энэ аялалын чекийг бэлэн мөнгөөр солиулах гэсэн юм.
엔 아일랄—잉 체크익 벨렝 뭉거—르 설리올라흐 게승 욤.

이 여행자 수표를 바꾸고 싶습니다.
Энэ аян замын чекийг солиулах гэсэн юм.
엔 아양 자므잉 체크—익 설리올라흐 게승 욤.

저는 계좌를 개설하고 싶습니다.
Би данс нээлгэх гэсэн юм.
비 단쓰 네엘게흐 게승 욤.

한국으로 송금하려 합니다.
Солонгос руу мөнгө илгээх (явуулах) гэсэн юм.
설렁거스로— 뭉그 일게—흐(야오올라흐) 게승 욤.

신분증을 보여 주십시오.
Биеийн байцаалтаа (бичиг баримтаа) үзүүлнэ үү.
비잉 배—차알타— (비칙 바림타—) 우쭈울누—.

여권을 보여 주십시오.
Паспортоо үзүүлнэ үү.
파스퍼르터— 우쭈울누—.

사인하십시오.
Гарын үсгээ зурна уу.
가르잉 우스게— 조른노—.

하루에 얼마 인출할 수 있나요?

Өдөрт хамгийн ихдээ хэдийг авч болох вэ?

으뜨르트 함그—잉 이흐데— 헤뜨익 아오츠 벌러흐 웨?

벌써 입금되었나요?

Дансанд мөнгө орчихсон байна уу?

단산뜨 뭉그 어르치흐성 밴노—?

비밀번호를 잊어 버렸습니다.

Нууц дугаараа мартчихаж

노—츠 도가—라— 마르트치하쯔.

내 카드가 현금인출기에 끼었습니다.

Карт маань бэлэн мөнгөний машинд ороод гацчихлаа.

카르트 마아느 벨렝 뭉근니— 마슁뜨 어러—뜨 가츠치흘라—.

- 은행 Банк 방크
- ATM Бэлэн мөнгөний машин 벨렝 뭉근니— 마슁
- Bill Гүйлгээний хуудас 궐게—니 호—다스
- 현금 Бэлэн мөнгө 벨렝 뭉그
- 외화 Валют\ Гадаадын мөнгөн тэмдэгт 왈료트\ 가다—드잉 뭉긍 템득트
- 환율 Валютын ханш 왈료트잉 한쉬
- 환전 Валют солиулах 왈료트 설리올라흐
- 여행자 수표 Аян замын чек \ аялалын чек

       아양 자므잉 체크\ 아일랄—잉 체크

- 계좌 Данс 단스
- 대출 Зээл 제엘
- 입금 신청서 Орлогын баримт 어를그잉 바림트
- 출금 신청서 Зарлагын баримт 자를그잉 바림트
- 신용카드 Зээлийн карт 제엘—잉 카르트
- 금액 Нийт дүн\ Дүн \ Эцсийн үлдэгдэл 니—트 둥\ 둥\ 에츠스—잉 울득들
- 수수료 Хураамж \ шимтгэл 호라암쯔 \ 쉼트겔
- 달러 Дооллар 덜라르
- 송금 (Бэлэн) Мөнгөн шилжүүлэг \벨렝 뭉그 쉴주울렉\
- 지불 Төлбөр 틀브르
- PIN Code \ Нууц дугаар 노—츠 도가—르
- 영수증 Төлбөрийн баримт 틀브르잉 바림트

- 서명 Гарын үсэг 가르잉 우슥
- 잔돈 Задгай мөнгө 자드개— 뭉그
- 동전 Зоосон мөнгө 저—성 뭉그

Харилцан яриа 1
하를창 야르아 1

알타: 죄송하지만 어디서 달러를 바꿀 수 있는 지 말씀해 주시겠어요?
행인: 네, 환전소는 저기 호텔에 있습니다.
알타: 언제 일을 합니까?
행인: 아침 10시부터 저녁 6시까지인 것 같습니다. 점심시간은 1시에서 2시
    입니다.
안나: 그런데 오늘 환율이 어떤지 아세요?
행인: 아뇨, 모릅니다. 환전할 때 말해줄 겁니다.

Алтаа: Уучлаарай. Хаана доллар төгрөгөөр солиулж
    болохыг хэлж өгөөч?
알타—: 오—츨라—래—, 하—느 덜라르 투그륵거—르 설리올쯔 벌러흐익
    헬쯔 으거—츠?

Замын хүн: Тэр зочид буудал дотор валют арилжааны
    солих газар бий.
자므잉 훙: 테르 저치뜨 보—달 더터르 왈료트 아릴자—니—\
    설리흐 가쯔르 비—.

Алтаа: Хэдээс хэд хүртэл ажилладаг юм бол?
알타—: 헤데—스 헤뜨 후르텔 아질라득 욤 벌?

Замын хүн: Өглөө арваас орой зургаа хүртэл ажилладаг
    байх. Хоолны цаг нь нэгээс хоёр цаг байхаа.
자므잉 훙: 으글러— 아로우아—스 어러에 조르가— 후르텔 아질라득
    배—흐, 허얼니—
챡 은 넥게—스 허이르 챡 배—하.

Алтаа: Өнөөдөр долларын ханш хэд байгааг мэдэхгүй биз?

알타—: 으너—뜨르 덜라르잉 한쉬 헤뜨 배—가악 메드흐뀌이 비쯔?

Замын хүн: Мэдэхгүй ээ. Валют арилжааны газар танд хэлээд өгнө.

자므잉 훙: 메드흐뀌이 에—, 왈료트 아릴자—니— 가쯔르 탄뜨 헬레—뜨 으근.

Харилцан яриа 2
하를창 야르아 2

여행객: 미 달러를 바꾸고 싶습니다.
회계원: 얼마나 바꾸시렵니까?
여행객: 괜찮다면, 여행자수표 100달러를 바꿔 주십시오.
회계원: 여권을 주십시오.
여행객: 작은 돈으로 바꿔 주세요.
회계원: 바로 여기에 서명하세요. 여기 영수증입니다. 보관하세요.
여행객: 감사합니다.

Жуулчин: Америк доллар солиулах гэсэн юм.

조올칭: 아메리크 덜라르 설리올라흐 게승 욤.

Ажилтан: Хэдийг солиулах вэ?

아질탕: 헤뜨익 설리올라흐 웨?

Жуулчин: Зуун доллар солиулмаар байна, аялалын чек болно биз дээ.

조올칭: 조옹 덜라르 설리올마—르 밴, 아일랄—잉 체크 벌렁 비쯔 데—.

Ажилтан: Паспортоо өгөөрэй.

아질탕: 파스퍼르터— 으거—레—.

Жуулчин: Задгайгаар байвал сайн байна.

조올칭: 자드개—가—르 배—왈 새앵 밴.

Ажилтан: Май. Гарын үсгээ зурна уу. Энэ баримт нь. Өөртөө хадгалаарай.

아질탕: 매—. 가르잉 우스게— 조르노—. 엔 바림튼. 으리터— 하드갈라—래—.

Жуулчин: Баярлалаа.

풍착: 미안하지만, 난감한 질문 하나 할게.

어용: 말해봐.

풍착: 어떻게 말을 시작해야 할지 모르겠다.

어용: 무슨 일인데? 주저하지 말고 말해봐!

풍착: 돈이 급하게 필요해.

어용: 너를 도와주면 좋겠는데, 유감스럽게도 나도 지금 돈이 없네.

풍착: 너 지금 무슨 소리하는 거야? 친구한테 돈을 빌리는 것은 우정을
　　　잃는 것이라는것을 잘 알고 있어. 너를 염두에 둔 게 절대 아니야.

어용: 그럼 누구한테 빌릴 건데?

풍착: 은행에서 대출을 받을까 해.

어용: 그렇다면 시티은행에서 대출을 받는 것이 좋겠다. 거기가
　　　대출이자가 그다지 높지 않은 편이야.

Пунцаг: Уучлаарай, нэг хэцүү юм асуух гэсэн юм.

풍착: 오—츨라—래—, 넥 헤추— 욤 아소—흐 게승 욤.

Оюун: За.

어용: 자.

Пунцаг: Юунаас эхлэхээ ч мэдэхгүй байна.

풍착: 요—나—스 에흘헤— 츠 메드흐꿰이 밴.

Оюун: Хэл л дээ. Битгий санаа зов.

어용: 헬를 데—. 비트기— 사나— 저우—.

Пунцаг: Юу, надад мөнгө их хэрэг болоод байна.

풍착: 요—, 나다뜨 뭉그 이흐 헤렉 벌러—뜨 밴.

Оюун: Чамд үнэхээр тусалмаар байгаа ч надад бас
　　　одоогийн байдлаар мөнгө гэх юм алга.

어용: 참뜨 우느헤—르 토살마—르 배—가— 츠 나다뜨 바쓰 어더—그잉
　　　배—들라—르 뭉그 게흐 욤 알락.

Пунцаг: Үгүй дээ. Найз нөхдөөсөө мөнгө зээлэх бол
　　　түнжин хагарахын үндэс гэдгийг мэднэээ. Би
　　　чамаас зээлэх гээгүй юм.

풍착: 우꿰이 데—, 내—쯔 누흐두—수 뭉그 제엘레흐 벌 퉁징 하가 흐—잉
　　　운데스 게 득—익 메든 에—. 비 차마—스 제엘레흐 게—꿰이 욤.

Оюун: Тэгээд хэнээс гэж?

어용: 테게—뜨 헨네—스 게쯔?

Пунцаг: Банкнаас л зээлдэг юмуу гэж бодож байна.
풍착: 방큰나—스 제엘득그 욤 오— 게쯔 버더쯔 밴.

Оюун: Тийм бол Сити банкнаас зээлээрэй. Тэдний хүү
нь нэг их өндөр биш юм байна лээ.
어용: 티임 벌 시티 방큰나—스 제엘레—래—. 테든니— 후— 운 넉 이흐
은뜨르 비쉬욤 밴 레—.

쇼핑 (Шопинг) ▶ ▷ ▶

몽골 여행 시 자신을 위해 몽골 민속 기념품을 사는 것 또한 여행을 오래 기억하는 데 도움이 된다. 가게 찾기, 물건 고르기, 가격 흥정, 계산의 표현과 함께 백화점, 옷가게, 신발가게, 식료품점, 안경점, 전자제품점, 서점, CD점, 비디오 가게, 사진관, 기념품점, 인터넷 등에서의 물건 구매에 필요한 회화표현을 소개한다.

가게 찾기 Дэлгүүр, үйлчилгээний газрууд 

어디가 슈퍼마켓입니까?
Супермаркет хаана байдаг вэ?
슈피르마프크트 하—느 배—득 웨?

죄송합니다만, 어디에 식료품점이 있습니까?
Уучлаарай, хүнсний дэлгүүр хаана байдаг вэ?
오—츨라—래—, 훙슨니— 델구—르 하—느 배—득 웨?

쇼핑

- 골동품 점 **Эртний эдлэлийн дэлгүүр** 에르튼니— 에들렐—잉 델구—르
- 화랑 **Уран зургийн дэлгүүр** 오랑 조륵—잉 델구—르
- 제과점 **"Талх"-ны мухлаг, нарийн боовны дэлгүүр**
  "탈흐"–니— 모흘락, 나르잉 버—온니—델구—르
- 서점 **Номын дэлгүүр** 넘—잉 델구—르
- 부티크 **Бэлэн хувцасны дэлгүүр** 벨렝 호우차스니— 델구—르
- 정육점 **Мах, махан бүтээгдэхүүний дэлгүүр**
  마흐, 마흥 부테엑드후—니— 델구—르
- 캔디 스토어 **Амттаны дэлгүүр** 암트탄니— 델구—르
- 캐더링 **Ахуйн үйлчилгээний газар** 아횡 우일츨게—니— 가쯔르
- 유제품 가게 **Сүүн бүтээгдэхүүн** 수웅 부테엑드후웅
- 식료품점 **Хүнсний дэлгүүр** 훙슨니— 델구—르
- 백화점 **Их дэлгүүр** 이흐 델구—르
- 잡화 **Хүнс, барааны дэлгүүр** 훙스, 바라—니— 델구—르
- 드라이클리닝 세탁소 **Хими цэвэрлэгээ** 히미 체웨를레게—
- 전자제품 점 **Электрон барааны дэлгүүр** 엘륵트렁 바라—니— 델구—르

• 벼룩시장 Хуучин эдлэлийн зах 호―칭 에들렐―잉 자흐
• 꽃가게 Цэцгийн дэлгүүр 체측―잉 델구―르
• 야채가게 Жимс ногооны мухлаг 짐스 너거―니― 모흘락그
• 식료품점 Хүнс ногооны дэлгүүр 훙스 너거―니― 델구―르
• 이발소/ 미장원 Үсчин, гоо сайхан 우스칭, 거― 새―항
• 자재상점 Барилгын материалын дэлгүүр
       바릴그―잉 마트리알―잉 델구―르
• 건강식품 점 Эрүүл мэндийн бүтээгдхүүний дэлгүүр
       에루울 멘드―잉 부테엑드후운니―델구―르
• 귀금속 가게 Үнэт эдлэлийн дэлгүүр 우네트 에딜렐―잉 델구―르
• 빨래방 Угаалгын газар 오가알락―잉 가쯔르
• 셀프 빨래방 Өөртөө үйлчлэх угаалгын газар
       으―르터― 우일츨레흐 오가알락―잉 가쯔르
• 가죽 잡화 점 Арьс савхин эдлэлийн дэлгүүр
       아리스 사우힝 에들렐―잉 델구―르
• 주류 점 Согтууруулах ундааны мухлаг
       석토―로올라흐 옹다―니― 모흘락그
• 시장 Худалдааны төв \ зах 호달다―니― 트우\ 자흐
• 악기점 Хөгжмийн зэмсгийн дэлгүүр 흑짐―잉 젬슥―잉 델구―르
• 신문 가판대 Сонингийн мухлаг 서닝기잉 모흘락그
• 안경점 Нүдний шилний газар 누든니― 쉴니― 가쯔르
• 화장품 Гоо сайхны бараа, Үнэртний дэлгүүр
       거― 새―흔니― 바라―, 우네르튼니― 델구―르
• 약국 Эмийн сан 에므―잉 상
• 포토샵 Зурагчин 조락칭
• 소세지 가게 Хиамны мухлаг 히암니― 모흘락그
• 생선가게 Загасны дэлгүүр 자가슨니― 델구―르
• 중계소 Комиссын дэлгүүр 커미쓰―잉 델구―르
• 구두 가게 Гутлын дэлгүүр 고틀리잉 델구―르
• 신발 수리 Гутал засвар 고탈 자스와르
• 기념품 점 Бэлэг дурсгалын зүйл 벨렉 도리스갈―잉 쮤르
• 스포츠 용품 점 Спортын хувцас, хэрэгслийн дэлгүүр
       시퍼르트―잉 호우차스, 헤렉슬―잉델구―르
• 문구점 Бичгийн хэрэгсэл 비칙―잉 헤릭셀
• 슈퍼마켓 Супермаоркет 슈프르마르크트
• 양복점 Оёдолчин 어이덜칭
• 중고품 할인 판매점 Хуучин, жижиг сажиг эд зүйлсийн худалдаа
       호―칭, 지찍 사찍 에뜨쮈르스―잉 호달다―

- 담배 가게 Тамхины мухлаг 탐힌니— 모흘락그
- 장난감 가게 Тоглоомын дэлгүүр 턱글럼—잉 델구—르
- 여행사 Аялал жуулчлалын товчоо, Аяллын компани
  아일랄 조올• 츌랄—잉 터우처— , 아이랄—잉 컴파느
- 시계수리 점 Цагчин \ Цаг засвар 착칭\ 챡 자스와르
- 와인 가게 Дарсны дэлгүүр 다르슨니— 델구—르
- 개점 시간 Ажлын цаг\ Цагийн хуваарь 아질—잉 챡\ 챡—잉 호위아—흐
- Open Нээлттэй 네엘트태—
- Closed Хаалттай 하알트태—
- 까지 휴점 —н хүртэл амарна —은 후르텔 아마른나..

어댑터를 사고 싶습니다.
Би цэнэглэгч авах гэсэн юм.
비 첸넥렉츠 아와흐 게승 욤.

구경만 하겠습니다.
Зүгээр сонирхож явна.
주게—르 서니르허쯔 야오나.

얼마인가요?
Үнэ нь хэд вэ? \ Ямар үнэтэй вэ?
우넨 헤뜨 웨? \야마르 우네태— 웨?

가격을 적으세요.
Үний нь тэмдэглэж авахгүй юу?
우니인 템득글레쯔 아와흐뀌이 요—?

다른 것도 있나요?
Өөр байгаа юу?
으—르 배—가— 요—?

치즈 있나요?
Бяслаг бий юу?
뱌슬락 비— 요—?

보여 주세요.
Үзүүлэхгүй юу. \ Үзэж болох уу.
우쭈울레흐뀌이 요—.\ 우제쯔 벌러흐 오—.

바로 이것입니다.
Энэ болно. \ Энийг авъя.
엔 벌너.\ 엔—익 아위.

사겠습니다.
Авъя.
아위.

계산해야 하나요?
Тооцоогоо хийх үү?
터—처—거— 히—흐 우—?

누가 마지막인가요?
Хэн сүүлийнх нь вэ?
헹 수울리잉흔느 웨?

무엇을 도와 드릴까요?
Танд юугаар туслах вэ?
탠뜨 요—가—르 토슬라흐 웨?

감사합니다만, 전 그저 구경하려고요.
Зүгээр л сонирхож явна, баярлалаа.
주게—를 서니르허쯔 야오나, 바이를라—.

뭐 다른 것 또 있나요?
Өөр бас байгаа юу?
으—르 바스 배—가— 요—?

좋습니다. 사겠습니다.
Үүнийг худалдаж авъя.
우—니익 호달다쯔 아위.

신용카드를 받나요?
Зээлийн картаар үйлчилдэг үү?
제엘—잉 카르타—르 우일츨득 우—?

신용카드로 계산해도 됩니까?
Зээлийн картаар тооцоо хийж болох уу?
제엘―잉 카르타―르 터―처― 히―쯔 벌러흐 오―?

직불카드로 계산해도 됩니까?
Бэлэн мөнгөний картаар тооцоогоо хийж болох уу?
벨렝 뭉근니― 카르타―르 터―처―거― 히―쯔 벌러흐 오―?

여행자 수표로 계산해도 됩니까?
Аялалын чекээр тооцоогоо хийж болох уу?
아일랄―잉 체케―르 터―처―거― 히―쯔 벌러흐 오―?

봉투를 주세요.
Уут/тор өгөөч.
오―트/ 터르 으거―츠.

영수증을 주세요.
Тооцооны хуудас өгөөч. \ баримт өгөөрэй.
터―처―니― 호―다스 으거―츠.\바림트 으거―레―.

잔돈으로 주세요.
Хариултыг нь задгай мөнгөөр өгөхгүй юу.
하리올트―익근 자드개― 뭉거―르 으그흐꿰이 요―.

작은 돈으로 주세요.
Хариултыг нь задгайгаар өгөхгүй юу.
하리올트―익근 자드개―가―르 으그흐꿰이 요―.

봉투는 필요 없습니다.
Боох хэрэггүй ээ.\ Уут хэрэггүй.
버―흐 헤렉꿰이 에―.\오―트 헤렉꿰이.

포장해 주세요.
Боогоод өгөөч.
버―거―뜨 으거―츠.

보증서 있나요?
Баталгаа өгдөг үү?
바탈가― 옥득그 우―?

이것을 해외로 보내줄 수 있나요?
Гадаад руу илгээж болох уу?
가다—드 로— 일게—쯔 벌러흐 오—?

이것을 주문하고 싶습니다.
Үүнийг захиалах гэсэн юм.
우—느—익 자히알라흐 게승 욤.

나중에 가지러 오겠습니다.
Би үүнийг дараа ирж авъя.
비 우—느—익 다라— 이르쯔 아위.

언제 준비되나요?.
Хэзээ бэлэн болох вэ?
헤제— 벨렝 벌러흐 웨?

돈을 돌려받았으면 합니다.
Мөнгөө буцааж авах гэсэн юм.
뭉거— 보차—쯔 아와흐 게승 욤.

잔돈을 받았으면 합니다.
Хариултаа авъя.
하리올타— 아위.

이것을 돌려주고 싶습니다.
Үүнийг буцаамаар байна.
우—느—익 보차—마—르 밴.

가격 흥정 

너무 비쌉니다.
Дэндүү үнэтэй юм.
뎅두— 운태— 욤.

깎아 줄 수 있나요?
Үнээ буулга л даа.\ Арай хямдхан өгчих.
우네— 보올갈다—.\ 아래— 함드항 윽치흐.

더 싼 것 없나요?
Арай хямдхан байхгүй юу?
아래— 함드항 배—흐뀌이 요—?

러더이담바 소설 있나요?
Танайд Лодойдамбын роман бий юу?
타내—뜨 러더이담브—잉 러망 비— 요—?

외국어 섹션이 있습니까?
Гадаадын сонин сэтгүүл бий юу?
가다—드잉 서닝 세트구울 비— 요—?

사전을 사고 싶습니다.
Толь бичиг авах гэсэн юм.
털르 비칙 아와흐 게승 욤.

신문을 사고 싶습니다.
Сонин авах гэсэн юм.
서닝 아와흐 게승 욤.

잡지를 사고 싶습니다.
Сэтгүүл авах гэсэн юм.
세트구울 아와흐 게승 욤.

안내책자를 사고 싶습니다.
Танилцуулга\ гарын авлага авах гэсэн юм.
타닐초올락그\ 가르—잉 아올락그 아와흐 게승 욤.

이 지역 관광지도를 사고 싶습니다.
Эндхийн жуулчны газрын зураг авах гэсэн юм.
엔드흐—잉 조올친니— 가쯔르—잉 조락 아와흐 게승 욤.

• 도시지도 Хотын газрын зураг 허트—잉 가쯔르—잉 조락
• 코믹 서적 Коомикс\ Зурагтай ном 커믹스\ 조락—태— 넘.
• 요리 서적 Хоолны (жортой) ном 허얼니— (저르태—) 넘.

- 사전 Толь бичиг 털르 비칙
- 삽화 잡지 Фото сэтгүүл 퍼터 세트구울
- 지도 Газрын зураг (газарзүйн) 가쯔르—잉 조락 (가쯔르쥥)
- 탐정소설 Адал явдалт өгүүллэг 아달 야오달트 으구울렉
- 일간지 Өдөр тутмын сонин 으뜨르 토트므—잉 서닝
- 소설 Ромаон \ өгүүллэг 러망\ 으구울렉
- 자동차 도로 지도 Авто замын газрын зураг 아오터 자므—잉 가쯔르—잉 조락
- 안내책자 Танилцуулга 타닐초올락그
- 여성잡지 Эмэгтэйчүүдийн сэтгүүл 에믁태—추—드잉 세트구울

식료품 Хүнсний бараа

무엇이 필요하십니까?

Танд юу хэрэгтэй вэ?\ Та юу авах вэ?

탄뜨 요— 헤륵태— 웨? \타 요— 아와흐 웨?

감자 1kg 주세요.

Нэг килограмм төмс авъя.

넥 킬러그람 툼쓰 아위.

케익 한 조각 주세요.

Нэг зүсэм торт \бялуу\ авъя.

넥 주셈 터르트 \발로—\ 아위.

차 한 팩 주세요.

\Аяга\ цай авъя.

\아약그\ 채— 아위.

잼 1통 주세요.

Нэг \шил\ жимсний чанамал \варень\ авъя.

넥 \쉴\ 짐스니— 차나말 \와렌느\ 아위.

오이 피클 한 캔 주세요.

Нэг \шил\ даршилсан өргөст хэмх авъя.

넥 \쉴\ 다르쉴—상 으리그쓰트 헴흐 아위.

물 한 병 주세요.
\Нэг шил\ ус авъя.
\넥 쉴\ 오쓰 아위.

잘게 잘라 주세요.
Хуваагаад \хэрчээд\ зүсээд өгөхгүй юу.
호와—가—뜨 \헤르체—뜨\ 주세—뜨 으그흐뀌이 요—.

더 많이도 괜찮나요?
Жаахан илүү байсан ч зүгээр үү?
자—항 일루— 배—상 츠 주게—르 우—?

뭐가 더 있나요?
Өөр юу авах вэ?\ Өөр юу байгаа вэ?
으—르 요— 아와흐 웨? \으—르 요— 배—가— 웨?

맛을 봐도 될까요?
Амсаж үзэж болох уу?
암사쯔 우제쯔 벌러흐 오—?

감사합니다. 다입니다.
Баярлалаа, өөр юм авахгүй ээ. Болсон
바이를라—, 으—르 욤 아와흐뀌이 에—. 벌성.

과일 Жимс жимсгэнэ 짐쓰 짐쓰겐느 

- 사과 Алим 알림
- 살구 Гүйлс жимс 귈쓰 짐쓰
- 바나나 Банаон\Гадил 바난\ 가딜
- 버찌 Интоор 인터—르
- 블랙베리 Мойл 머엘
- 블루베리 Аньс 아니쓰
- 체리 Интоор 인터—르
- 코코넛 Наргил модны самар 나르길 머뜨니— 사마르
- 작은 건포도 Хатаасан усан үзэм 하타—상 오상 우젬
- 자몽 Бэрсүүт жүрж 베르수—트 주르쯔
- 포도 Усан үзэм 오상 우젬
- 레몬 Нимбэг 님북그

- 멜론 Амтат гуа 암타트 과
- 수박 Тарвас 타르와쓰
- 오렌지 Жүрж 주르쯔
- 복숭아 Тоор 터—르
- 배 Лийр 리—르
- 파인애플 Хан боргоцой 항 버럭처이
- 자두 Чавга 차왁그
- 딸기 Гүзээлзгэнэ 구제엘즈겐느
- 귤 Мандарион 만다링
- 앵두 Интоор 인터—르
- 야채 Хүнсний ногоо 훙슨니— 너거—
- 강낭콩 Ногоон вандуй 너거엉 완되
  Шош\ буурцаг 셔쉬 \보—르착
- 양배추 Байцаа 배—차—
- 당근 Лууван 로—왕
- 꽃양배추 Цэцэгт байцаа 체첵트 배—차—
- 샐러리 Цоохор майлз \ Өнгөт байцаа 처—허르 매앨즈\은그트 배—차—
- 옥수수 Эрдэнэ шиш 에르덴느 시쉬
- 오이 Өргөст хэмх 으르거스트 헴므흐
- 회향풀 Гоньд 거니뜨
- 마늘 Сармис 사리므쓰
- 양파 Сонгино 썽긴느
- 파 Ногоон сонгино 너거엉 썽긴느
- 상추 Салатны навч 살라틴니— 나우츠
- 양상추 Цэцэгт байцаа 체측그트 배—차—
- 버섯 Мөөг 무—그
- 올리브 Чидун жимс\ Олив 치동 짐쓰\ 얼리브
- 파슬리 Яншуй 양쇼이
- 완두콩 Вандуй/ буурцаг 완되\ 보—르착
- 고추 Улаан чинжүү 올라앙 친쭈—
- 감자 Төмс 툼쓰
- 호박 Хулуу 홀로—
- 무 Цагаан манжин 차가앙 만찡
- 사탕무 чихрийн манжин 치흐르잉 만찡
- 시금치 Бууцай 보—채—
- 토마토 Улаан лооль 올라앙 러—얼
- 순무 Шар манжин 샤르 만찡
- 제과 Талх, нарийн боов 탈르흐, 나르잉 버—우

- 제과 **Жигнэмэг – нарийн боов** 직네멕 나르잉 버—우
- 초콜렛 **Шоколаод** 셔컬라뜨
- 빵 **Талх** 탈흐
- 흑빵 **Хар талх** 하르 탈흐
- 호밀빵 **Хөх тарианы хар талх** 후흐 타리안니— 하르 탈흐
- 흰빵 **Цагаан талх** 차가—앙 탈흐
- 패스트리 **Жигнэмэг** 직네멕
- 캔디 바 **Амттан – чихэр** 암트탕 치헤르
- 캔디 **Чихэр** 치헤르
- 껌 **Бохь** 버흐
- 쿠키 **Жигнэмэг** 직네멕
- 꿀 **Зөгийн бал** 주그—잉 발
- 아이스크림 **Зайрмаг** 재—르막
- 잼 **Жимсний чанамал** 짐쓰니— 차느말
- 파이 **Кекс\ Нарийн боов** 케크쓰\ 나르—잉 버—우
- 롤 **Үзэмтэй талх \ороомог** 우젬테— 탈흐 \어러—먹\
- 샌드위치 **Сендвич – хачиртай талх** 센드위츠 \하치르태— 탈흐
- 단 과자 **Амттан – чихэрлэг жигнэмэг** 암트탕\ 치헤를륵 직네멕
- 케익 **Торт\ Бялуу** 터르트\ 발로—

유제품

- 버터 **Масло\ Цөцгийн тос** 마슬러\ 츠츠그잉 터쓰
- 버터밀크 **Цөцгий** 츠츠기—
- 치즈 **Бяслаг** 비슬락
- 하드 치즈 **Хатуу бяслаг** 하토— 비슬락
- 소프트 치즈 **Зөөлөн бяслаг** 주울릉 비슬락
- 크림 치즈 **Цөцгийтэй бяслаг** 츠츠기—태— 비슬락
- 크림 **Цөцгий – крем** 츠츠기— 크렘
- 계란 **Өндөг** 은득
- 요쿠르트 **Тараг** 타락
- 우유 **Сүү** 수—
- 저지방 우유 **Тослог багатай сүү** 터슬럭 바가태— 수—

육류& 육가공품

- 고기 Мах 마흐
- 베이컨 Гахайны өөх 가해—니— 으—흐
- 소고기 Үхрийн мах 우흐르—잉 마흐
- 돼지고기 Гахайн мах 가해—앵 마흐
- 양고기 Хонины мах 허니니— 마흐
- 송아지 고기 Тугалын мах 토갈리잉 마흐
- 닭고기 Тахианы мах 타히안니— 마흐
- 토끼고기 Туулайн мах 토올래앵 마흐
- 커틀렛 Татсан мах 타트상 마흐
- 돼지고기 소세지 Гахайн махан зайдас 가해—앵 마항 재—다쓰
- 프랑크푸르트 소세지 Зайдас 재—다쓰
- 갈은 고기 Татсан мах 타트상 마흐
- 햄 Хиам 히암
- 육포 Хатаасан мах – борц 하타—상 마흐\ 버르치
- 간 파테 Элэгний нухаш 엘렉—니 노하쉬
- 살라미 Салами 살라미
- 소세지 Зайдас 재—다쓰
- 스튜 Царцмаг 차르츠막
- 냉육과 치즈로 만든 요리 Мах болон бяслагтай зууш 마흐 벌렁 브슬락 태— 조—쉬

어류& 수산물

- 생선 Загас 자가쓰
- 알 Түрс 투르쓰
- 게 Далайн хавч 달래앵 하오츠
- 가재 Голын хавч 걸르잉 하오츠
- 뱀장어 Могой загас 머거에 자가쓰
- 정어리 Сардин загас 사르딩 자가쓰
- 랍스터 Хавч 하오츠
- 고등어 Хар амар загас 하르 아마르 자가쓰
- 홍합 Далайн хясаа\ Дун 달래앵 햐사— \동
- 굴 Хясаа 햐사—
- 농어 Алгана загас 알간나 자가쓰
- 꼬치 삼치 Цурхай загас 초르해— 자가쓰

- 연어 **Яргай загас** 야르개— 자가쓰
- 새우 **Сам хорхой** 삼 허르허에
- 훈제 대구 **Утсан сагамхай загас** 오트상 사감해— 자가쓰
- 혀가자미 **Ул загас** 올 자가쓰
- 철갑상어 **Хилэм загас** 힐렘 자가쓰
- 송어 **Хулд загас** 홀뜨 자가쓰
- 참치 **Туна загас** 토나 자가쓰

양념류 

- 버터 **Маосло** 마슬러
- 시리얼 **Эрдэнэ шиш** 에르든네 시쉬
- 밀가루 **Гурил** 고릴
- 마가린 **Маргарин** 마르가링
- 마요네즈 **Майонеоз** 매—어네즈
- 국수 **Шөл** 슐
- 올리브 오일 **Оливийн тос** 얼리위잉 터쓰
- 쌀 **Цагаан будаа** 챠가앙 보다—
- 소금 **Давс** 다오쓰
- 설탕 **Элсэн чихэр** 엘생 치헤르
- 식물성 식용유 **Ургамлын тос** 오르가말—잉 터쓰
- 식초 **Цагаан цуу** 챠가앙 초—
- 소스 **Сооус\ Амтлагч** 서오쓰\ 암틀락츠
- 간장 **Буурцагны цуу** 보—르착니— 초—

음료 

- 미네랄 워터 **Цэвэр ус** 체웨르 오쓰
- 가스 함유 워터 **Газтай ус \ Хийжүүлсэн ус**
  가즈태— 오쓰 \히—쭈울셍 오쓰
- 가스, 비함유 워터 **Газгүй ус \ Хийжүүлээгүй ус**
  가즈뀌이 오쓰 \ 히—쭈울레—뀌이 오쓰
- 쥬스 **Жимсний шүүс** 짐쓰니— 슈쓰
- 사과 쥬스 **Алимны шүүс** 알림니— 슈쓰
- 오렌지 쥬스 **Жүржийн шүүс** 주르즈—잉 슈쓰
- 레몬에이드 **Нимбэгтэй ундаа** 님벡태— 온다—
- 맥주 **Пиово\ Шар айраг** 피워 \샤르 애—락

- 무알콜 맥주 Согтууруулах ундааны найрлагагүй шар айраг
  석토—로올라흐 온다—니—내—릴가꿰이 샤르 애—락
- 샴페인 Оргилуун дарс 어르길로옹 다르쓰
- 와인 Дарс 다르쓰
- 레드 와인 Улаан дарс 올라앙 다르쓰
- 로즈 와인 Ягаан дарс 야가앙 다르쓰
- 화이트 와인 Цагаан дарс 챠가앙 다르쓰
- 드라이 와인 Хуурай дарс\ Гашуун дарс 호—래— 다르쓰\ 가쇼옹 다르쓰
- 스위트 와인 Чихэрлэг дарс 치헤를렉 다르쓰
- 커피 Кофе 커피
- 디카페인 커피 Кофеингүй кофе 커피인꿰이 커피
- 차 Цай 채—
- 카모마일 차 Балжингарам 발징가람
- 과일 차 Жимсний цай 짐쓰니— 채—
- 녹차 Ногоон цай 너거엉 채—
- 페파민트 차 Гаатай цай 가—태— 채—
- 로즈 힙 차 Нохойн хошууны цай 너허잉 허쇼온니— 채—
- 티 백 Дүрдэг\ Ууттай цай 두르득 \오—트태— 채—

의류 Хувцас

블라우스를 보여주시겠어요?

Цамц үзүүлэхгүй юу?

참츠 우쭈울레흐꿰이 요—?

사이즈가 뭡니까?

Таны размер хэд вэ?

타니— 라즈메르 헤뜨 웨?

제 사이즈는 40입니다.

Би дөчин размер өмсдөг.

비 두칭 라즈메르 음쓰득.

입어 봐도 될까요?

Өмсөж үзэж болох уу?

음스쯔 우제쯔 벌러흐 오—?

너무 끼네요.
Дэндүү барьж байна.
덴뚜— 바리쯔 밴.

너무 풍성하네요.
Жаахан томдож байна.
자—항 텀더쯔 밴.

너무 짧네요.
Богиндож байна.
나다뜨 버긴더쯔 밴.

너무 기네요.
Нарийдаж байна.
나리—다쯔 밴.

너무 작네요.
Хэтэрхий жижигхэн юм\ Жижигдэж байна.
헤테르히— 지찍헹 욤.\ 지찍데쯔 밴.

너무 크네요.
Хэтэрхий том юм. \Томдож байна.
헤테르히— 텀 욤.\ 텀더쯔 밴.

너무 않습니다.
Таарахгүй байна.
타—라흐꿔이 밴.

제가 원하는 것이 아닙니다.
Энэ миний хүссэн хувцас биш байна.
엔 미니— 후스셍 호브차쓰 비쉬 밴.

이것 입은 모습이 어떠나요?
Үүнийг өмсвөл хэр харагдаж байна? \ Энэ ямар байна?
우—느익 음스월 헤르 하락다쯔 밴.? \엔 야마르 밴?

멋집니다!
Гайхалтай.
개—할태—.

잘 어울립니다.
Танд их зохиж байна.
탄뜨 이흐 저히쯔 밴.

- 수영모 Усны малгай 오쓴니— 말개—
- 수영복 Усны хувцас 오쓴니— 호브챠스
- 수영 팬티 Усны дотоож 오쓴니— 더터—쯔
- 비치가운 Усны халат 오쓴니— 할라트
- 비키니 Бариу усны хувцас 바리오 오쓴니— 호브챠스
- 블라우스 바디 슈트 Гадуур цамц, хүрэм 가도—르 챰츠— 후렘
- 나비넥타이 Эрвээхэй зангиа 에르웨—헤— 장기아.
- 브라 Хөхний даруулга 흐훈니— 다로올락그
- 캡 모자 Малгай 말개—
- 가디건 Зузаан цамц 조자앙 챰츠
- 옷 Хувцас 호브챠스
- 외투 Пальто \ цув \ гадуур хувцас 팔터 \초브 \가도—르 호브챠스
- 면 Хөвөн даавуу 흐붕 다—오—
- 드레스 даашинз 다—신쯔
- 장갑 Бээлий 베엘리—
- 모자 Малгай 말개—
- 선 햇 Нарны малгай 나르니— 말개—
- 자켓 Гадуур хувцас, хүрэм 가도—르 호브챠스. 후렘
- 청바지 Жинс 진쓰
- 레깅스 Урт ноосон оймс\ ноосон өмд 오르트 너—성 어엠쓰\ 너—성 음뜨
- 린넨 маалинган даавуу 마—일랑강 다—오—
- 머플러 Хүзүүний ороолт 후쭈—니— 어러얼트
- 팬티 Дотоож, дотуур хувцас 더터—쯔, 더토—르 호브챠스
- 바지 Өмд 음뜨
- 레인코트 (Борооны) цув \버러—니—\ 초브
- 셔츠 Эрэгтэй цамц 에륵—태— 챰치
- 반바지 Богино өмд 버기느 음뜨
- 실크 Торго 터럭그
- 스키 바지 Цаны н өмд 찬—잉 음뜨
- 스커트 Банзал 반잘
- 소매 Ханцуй
- 양말 Оймс 어엠쓰
- 스타킹 Шилэн оймс 쉴렝 어엠쓰

- 양복 Костюом\ Хослол 커스트욤\ 허슬럴
- 스웨터 Битүү захтай цамц 비투— 자흐태— 참츠
- 풀오버 Ноосон цамц 너—성 참츠
- 운동 바지 Биейн тамирын цамц 비잉 타미르—잉 참츠
- 운동복 Биейн тамирын хослол 비잉 타미르—잉 허슬럴
- 넥타이 Зангиа 장기아
- 티셔츠 Футбоолка \ богино ханцуйтай цамц
  포트벌카\ 버긴너 한초이태— 참츠
- 우산 Шүхэр 슈헤르
- 언더 팬츠 Дотуур хувцас 더토—르 호브챠스
- 언더 셔츠 Дотуур цамц 더토—르 참츠
- 언더 웨어 Цагаан хэрэглэл 챠가앙 헤륵글렐
- 조끼 Хантааз 한타—쯔
- 울 Ноосон, хонины ноосон 너—성, 허닌니— 너—성

전자제품 Электрон бараа

어디에서 면세 전자제품을 살 수 있나요?
Хаанаас татваргүй электрон бараа худалдаж авч болох вэ?
하—느—스 타트와르뀌이 엘렉트렁 바라— 호달다쯔 아오츠 벌러흐 웨?

이것인 최신 모델인가요?
Энэ хамгийн сүүлийн үеийн загвар нь уу?
엔 함그—잉 수울—잉 우이잉 작와른노—?

220볼트인가요?
Энэ хоёр зуун хорин вольтоор ажилладаг уу?
엔 허이르 조옹 허링 월터—르 아질라득 오—?

- 어댑터 Цэнэглэгч 체늑글렉츠
- 자명종 시계 Сэрүүлэгтэй цаг 세루울륵그태— 착
- 밧데리 Зай 째—
- 충전기 Цэнэглэгч 체늑글렉츠
- 케이블 Цахилгааны утас 차힐가—니— 오타스
- 컴퓨터 Компьюотер 컴퓨트르
- 노트북 Ноотбук \ Зөөврийн компьютер 너트북\ 주—브리잉 컴퓨트르
- 코드 Уртасгагч залгуур 오르타스각츠 잘고—르

- 플러그 **Залгуур** 잘고—르
- 드라이기 **Үсний сэнс** 우쓴니— 센쓰
- 전등 **Цахилгаан чийдэн** 차힐가앙 치—뎅
- 축전지 **Аккумуляотор\ зай хуримтлуулагч** \ 아콤리아터르\ 재— 호림
  틀로올락츠
- 냉장고 **Хөргөгч** 후르극츠
- 세탁기 **Угаалгын машин** 오가알그—잉 마슁

음악과 Хөгжим, кино (DVD)

공테잎을 사고 싶습니다.
Шинэ кассет\ хуурцаг авъя.
신 카쎄트\ 호—르착그 아위.

CD를 사고 싶습니다.
CD авах гэсэн юм.
쓰디— 아와흐 게승 욤.

DVD를 사고 싶습니다.
DVD авах гэсэн юм.
디브이띠— 아와흐 게승 욤.

비디오 테잎을 사고 싶습니다.
Киноны хуурцаг авах гэсэн юм.
키넌니— 호—르착그 아와흐 게승 욤.

잡흘랑 것을 찾고 있습니다.
Жавхлангийн цомог бий юу?
잡흘랑그—잉 처먹 비— 요—?

어떤 것이 그의(그녀의) 가장 훌륭한 레코딩인가요?
Хамгийн дажгүй цомог нь юу билээ?
함그—잉 다즈뀌이 처먹은 요— 빌레—?

들어봐도 될까요?
Сонсож үзэж болох уу?
선서쯔 우제쯔 벌러흐 오—?

이것은 모든 DVD플레이어에 다 맞습니까?
Бүх DVD-тоглуулагчаар үзэж болох уу?
부흐 디브이띠— 턱글로올락차—르 우제쯔 벌러흐 오—?

이 카메라에 맞는 APS 필름이 필요합니다.
Энэ зургийн аппаратны APS хальс хэрэгтэй байна.
엔 조르기잉 아파라틴니— APS 할쓰 헤륵태— 밴.

이 카메라에 맞는 흑백 필름이 필요합니다.
Энэ зургийн аппаратны хар хальс хэрэгтэй байна.
엔 조르기잉 아파라틴니 하르 할쓰 헤륵태— 밴.

이 카메라에 맞는 컬러 필름이 필요합니다.
Энэ зургийн аппаратны өнгөт хальс хэрэгтэй байна.
엔 조르기잉 아파라틴니 은거트 할쓰 헤륵태— 밴.

이 카메라에 맞는 고정밀도 필름이 필요합니다.
Энэ зургийн аппаратанд таарах нягтрал сайтай хальс хэрэгтэй байна.
엔 조르기잉 아파라탄뜨 타—라흐 냑트랄 새—태— 할쓰 헤륵태— 밴.

이 카메라에 맞는 슬라이드 필름이 필요합니다.
Энэ зургийн аппаратанд таарах слайдтай хальс хэрэгтэй байна.
엔 조르기잉 아파라탄뜨 타—라흐 슬라이드태— 할쓰 헤륵태— 밴.

컬러필름을 사고 싶습니다.
Өнгөт хальс авмаар байна.
은거트 할쓰 아오마—르 밴.

이 카메라에 맞는 필름을 원합니다.
Энэ зургийн аппаратанд таарах хальс авах гэсэн юм.
엔 조르기잉 아파라탄뜨 타—라흐 할쓰 아와흐 게승 욤.

컬러 필름을 원합니다.
Өнгөт хальс авъя.
은거트 할쓰 아위.

슬라이드 필름을 원합니다.
Би слайд хальс авья.
비 슬라이—뜨 할쓰 아위.

24장짜리 필름을 사고 싶습니다.
Хорин дөрвөн кадртай хальс авъя.
허링 드르웅 카드르태— 할쓰 아위.

36장짜리 필름을 사고 싶습니다.
Гучин зургаан кадртай хальс авъя.
고칭 조르가앙 카드르태— 할쓰 아위.

디지털 사진을 현상해줄 수 있나요?
Дижитал зураг угаадаг уу?
디지탈 조락 오가—득 오—?

이 필름을 현상해 주시겠어요?
Энэ хальсыг угаалгах гэсэн юм.
엔 할쓰익 오가알가흐 게승 욤.

이 필름을 끼어 주시겠어요?
Энэ хальсийг хийгээд өгөөч.
엔 할쓰익 히—게—뜨 으거—츠.

제 디지털 카메라에 밧데리를 갈아 끼워 주시겠어요?
Дижитал зургийн аппаратны баттерейг солиод өгөөч?
디지탈 조르기잉 아파라틴니— 바트랙 설리어뜨 으거—츠?

카메라에서 CD로 사진들을 옮겨 줄 수 있나요?
Зургийн аппаратан дээрх зургуудыг CD-н дээр хуулж өгч
болох уу?
조리기잉 아파라탕 데—르흐 조르고—드익 쓰띠—은 데—르 호올쯔 윽치 벌러흐 오—?

이 비디오카메라용 밧데리 있습니까?
Танайд энэ видео камерны баттерей бий юу?
타내—뜨 엔 비디어 카메린니— 바테레— 비— 요—?

이 비디오카메라용 메모리 카드 있습니까?
Танайд энэ видео камерны мемори карт \санах ойн карт\ бий юу?
타내—뜨 엔 비디어 카메린니— 미머리 카르트 \사나흐 어잉 카르트\ 비— 요—?

카메라를 컴퓨터에 연결할 케이블이 필요합니다.
Зургийн аппаратны холбогч кабель бий юу?
조르기잉 아파라틴니— 헐벅츠 카—빌 비— 요—?

밧데리를 갈기 위해 케이블이 필요합니다.
Баттерейг солихын тулд холбогч кабел хэрэгтэй.
바테렉 설리흐잉 톨뜨 헐벅츠 카벨 헤륵태—.

이 카메라용 비디오테잎이 필요합니다.
Энэ видео камерны хуурцаг бий юу?
엔 비디어 카메린니— 호—르착 비— 요—?

이것은 PAL\ NTSC 시스템인가요?
Энэ PAL\ NTSC системийнх үү?
엔 PAL\NTSC 시스테미잉흐 우—?

저는 비자 사진을 찍고 싶습니다.
Визний зураг авахуулах гэсэн юм.
비즈니— 조락 아오호올라흐 게승 욤.

이 사진은 제가 필요로 하는 사진이 아닙니다.
Энэ зураг надад хэрэгтэй зураг биш байна.
엔 조락 나다뜨 헤륵태— 조락 비쉬 밴.

돈을 전부 지불할 수 없습니다.
Би бүтэн үнээр нь төлөхгүй.
비 부텡 우네—른 틀흐꿔이.

이것은 작동하지 않습니다.
Энэ ажиллахгүй байна.
엔 아질라흐꿔이 밴.

고장 났습니다. 고칠 수 있나요?
Эвдэрчихэж. Засч өгч чадах уу?
에우데르치헤쯔. 자스츠 윽치 차다흐 오―?

- 흑백필름 Хар хальс 하르 할쓰
- 캠코더 Видео камер 비디어 카메르
- CD Компакт-диоск 쓰띠― 컴파크트 디스크
- 디지털 카메라 Дижитал зургийн аппарат 디지탈 조르기잉 아파라트
- 디지털 비디오카메라 Дижитал видео камер 디지탈 비디어 카메르
- 감광 Мэдрэмж 메드렘쯔
- 플래쉬 Гялс хийлт \ гэрэл 걀쓰 히일트\ 게렐
- 폴로라이드 카메라 Поларооид түргэн зургийн аппарат
   펄라러이뜨 투르겡 조르기잉 아파라트
- 렌즈 Лионз 린즈
- 노출계 Гэрэл хэмжигч 게렐 헴직츠
- 대물렌즈 Томруулдаг линз 텀로올득 린즈
- 자동 타이머 Автоматаар зураг авах\
   Тохируулсан хугацааны дараа зураг дарах
   아오터마타―르 조락 아와흐\ 터히로올상 호가차―니― 다라― 조락 다라흐
- 축전지 Аккумуляотор \ Цэнэг хуримтлуулагч
   아콤믈랴터르/ 체넥그 호림틀로올락츠
- 메모리 카드 Мемори карт \ Санах ой 메머리 카르트\ 사나흐 어이
- 텔레포토 렌즈 \ Линз 텔레어북티우\린즈
- 받침대 Суурь \ Хөл 소―르\ 흘
- 잠수용 카메라 Усан дотор зураг авч болдог зургийн аппарат
   오상 더터르 조락 아오츠 벌득 조르기잉 아파라트
- 비디오카메라 Видео бичлэгийн аппарат 브디어 비츨렉―잉 아파라트
- 비디오카세트 Видео бичлэгийн хуурцаг 브디어 비츨렉―잉 호―르착
- 비디오필름 Видео бичлэгийн хальс 브디어 비츨렉기잉 할쓰
- 비디오레코더 Дүрс бичлэг тоглуулагч 두르스 비츨렉 턱글로올락츠

세탁 맡기고 싶습니다.
Эдгээрийг цэвэрлэгээний газар өгмөөр байна.
에뜨게—르익 체웨를게—니— 가쯔르 윽머—르 밴.

드라이 클리닝 맡기려 하는데요.
Үүнийг хими цэвэрлэгээнд өгмөөр байна.
우—느익 히므 체웨를게엔뜨 윽머—르 밴.

이 셔츠를 다림질 하고 싶습니다.
Энэ цамцыг индүүдүүлэх гэсэн юм.
엔 챰츠익 인두—두울레흐 게승 욤.

언제 되나요?
Хэзээ ирж авч болох вэ? \ Хэзээ бэлэн болох вэ?
헤제— 이르쯔 아오츠 벌러흐 웨?\헤제— 벨렝 벌러흐 웨?

이 안경 수리할 수 있나요?
Энэ нүдний шилийг янзлуулах гэсэн юм.
엔 누든니— 쉴리익 얀즐로—라흐 게승 욤.

저는 근시입니다.
Би ойрын хараа муутай.
비 어에르잉 하라— 모—태—.

저는 원시입니다.
Би холын хараа муутай.
비 헐—잉 하라— 모—태.

시력이 어떻게 됩니까?
Таны хараа хэд вэ?
타니— 하라— 헤뜨 웨?

오른쪽 눈은 1.0. 왼쪽 눈은 0.8입니다.
Баруун нүд нэг, зүүн нүд ноль\ тэг аравны найм.
바로옹 누뜨 넥, 주웅 누뜨 널르\ 텍그 아롱니— 내앰.

언제 안경을 찾을 수 있나요?
Нүдний шилээ хэзээ ирж авч болох вэ?
누뜬니— 쉴레— 헤제— 이르쯔 아오츠 벌러흐 웨?

보관용 액체가 필요합니다.
Нүдний шилний шингэн авах гэсэн юм.
누뜬니— 쉴니— 쉰겡 아와흐 게승 욤.

세정액이 필요합니다.
Нүдний шил цэвэрлэдэг шингэн авъя.
누뜬니— 쉴 체웨를득 쉰겡 아위.

하드 콘택트 렌즈용 액체가 필요합니다.
Хатуу линзний шингэн авъя.
하토— 린즈니— 쉥겡 아위.

소프트 콘택트 렌즈용 액체가 필요합니다.
Зөөлөн линзний шингэн авъя.
주울릉 린즈니— 쉥겡 아위.

선글라스가 필요합니다.
Нарны хамгаалалттай шил авъя.
나른니— 함가알랄트태— 쉴 아위.

망원경이 필요합니다.
Дуран хэрэгтэй байна.
도랑 헤륵태— 밴.

구두와 가죽제품 Гутал, арьсан эдлэл 

운동화 좀 보여주세요.
Биеийн тамирын гутал үзье.
비잉 타미르—잉 고탈 우쯔이—.

제 사이즈는 37입니다.
Би гучин долоон размер өмсдөг.
비 고칭 덜러엉 라즈메르 음스득.

너무 끼네요.
Жижигдэж байна.
지찍데쯔 밴.

너무 큽니다.
Томдож байна.
텀더쯔 밴.

- 배낭 **Үүргэвч** 우—르게우츠
- 백 **Цүнх** 충흐
- 벨트 **Бүс** 부쓰
- 부츠 **Гутал** 고탈
- 플립플롭 **Зөөлөнултай шаахай** 즈을릉 올태— 샤—해—
- 모피 코트 **Үстэй дээл\ Шуба** 우스태— 데엘\ 쇼바
- 굽 **Өндөр өсгийтэй гутал** 은뜨르 우스기—태— 고탈
- 가죽코트 **Савхин цув** 사오힝 초브
- 가죽자켓 **Савхин хүрэм\ куртка** 사오힝 후렘\코르트카
- 가죽바지 **Савхин өмд** 사오힝 음뜨
- 지갑 **Түрийвч** 투리위츠
- 고무장화 **Зөөлөнултай гутал \ түрийтэй гутал**
  즈을릉 올태— 고탈\ 투리—태— 고탈
- 샌들 **Шаахай** 샤—해—
- 구두 **Гутал** 고탈
- 구두솔 **Гутлын сойз** 고탈—잉 서에즈
- 구두약 **Гутлын тос** 고탈—잉 터쓰
- 구두끈 **Гутлын үдээс** 고탈—잉 우데—쓰
- 숄더 백 **Мөрөндөө үүрдэг цүнх** 므릉더— 우—르득 충흐
- 스키장화 **Цаныын гутал** 찬—잉 고탈
- 스니커즈 **Биеийн тамирын гутал** 비잉 타미르잉 고탈
- 밑창 **Гутлын ул** 고탈—잉 올
- 트렁크 **Чемодаон** 치머당
- 여행 가방 **Аялалын цүнх** 아일랄—잉 충흐

예쁜 기념품을 사고 싶습니다.
Аятайхан бэлэг дурсгалын зүйл авах гэсэн юм
아이태—항 벨렉 도르스갈—잉 쮤 아와흐 게승 욤.

이 지방 특징이 담긴 것을 사고 싶습니다.
Эндхийн онцлогийг агуулсан\ бэлгэдэл болсон\ бэлэг
дурсгалын зүйл авах гэсэн юм.
엔드히잉 엉칠럭—익 아고올상\ 벨렉들 벌성\ 벨렉 도르스갈—잉 쮤 아와흐 게승 욤.

얼마 정도를 예상하고 있나요?
Хэдэн төгрөгөнд багтаж байвал болох вэ?
헤뜽 투기륵근뜨 박타쯔 배—왈 벌러흐 웨?

너무 비싸지 않은 것으로요.
Нэг их үнэтэй зүйл хэрэггүй.
넥 이흐 운태— 쮤 헤륵뀌이.

이게 예쁩니다.
Энэ дажгүй \зүгээр\ юм.
엔 다쯔뀌이 \주게—르\ 욤.

감사합니다만, 적당한 것을 찾지 못했습니다.
Баярлалаа, гэхдээ тохирох зүйл олдсонгүй.
바이를라—, 게흐데— 터히러흐 쮤 얼드성뀌이.

- 호박 Хуван зүүлт 호왕 주울트
- 도자기 Шаазан эдлэл 샤—장 에들렐
- 크리스탈 Болор 벌러르
- 장식품 Хээ угалз, чимэглэл 헤— 오갈즈, 치멕글렐
- 자수 Уран хатгамал 오랑 하트가말
- 그젤 도자기 Алаг хээтэй шаазан эдлэл 알락 헤—태— 샤—장 에들렐
- 수공품 Гар урлал 가르 오를랄
- 라주리트 Номин 너밍
- 자개 Сувд 소브뜨
- 뮤직 박스 Эгшигт хайрцаг 엑쉭트 해—르챡

- 민속의상 Үндэсний хувцас 운데슨니— 호브차쓰
- 자기 Шаазан 샤—장
- 도예품 Шаазан урлал 샤—장 오릴랄
- 지방 특산품 Нутгийн гар урлал 노특기잉 가르 오릴랄
- 민속공예품점 Үндэсний гар урлалын дэлгүүр
    운데슨니— 가르 오릴랄—잉 델구—르
- 터키석 Оюу 어요—
- 목공예품 Сийлбэр 쓰일베르

귀금속 Үнэт эдлэл

손목시계를 보여 주세요.
Бугуйн цаг сонирхох гэсэн юм.
보꼬잉 착 서니르허흐 게승 욤.

귀걸이를 보여 주세요.
Ээмэг үзэх гэсэн юм.
에—믁 우제흐 게승 욤.

반지를 보여 주세요.
Бөгж үзэх гэсэн юм.
북쯔 우제흐 게승 욤.

목걸이를 보여 주세요.
Хүзүүний зүүлт үзэх гэсэн юм.
후쭈—니— 주울트 우제흐 게승 욤.

팔찌를 보여 주세요.
Бугуйвч үзэх гэсэн юм.
보꼬이브츠 우제흐 게승 욤.

- 팔찌 Бугуйвч 보꼬이브츠
- 브롯치 Энгэрийн зүүлт 엥게르잉 주울트
- 악세서리 Гоёл чимэглэл 거열 치믁글렐
- 다이아몬드 Алмаз | очир эрдэнэ 알마즈\ 어치르 에르덴
- 귀걸이 Ээмэг 에—멕
- 에머랄드 Маргад 마르가뜨

- 금 Алт 알트
- 도금된 Алтан шармал \алтадсан 알탕 샤르말\ 알트드상
- 귀금속 Үнэт эдлэл 우네트 에들렐
- 목걸이 Хүзүүний зүүлт 후쭈—니— 주울트
- 진주 Сувд 소브뜨
- 구슬 목걸이 Хүзүүний зүүлт 후쭈—니— 주울트
- 펜던트 Гоёлын зүүлт 거열—잉 주울트
- 반지 Бөгж 북쯔
- 은 Мөнгө 뭉그
- 은도금의 Мөнгөн эдлэл, мөнгөөр бүрсэн. 뭉긍 에들렐, 뭉거—르 부르셍
- 타이핀 Зангианы хавчаар 장기아—니— 하오차—르
- 여행용 알람시계 Аяны цаг 아이—니— 착
- 손목시계 Бугуйн цаг 보꾸잉 착
- 여성용 시계 Эмэгтэй цаг 에믁태— 착
- 남성용 시계 Эрэгтэй цаг 에륵태— 착
- 방수용 시계 Усны хамгаалалттай |нэвтэрдэггүй| цаг
  오슨니— 함가알랄트태—\ 네우테르득뀌이\ 착

델게르: "자르 서닝" 있습니까?
판매원: 있습니다.
델게르: 보여주세요. 얼마입니까?
판매원: 7벡투그릭입니다.
델게르: 주세요. 그런데 빨간 색 볼펜 있나요?
판매원: 있습니다.
델게르: 두 자루 주세요.
판매원: 여기 있습니다.
델게르: 얼마인가요?
판매원: 천투그릭입니다.

Дэлгэр: Танайд "Зар" сонин бий юу?

델게르: 타내―뜨 "자르" 서닝" 비― 요―?

Худалдагч: Байгаа.

호달닥츠: 배―가―

Дэлгэр: Үзье. Хэд вэ?

델게르: 우쯔이―. 헤드 웨?

Худалдагч: Долоон зуун төгрөг.

호달닥츠: 덜렁 조옹 투그릭그

Дэлгэр: Нэгийг авъя. Танайд улаан өнгийн бал
байгаа юу?

델게르: 네그―익 아위. 타내―뜨 올라앙 응그―잉 발 배―가― 요―?

Худалдагч: Байгаа.

호달닥츠: 배―가―

Дэлгэр: Хоёрыг авъя.

델게르: 허이르익 아위.

Худалдагч: За энэ байна.

호달닥츠: 자 엔 밴.

Дэлгэр: Хэдийг төлөх вэ?

델게르: 헤뜨익 틀르흐 웨?

Худалдагч: Мянган төгрөг.

호달닥츠: 미양강 투그릭.

Харилцан яриа 2
하를창 야르아 2

앙하: 저기요. 제가 선물을 해야 하는데요. 충고 좀 해주세요.

판매원: 선물이요? 누구에게요?

앙하: 제 여자친구에게요.

판매원: 다르항의 "액식렝" 종소리를 담은 CD와 사진 앨범을 사세요.
아주 재미있습니다.

앙하: 보여 주세요.

판매원: 여기요. 마음에 드실 겁니다.

앙하: 여자친구 것 하고 내 것도 사야겠어요.
여행 기념으로요! 그런데 다른 기념품들은 어디에서 살 수 있나요?

판매원: 다음 섹션에 있습니다.

Анхаа: Хүнд бэлэг сонгож авах гэсэн юм.
　　　 Та туслахгүй юу?
앙하ー: 훙뜨 벨렉 성거쯔 아와흐 게승 욤. 타 토슬라흐뀌이 요ー?

Худалдагч: Бэлэг гэсэн үү? Хэнд авч байгаа юм бэ?
호달닥츠: 벨렉 게승누ー? 헨뜨 아오츠 배ー가ー 욤 베?

Анхаа: Найз охиндоо.
앙하ー: 내ー쯔 어힝더ー .

Худалдагч: Дарханы цохилуур хөгжмийн "Эгшиглэн"
　　　 хамтлагийн CD-г авах уу? Их сайханшүү.
호달닥츠: 다르한니ー 처힐로ー르 흑짐ー잉 "엑쉬글렝" 함틀락ー잉 쓰
　　　 띠ー익 아와흐오ー. 이흐 새ー항 슈ー.

Анхаа: Үзэж болох уу?
앙하ー: 우제쯔 벌러흐 오ー?

Худалдагч: Үз л дээ. Танд таалагдана байх.
호달닥츠: 우쯜 데ー. 탄뜨 타알락단나 배ー흐.

Анхаа: Найз охиндоо бас өөртөө нэгийг авъя.
　　　 Аялалын маань дурсгал болог!
　　　 Өөр бэлэг дурсгалын зүйл хаанаас авч болох вэ?
앙하ー: 내ー쯔 어힝더ー 바쓰 으ー르터ー 네그ー익 아위. 아일랄ー잉
　　　 마아느 도리스갈 벌럭. 으ー르 벨렉 도리스갈ー잉 쮈 하ー느ー스
　　　 아오츠 벌러흐 웨?

Худалдагч: Дараагийн тасгаас.
호달닥츠: 다라ー기잉 타스가ー스.

강저릭: 실례합니다, 아가씨!
판매원: 네, 말씀하세요.
강저릭: 을.투데브이 책이 있습니까?
판매원: 무슨 책이 필요하신데요? 관심 있는 책이 뭔가요?
강저릭: 저는 "세상을 알아가는 이야기"와 "지붕없는 절/사찰/"이 필요합
　　　 니다.
판매원: 유감스럽게도, 지금 "지붕없는 절/사찰/"은 없습니다.
　　　 "세상을 알아가는 이야기"는 있습니다.
강저릭: 좋습니다. "세상을 알아가는 이야기"는 얼마인가요?

판매원: 오천투그릭입니다.
강저릭: 당신에게 지불해야 하나요?
판매원: 아뇨, 계산대에서 하세요.
강저릭: 어디 있나요?
판매원: 홀 저쪽에 있습니다.

Ганзориг: Уучлаарай.
강저릭: 오—츨라—래—.

Худалдагч: За, танд юугаар туслах вэ?
호달닥츠: 자, 탄뜨 요—가—르 토슬라흐 웨?

Ганзориг: Танайд Л. Түдэвийн номнууд бий юу?
강저릭: 타내—뜨 을.투데브잉 넘노—뜨 비— 요—?

Худалдагч: Ямар ном нь танд хэрэгтэй вэ?
호달닥츠: 야마르 넘 은 탄뜨 헤렉태— 웨?

Ганзориг: "Хорвоотой танилцсан түүх", "Оройгүй
         сүм" байгаа юу?
강저릭: "허르워—태— 타닐츠상 투—흐", "어러에뀌이 숨" 배—가— 요—.

Худалдагч: Манайд харамсалтай нь "Оройгүй сүм"
         одоогоор байхгүй байгаа. "Хорвоотой
         танилцсан түүх" нь байгаа.
호달닥츠: 마내—뜨 하람살태앤 "어러에뀌이 숨" 어더—거—르 배—흐뀌
         이 배—가—, "허르워—태— 타닐츠상 투—흐"은 배—가—.

Ганзориг: "Хорвоотой танилцсан түүх" нь хэд вэ?
강저릭: "허르워—태— 타닐츠상 투—흐"은 헤뜨 웨?

Худалдагч: Таван мянга.
호달닥츠: 타옹 미양가.

Ганзориг: Тооцоогоо энд хийх үү?
강저릭: 터—처—거— 엔뜨 히—후—?

Худалдагч: Үгүй ээ, кассан дээр.
호달닥츠: 우뀌이 에—, 카쌍 데—르.

Ганзориг: Касс чинь хаана байна вэ?
강저릭: 카쓰 친 하—느 밴 웨?

Худалдагч: Үүгээр яваад байгаа.Танхимын тэр хэсэгт/
         жигүүрт байгаа.
호달닥츠: 우—게—르 야와—뜨 배—가—. 탕힘—잉 테르 헤슉트 배—가—.

나라: 검은 구두를 보여 주세요.
판매원: 사이즈가 얼마입니까?
나라: 35입니다.
판매원: 여기 있습니다.
나라: 고맙습니다. 신어봐도 될까요?
판매원: 물론이지요.
나라: 마음에 드네요. 이 구두를 주세요.
얼마입니까?
판매원: 35000투그릭입니다.

Нараа: Хар гутал үзэж болох уу?
나라—: 하르 고탈 우제쯔 벌러흐 오—?

Худалдагч: Та хэдэн размер өмсдөг вэ?
호달닥츠: 타 헤뜽 라즈메르 음스득 웨?

Нараа: Гучин тав.
나라—: 고칭 타오.

Худалдагч: За энэ байна.
호달닥츠: 자 엔 벤.

Нараа: Баярлалаа. Өмсөж үзэж болох уу?
나라—: 버이를라—. 음스쯔 우제쯔 벌러흐 오—?

Худалдагч: Бололгүй яахав.
호달닥츠: 벌럴뀌이 야—하브.

Нараа: Надад таалагдаж байна.
         Энэ гутлыг авъя. Хэд вэ?
나라—: 나다뜨 타알락다쯔 밴. 엔 고틀—익 아위. 헤뜨 웨?

Худалдагч: Гучин таван мянга.
호달닥츠: 고칭 타옹 미양가.

허를러: 어디서 여성복을 살 수 있나요?
판매원: 여성복이요? 여성의류 코너로 가야지요.그 코너는 2층에 있습니다.

허를러: 고맙습니다.

(허를러는 여성의류 코너에 와 있다)

허를러: 이 원피스를 보여 주시겠어요?

판매원: 어떤 사이즈로요?

허를러: 미디엄으로 주세요.

판매원: 여기 있습니다.

허를러: 이 원피스가 마음에 듭니다. 이걸로 살게요.

Хорлоо: Эмэгтэй хувцас хаана байдаг вэ?

허를러ー: 에믁ー태ー 호브차스 하ーㄴ 배ー득 웨?

Худалдагч: Эмэгтэй хувцас уу?
   Эмэгтэй хувцасны тасагт байгаа. Хоёр давхарт.

호달닥츠: 에뜽태ー 홉차스 오? 에믁태ー 호브차스니ー 타삭트 배ー가ー.
   허이르 다오 하르트.

Хорлоо: Баярлалаа.
   (Хорлоо эмэгтэй хувцасны тасагт)

허를러ー: 바이를라ー.

\허를러 에믁태ー 호브차스니ー 타삭트

Хорлоо: Энэ даашинзыг үзүүлэхгүй юу?

허를러ー: 엔 다ー쉰쯔ー익 우쭈울레흐퀴이 요ー?

Худалдагч: Хэдэн размер вэ?

호달닥츠: 헤뜽 라즈메르 웨?

Хорлоо: Дунд зэргийн.

허를러ー: 동뜨 제릭ー잉.

Худалдагч: Үүнийг үз дээ.

호달닥츠: 우ーㄴ익 우쯔 데ー.

Хорлоо: Энэ даашинз надад таалагдаж байна. Үүнийг
   худалдаж авъя.

허를러ー: 엔 다ー쉰쯔 나다뜨 타알락다쯔 밴. 우ーㄴ익 호달다쯔 아위.

Харилцан яриа 7
하를창 야르아 7

어능: 구두를 사야 하는데 쇼핑할 시간이 없어.

헤를릉: 상점에 갈 필요 없어. 인터넷으로 물건을 살 수 있잖아.

어능: 들어보긴 했는데, 한 번도 그 서비스를 이용해 본 적이 없어.

헤를룽: 전자상거래는 이미 전 세계적으로 확산되어 있어. 전자상거래를
　　　하면 쇼핑에 들어가는 시간과 돈을 절약할 수 있어. 게다가 선택의
　　　폭이 넓단다.
어능: 어떻게 인터넷으로 물건을 구매하면 되니?
헤를룽: 아주 쉬워. 먼저 인터넷에 접속해. 그 다음에 인터넷 상점 사이트
　　　를 방문해서 상품목록을 보고 네가 원하는 물건을 주문하면 돼.
어능: 어떻게 지불하니?
헤를룽: 신용카드나 전자화폐로 지불하면 되지.

Онон: Гутал худалдаж авмаар байдаг. Зав болохгүй юм.
어넝: 고탈 호달다쯔 아오마—르 배—득. 자우 벌러흐뀌이 욤.

Хэрлэн: Дэлгүүр явах шаардлагагүй шүү дээ.
　　　　Интернэтээр худалдаж авч болно.
헤를링: 델구—르 야와흐 샤—르달락뀌이 슈— 데—. 인트르네테—르
　　　호달다쯔 아오츠 벌런.

Онон: Сонсож байсан л даа, гэхдээ би өөрөө
　　　интернэтээр худалдаж авч үзээгүй юм байна.
어넝: 선서쯔 배—상 을 다—, 게흐데— 비 으—러— 인트르네테—르 호달
　　　다쯔 아오츠 우제—뀌이 욤 밴.

Хэрлэн: Интернэт худалдан авалт дэлхий дахинд
　　　　дэлгэрээд байна. Цаг, мөнгө хэмнэнэ. Сонголт ч
　　　　ихтэй шүү.
헤를링: 인트르네트 호달랑 아왈트 델히 다힌뜨 델게레—뜨 밴. 챡, 뭉그
　　　헴느네. 성걸트 츠 이흐태— 슈—.

Онон: Яаж интернэтээр худалдан авалт хийх вэ?
어넝: 야—쯔 인트르네테—르 호달당 아왈트 히—흐 웨?

Хэрлэн: Их амархан. Эхлээд интернэтэд ор, интернэт-
　　　　дэлгүүрийнхээ хаягийг оруул
　　　　Тэгээд барааных нь жагсаалтыг харж байгаад
　　　　таалагдсан бараагаа захиал.
헤를링: 이흐 아마르항. 에흘레—뜨 인트르네테뜨 어르, 인트르네트
　　　델구—르잉헤— 하이그—익 어로올. 테게—뜨 바라—니—흔
　　　작사알트—익 하르쯔 배—가—뜨 타알락드상 바라—가— 자히알.

Онон: Төлбөрөө яаж хийх вэ?
어넝: 틀브러— 야—쯔 히—흐 웨?

Хэрлэн: Зээлийн картаар юмуу цахим мөнгөөр тооцоо
хийж болно.
헤를링: 제엘—잉 카르타—르 욤오— 차힘 뭉거—르 터—처— 히—쯔
벌런너.

계절과 날씨 Улирал ба цаг агаар ▶▷▶

요즘은 지구온난화 때문에 몽골의 겨울이 옛날처럼 매섭진 않지만 그래도 몽골의 흰 눈과 추운 겨울은 빼놓을 수 없는 몽골의 매력이다. 일상생활 중 가장 자주 등장하는 테마인 날씨와 계절에 관한 대화에 필요한 중요 표현을 소개한다.

계절

어느 계절을 가장 좋아하세요?
Танд жилийн ямар улирал хамгийн их таалагдаг вэ?
탄뜨 질—잉 야마르 올리랄 함그—잉 이흐 타알락뜨닥 웨?

저는 봄\여름\가을\겨울을 가장 좋아합니다.
Надад хавар\зун\ намар\ өвөл хамгийн их таалагддаг.
나다뜨 하와르\종\나마르\으월\ 함그—잉 이흐 타알락뜨닥.

어떤 계절을 좋아하십니까?
Та жилийн аль улиралд дуртай вэ?
타 질—잉 알르 올리랄뜨 도르태— 웨?

저는 봄\여름\가을\겨울을 좋아합니다.
Би хаварт\ зунд\намарт\өвөлд дуртай.
비 하와르트\종드\나마르트\으월뜨 도르태—.

봄\여름\가을\ 겨울이 왔습니다.
Зун \хавар \намар\ өвөл ирлээ.\ боллоо.
종\하와르\나마르\으월 이를레—\벌러—.

봄\여름\가을\ 겨울 날씨는 어떻습니까?
Хавар \зун \намар\ өвөл цаг агаар ямар байдаг вэ?
하와르\종/나마르\으월 착 아가—르 야마르 배—득 웨?

봄은 따뜻합니다.
Хавар дулаахан.
하와르 돌라—항.

여름은 덥습니다.
Зун халуун.
종 할로—옹.

가을은 서늘합니다.
Намар сэрүүн.
나마르 세루웅.

겨울은 춥습니다.
Өвөл хүйтэн.
으궐 휘텡.

봄에는 보통 따뜻합니다/ 따뜻했습니다 / 따뜻할 겁니다.
여름에는 보통 덥습니다/ 더웠습니다 / 더울 겁니다.
가을에는 보통 서늘합니다/ 서늘했습니다 / 서늘할 겁니다.
겨울에는 보통 춥습니다/ 추웠습니다 / 추울 겁니다.
Хавар ихэвчлэн \ дулаахан байсан|
Зун ихэвчлэн \халуун байсан|
Намар ихэвчлэн \сэрүүн байсан| \
Өвөл ихэвчлэн \хүйтэн байсан|
하와르 이헤우칠렝 \돌라—항 배—상\
종 이헤우칠렝 \할로옹 배—상\
나마르 이헤우칠렝 \세루웅 배—상\
으월 이헤우칠렝 \휘텡 배—상\ .

당신 나라에서는 언제 봄이 시작되나요?
Танай оронд хавар хэзээ \болдог\ эхэлдэг вэ?
타내— 어렁뜨 하와르 헤제— \벌득\ 에흘득 웨?

우리나라에서는 봄이 3월에 시작됩니다.
Манай оронд гурван сард хавар болдог.
마내— 어렁뜨 고롱 사르뜨 하와르 벌득.

올란바타르는 봄이 언제 시작되나요?
Улаанбаатарт хавар хэзээ болдог вэ?
올란바—타르트 하와르 헤제— 벌득 웨?

올란바타르는 봄이 4월에 시작됩니다.
Улаанбаатарт хавар дөрвөн сард \болдог\ эхэлдэг.
올란바—타르트 하와르 드르웅 사르뜨 \벌득\ 에흘득.

당신 나라는 여름이 언제 시작되나요?
Танай оронд зун хэзээ \болдог\ эхэлдэг вэ?
타내— 어렁뜨 종 헤제—\벌득\ 에흘득 웨?

우리나라는 여름이 6월에 시작됩니다.
Манай оронд зургаан сард зун \болдог\ эхэлдэг.
마내— 어렁뜨 조르가앙 사르뜨 \벌득\ 에흘득.

올란바타르는 언제 여름이 시작되나요?
Улаанбаатарт хэдэн сард зун \болдог\ эхэлдэг вэ?
올란바—타르트 헤뜽 사르뜨 종\벌득\ 에흘득 웨?

올란바타르는 여름이 7월에 시작됩니다.
Улаанбаатарт долоон сард зун \болдог\ эхэлдэг.
올란바—타르트 덜렁 사르뜨 종 \벌득\ 에흘득.

당신 나라의 여름은 어떻습니까?
Танай орны зун ямархуу байдаг вэ?
타내— 어른니— 종 야마르호— 배—득 웨?

우리나라 여름은 덥습니다.
Манай оронд зун халуун байдаг.
마내— 어렁뜨 종 할로옹 벌득.

우리나라 여름은 폭염입니다.
Манай оронд зундаа их халуун.
마내— 어렁뜨 존다— 이흐 할로옹.

우리나라 여름에는 보통 비가 많이 옵니다. 그런데 올해는 가뭄이었습니다.
Манайд зундаа их бороо ордог. Харин энэ жил хур багатай хуурай байлаа.
마내—뜨 존다— 이흐 버러— 어르득. 하링 엔 질 호르 바가태— 호—래— 배앨라—.

비가 많이 오나요?
Бороо их ордог уу?
버러— 이흐 어르득 오—?

올란바타르는 비가 자주 오지 않습니다.
Улаанбаатарт бороо бага ордог.
올란바—타르트 버러— 박그 어르득.

건조한 여름입니다.
Энэ зун хуурайдуу байлаа.
엔 종 호—래—도— 배앨라—.

여름에 비가 자주 오나요?
Зун бороо их ордог уу?
종 버러— 이흐 어르득 오—?

한국은 언제 장마철이 시작되나요?
Солонгост борооны улирал нь хэзээ эхэлдэг вэ?
설렁거스트 버러—니— 올리랄 은 헤제— 에흘득 웨?

한국은 장마철이 7월에 시작됩니다.
Солонгост борооны улирал долоон сард эхэлдэг.
설렁거스트 버러—니— 올리랄 덜렁 사르뜨 에흘득.

당신 나라의 여름 기온은 몇 도입니까?
Зундаа танай оронд дунджаар хэдэн хэмийн халуун байдаг вэ?
종다— 타내— 어렁뜨 돈뜨자—르 헤뜽 헴—잉 할로옹 배—득 웨?

여름을 어디에서, 어떻게 보내십니까?
Зуныг (хаана) юу хийж өнгөрүүлдэг вэ?
조느—익 (하—느) 요— 히—쯔 은거루울득 웨?

여름을 어떻게 보내십니까?
Та зуныг яаж өнгөрүүлдэг вэ?
타 존느익 야—쯔 은거루울득 웨?

저는 여름을 시골에서 보냅니다.
Би зуныг хөдөө өнгөрөөдөг.
비 존느익 흐더— 은그러—득.

저는 여름을 해외에서 보냅니다.
Би зундаа гадаад руу явдаг.
비 존다— 가다—쯔로— 야오득.

당신 나라에서 가을은 언제 시작되나요?
Танай оронд хэзээ намар \болдог\ эхэлдэг вэ?
타내— 어엉뜨 헤제— 나마르 \벌드그\ 에흘득 웨?

우리나라에선 가을이 9월에 시작됩니다.
Манай оронд есөн сард намар \болдог\ эхэлдэг.
마내— 어렁뜨 유승 사르뜨 나마르\ 벌득\ 에흘득.

9월에 날씨가 어떤가요?
Есөн сард цаг агаар ямар байдаг вэ?
유승 사르뜨 착 아가—르 야마르 배—득 웨?

당신 나라 겨울은 어떻습니까?
Танай оронд өвөл хэзээ эхэлдэг вэ?
타내— 어렁뜨 으월 헤제— 에흘득 웨?

겨울이 얼마나 계속되나요?
Танай орны өвөл хэр удаан үргэлжилдэг вэ?
타내— 어른니— 으월 헤르 오다앙 우르겔질득 웨?

우리나라 겨울은 오래, 넉 달 정도 됩니다.
Манай оронд өвөл удаан үргэлжилдэг, дөрвөн сар орчим.
마내— 어렁뜨 으월 오다—앙 우르겔질득, 드르웅 사르 어르침.

올란바타르의 겨울은 긴가요?
Улаанбаатарт өвөл удаан үргэлжилдэг үү?
올란바—타르트 으월 오다앙 우르겔질득 우—?

올란바타르의 겨울은 매우 깁니다. 다섯 달 정도 됩니다.
Улаанбаатарт өвөл маш удаан үргэлжилдэг, бараг таван
сарын турш.
올란바—타르트 으월 마쉬 오다앙 우르겔질득, 바락 타왕 사르잉 토르쉬.

당신 나라는 눈이 많이 오나요?
Танай оронд цас их ордог уу?
타내— 어렁뜨 차쓰 이흐 어르득 오—?

우리나라 겨울은 눈이 많이 안 옵니다.
Манай оронд өвөлдөө цас их ордоггүй.
마내— 어렁뜨 으월더— 차쓰 이흐 어르덕꿰이.

겨울을 어떻게 나시나요?
Та яаж/ хэрхэн өвөлждөг вэ?
타 야쯔\ 헤르헹 으뤌즈득 웨?

추위를 어떻게 이기시나요?
Өвлийг яаж давдаг вэ?
으월르익 야—쯔 다오득 웨?

운동을 합니다.
Спортоор хичээллэдэг. Дасгал хийдэг.
스퍼르터—르 히체엘레득. 다스갈 히—득.

겨울 휴가를 어떻게 보내시나요?
Өвлийн амралтаараа юу хийдэг вэ?\ Яаж өнгөрүүлдэг вэ?
으월—잉 아므랄타—라— 요— 히—득 웨? \야—쯔 응그러—득 웨?

스키를 탑니다.
Цанаар гулгадаг.
찬나—르 골가득.

날씨 Цаг агаар

날씨가 좋구나!
Сайхан өдөр байна!\ Цаг агаар сайхан байна.
새—항 으뜨르 밴.\ 챡 아가—르 새—항 밴.

날씨가 아주 좋구나!
Ямар сайхан өдөр вэ! \ Цаг агаар их сайхан байна.
야마르 새—항 으뜨르 웨. 착 아가—르 이흐 새—항 밴.

날씨가 나쁘구나!
Ямар муухай өдөр вэ!\ Цаг агаар тааруу \муу\ байна.
야마르 모—해— 으뜨르 웨.\ 착 아가—르 타—로—\모—\ 밴.

날씨가 아주 구질구질하구나!
Ямар гээч муухай өдөр вэ!\ Цаг агаар их муу байна.
야마르 게—치 모—해— 으뜨르 웨.\ 착 아가—르 이흐 모— 밴.

오늘 날씨가 어떻습니까?
Өнөөдөр цаг агаар ямар байна?
으너—뜨르 착 아가—르 야마르 밴?

오늘은 따뜻합니다.
Өнөөдөр дулаахан байна.
으너—뜨르 돌라—항 밴.

오늘은 덥습니다.
Өнөөдөр халуун байна.
으너—뜨르 할로옹 밴.

오늘은 무덥습니다.
Өнөөдөр бүгчим байна.
으너—뜨르 북침 밴.

오늘은 서늘합니다.
Өнөөдөр сэрүүхэн байна.
으너—뜨르 세루—헹 밴.

오늘은 춥습니다.
Өнөөдөр хүйтэн байна.
으너—뜨르 휘텡 밴.

오늘은 흐립니다.
Өнөөдөр бүрхэг байна.
으너—뜨르 부르헥 밴.

오늘은 습합니다.
Өнөөдөр чийгтэй байна.
으너—뜨르 치익태— 밴.

오늘은 바람이 많습니다.
Өнөөдөр салхитай байна.
으너—뜨르 살히태— 밴.

오늘은 맑습니다.
Өнөөдөр \нартай\ цэлмэг байна.
으너—뜨르 \나르태—\첼멕 밴.

오늘은 안개가 꼈습니다.
Өнөөдөр манантай байна.
으너—뜨르 마낭태— 밴.

내일은 날씨가 어떤가요?
Маргааш цаг агаар ямар байх вэ?
마르가—쉬 착 아가—르 야마르 배—흐 웨?

내일은 따뜻할 겁니다.
Маргааш дулаахан байна байх.
마르가—쉬 돌라—항 밴 배—흐.

내일은 더울 겁니다.
Маргааш хал　байх.
마르가—쉬 할란 배—흐.

내일은 무더울 겁니다.
Маргааш бүгчим байна.
마르가—쉬 북침 밴.

내일은 서늘할 겁니다.
Маргааш сэрүүхэн байна.
마르가—쉬 세루—헹 밴.

내일은 추울 겁니다.
Маргааш хүйтэн байна.
마르가—쉬 휘텡 밴.

내일은 흐릴 겁니다.
Маргааш бүрхэг байна.
마르가—쉬 부르헥 밴.

내일은 습할 겁니다.
Маргааш чийглэг.
마르가—쉬 치익글렉.

내일은 바람이 많이 불겁니다.
Маргааш салхитай байна.
마르가—쉬 살흐태— 밴.

내일은 맑을 겁니다.
Маргааш нартай \цэлмэг\ байна.
마르가—쉬 나르태—\ 첼멕그 밴.

내일은 안개가 낄 겁니다.
Маргааш манантай байна.
마르가—쉬 마난태— 밴.

어제는 비가 왔습니다.
Өчигдөр бороо орсон.
으칙뜨르 버러— 어르성.

어제는 눈이 왔습니다.
Өчигдөр цас орсон.
으칙뜨르 차쓰 어르성.

비가 옵니다.
Бороо орж байна.
버러— 어르쯔 밴.

눈이 옵니다.
Цас орж байна.
차쓰 어르쯔 밴.

비가 올 겁니다.
Бороо орно \байх\.
버러— 어른너.\배—흐\

눈이 올 겁니다.
Цас орно.
차쓰 어른너.

도로가 미끄럽습니다.
Зам халтиргаатай байна.
잠 할티르가―태― 밴.

스노우 체인이 필요합니다.
Цасны бэхлэлт хэрэгтэй. \ Машиныхаа дугуйг гинжээр ороох хэрэгтэй.
차쓴니― 베흘렐트 헤륵태―.\ 마쉬니―하― 도꼬이―익 긴제―르 어러―흐 헤륵태―.

어디에서 우산을 살 수 있나요?
Борооны шүхэр хаанаас худалдаж авч болох вэ?
버러―니― 슈헤르 하―느―쓰 호달다쯔 아오츠 벌러흐 웨?

우비를 어디에서 살 수 있나요?
Борооны цув хаанаас худалдаж авч болох вэ?
버러―니― 초바 하―느―스 호달다쯔 아오츠 벌러흐 웨?

내일 일기예보를 들으셨나요?
Маргаашийн цаг агаарын мэдээг сонссон уу?
마르가―쉬잉 착 아가―르잉 메데엑 성스성노―?

라디오에서 맑을 거라고 했습니다.
Радиогоор нартай \цэлмэг\ гэж зарласа н.
라디어거―르 나르태― \첼멕\ 게쯔 자를상.

낮 기온은 몇 도인가요?
Өдөртөө хэдэн хэм бэ?
으뜨르터― 헤뚱 헴 베?

오늘 기온은 몇 도인가요?
Өнөөдөр хэдэн хэм бэ?
으너―뜨르 헤뚱 헴 베?

오늘은 기온이 높습니다. 영상 28도입니다.
Өнөөдөр их халуун, нэмэх хорин найман хэм.
으너—뜨르 이흐 할로—옹, 네메흐 허링 내—망 헴.

오늘은 기온이 낮습니다. 영하 7도입니다.
Өнөөдөр сэрүүхэн, хасах долоон хэм байна.
으너—뜨르 세루—헹, 하사흐 덜렁 헴 밴.

영상 25도입니다.
Нэмэх хорин таван хэм.
네메흐 허링 타웅 헴.

영하 3도입니다.
Хасах гурван хэм.
하사흐 고롱 헴.

섭씨 영하 10도입니다.
Цельсийн хасах арван хэм.
첼스—잉 하사흐 아롱 헴.

화씨 54도입니다.
Фарангейтийн тавин дөрвөн хэм.
파랑게이트—잉 타윙 드르웅 헴.

오늘 비가 온다고 예보했습니다.
Өнөөдөр бороо орно гэсэн.
으너—뜨르 버러— 어른너 게승.

오늘 따뜻하다고 예보했습니다.
Цаг агаарын мэдээгээр өнөөдөр дулаахан гэсэн.
착 아가—르잉 메데—게—르 으너—뜨르 돌라—항 게승.

Харилцан яриа 1: Цаг агаарын мэдээ
하를창 야르아 1: 챡 아가―르잉 메데―

아리오나: 날씨가 이렇게 나쁠 수가!

델게르무릉: 그래, 천둥이 치면서 비가 오네.

아리오나: 너 내일 일기예보 들었니?

　　　　　내일 날씨가 어떻대?

델게르무릉: 라디오에서 내일은 맑대.

아리오나: 낮 기온은?

델게르무릉: 영상 25도래.

Ариунаа: Ямар муухай өдөр вэ!!Гадаа цаг агаар муухай
байна.

아리오나: 야마르 모―해― 으뜨르 웨! \가다― 챡 아가―르 야마르

　　　　　모―해― 배―나―.

Дэлгэрмөрөн: Харин тийм ээ, аянга цахилгаантай бороо
орж байна.

델게르무릉: 하링 티임 에―, 아양가 차힐가앙태― 버러― 어르쯔 밴.

Ариунаа: Чи маргаашийн цаг агаарын мэдээг сонссон
уу? Маргааш ямар байна гэнэ?

아리오나: 치 마르가―쉬잉 챡 아가―르잉 메데엑 선스성노―?

　　　　　마르가―쉬 야마르 밴 겐느?

Дэлгэрмөрөн: Радиогоор нартай \цэлмэг\ гэсэн.

델게르무릉: 라디어거―르 나르태―\첼멕\ 게승.

Ариунаа: Өдөртөө хэдэн хэм бэ?

아리오나: 으뜨르터― 헤뜽 헴 베?

Дэлгэрмөрөн: Нэмэх хорин таван хэм.

델게르무릉: 네메흐 허링 타옹 헴.

진아: 얼마나 추운 지 놀라울 뿐이야.

다와: 이 정도 추위에 놀라다니. 기상청에 따르면 이번 추위는 강가 유역의
　　　찬 공기 영향 때문이래. 내일은 더 추울 거야. 소위 말하는 혹한이
　　　왔어.

진아: 아이들은 학교에 가니?

다와: 아니. 아이들은 밖에 내보내지도 않아.
　　　그래서 집에서 심심해하지.

진아: 나는 겨울이 아주 싫어. 눈 오는 것은 아주 좋아하지만 말이야.

다와: 아주 유감인걸. 올 겨울에는 눈이 적게 내린다고 했는데.
　　　그래서 어른들이 걱정하시잖아.

진아: 왜?

다와: 눈이 내리지 않으면 겨울이 춥고 힘들다고 몽골에서는 말을 하거든.

진아: 우리 한국에서도 그렇게 말해.
　　　겨울에 눈이 안 내리면 가을에 흉년이 든다고.

Жин-А: Ямар хүйтэн байна аа?

진아: 야마르 휘텡 밴 나—?

**Даваа: Гайхах юмгүй шүү дээ. Гол нууруудын жавраар
хүйтэрнэ гэж цаг агаарын мэдээгээр хэлж байна
лээ. Маргаашнаас бүр ч хүйтэрнэ. Ёстой идэр
есийн хүйтэн.**

다와—: 개—하흐 욤뀌이 슈— 데—. 걸 노—로—드잉 자와라—르
　　　휘테른네 게쯔 챡
　　　아가—르잉 메데—게—르 헬쯔 밴 레—. 마르가—쉰나—스 부르 치
　　　휘테른네. 여스태— 이데르 유스잉 휘텡.

Жин-А: Хүүхдүүд хичээлдээ явсан уу?

진아: 후—흐두—뜨 히체엘데— 야오상노—?

**Даваа: Мэдээж хэрэг үгүй. Гадуур гарч болохгүй гээд
гэртээ л уйдаад сууж байгаа.**

다와: 메데—쯔 헤륵 우뀌이. 가도—르 가르츠 벌러흐뀌이 게—뜨
　　　게르테엘
　　　오이—다—드 소—쯔 배—가—.

Жин-А: Би өвлийн хүйтэнд нь үнэхээр дургүй ч харин
цас ороход дуртай шүү.

진야: 비 으월르잉 휘텐뜬 우네헤―르 도르꿔이 츠 하링 차쓰 어르허뜨
도르태― 슈―.

Даваа: Харамсалтай нь энэ жил цас бага байгаа. Үүнд
хөгшчүүл их санаа зовж байна.

다와: 하람살태― 은 엔 질 차쓰 박그 배―가―. 우운뜨 흑쉬추울 이흐
사나― 저오쯔 밴.

Жин-А: Яагаад?

진야: 야―가―뜨?

Даваа: Манай монголд цас багатай бол хэцүүхэн өвөл\
зуд болно гэж үздэг юм.

다와: 마내― 멍걸뜨 차쓰 바가태― 벌 헤추―헹 으월\ 조뜨 벌너 게즈
우즈덱 욤.

Жин-А: Манай солонгост ч бас тийм үг байдаг. Цас
багатай жил ургац багатай гэж.

진야: 마내― 설렁거스트 츠 바스 티임 우그 배―득,차쓰 바가태― 질
오르가츠 바가태― 게쯔.

Харилцан яриа 3: Намар боллоо.
하를창 야르아 3: 나마르 이를레―.

진야: 드디어 가을이 왔어.

다와: 너는 가을 좋아하니?

진야: 응, 아주 좋아해.
가을에는 하늘이 파랗고, 숲이 아주 아름답잖아.
너희 나라는 가을에 날씨가 어떠니?

다와: 우리나라는 가을에 보통 서늘하지.
그런데 가을에 태양이 작열하면서 날이 더우면 '알탕 나마르'라고
불러.

진야: '알탕 나마르'라고?! 알겠어. 한국에서는 '늦더위'라고 해.
아무튼 가을은 천고마비의 계절이야.

Жин-А: Ингэж нэг намар болдог байжээ.

진야: 잉게쯔 넥 나마르 이르득 배―제―.

Даваа: Чи намарт дуртай юу?

다와―: 치 나마르트 도르태 요―?

Жин-А: Тийм ээ, маш их дуртай.

Намрын тэнгэр цэлмэг, ой шугуй их сайхан
өнгөтэй байдаг.

Танай оронд намартаа цаг агаар ямархуу байдаг вэ?

진아: 티임 에—, 마쉬 이흐 도르태—. 나마르—잉 텡게르 첼멕, 어에
쇼꼬이 이흐 새—항 은그테— 배—득.

타내 어렁뜨 나마르타— 챡 아가—르 야마르호— 배—득 웨?

Даваа: Намар ихэвчлэн сэрүүхэн байдаг.

Нартай дулаахан намар болбол харин алтан намар
гэдэг дээ.

다와—: 나마르 이헤우칠렝 세루—헹 배—득. 나르태— 돌라—항 나마르
벌벌 하링 알탕 나마르 게득 데—.

Жин-А: Алтан намар аа? Ойлголоо.

Солонгост харин "Ныдтови" гэдэг. Ер нь намар
хамгийн сайхан улирал.

지나: 알탕 나마르 아—?! 어엘—글러—. 설렁거스트 하링 "늦더위" 게득.
이른 나마르 함그—잉 새—항 올리랄.

○ 이발& 미용 Үсчинд ▶▷▶

몽골에서 머리 할 때 한 순간 말을 잘못 알아듣거나, 자신의 의사를
잘못 전달하면 몇 달을 머리 땜에 마음 고생하게 된다. 미장원과 이
발소에서 나눌 수 있는 모든 대화를 소개한다.

LINNER

미장원에서 Үсчин, гоо 

어디에 잘하는 미장원이 있습니까?
Гоо сайхны дажгүй салон\ Гайгүй сайн үсчин
хаана байдаг вэ?
거— 새—한니— 다즈꿔이 살렁 \ 개—꿔이 새앵 우스칭 하—느 배—득 웨?

무엇을 하시겠습니까?
Та юу хийлгэх вэ?\ Танд юугаар туслах вэ?
타 요— 히—일게흐 웨?\ 탄뜨 요—가—르 토슬라흐 웨?

염색을 하시겠습니까?
Та үсээ будуулах уу?
타 우세— 보도올라흐 오—?

다듬기만 하실 건가요?
Зүгээр л тэгшлэх үү?
주게—를 텍쉴레흐 우—?

드라이해도 될까요?
Үсээ хатаалгах уу?
우세— 하타알가흐 오—?

이제 거울을 보십시오.
Одоо толинд харна уу.
어더— 털린뜨 하르노—.

내일 예약할 수 있나요?
Маргааш цаг авч болох уу?
마르가―쉬 챡 아오츠 벌러흐 오―?

머리를 감긴 다음 잘라 주세요.
Үсээ угаалгаад, засуулах гэсэн юм.
우세― 오가알가―뜨 자소―올라흐 게승 욤.

세트를 말아 주세요.
Үсийг ороогоод өгөөч.
우스익 어러―거―뜨 으거―츠.

최신 유행하는 머리로 해 주세요.
Сүүлийн үеийн загвараар засуулъя.
수울르잉 우이잉 자그와라―르 자소울리―.

매니큐어를 해주세요.
Хумсаа будуулъя.
홈사― 보도올리―.

얼굴 마사지를 해주세요.
Нүүрний массаж хийлгээ.
누―르니― 마싸쯔 히―일기―.

드라이 해주세요.
Үсээ хатаалгая.
우세― 하타알기―.

염색해주세요.
Үсээ будуулъя.
우세― 보도올리―.

파마 해주세요.
Үсэндээ буржгар хими хийлгээ.
우센데― 보리즈가르 히―므 히―일기―.

염색을 해야 합니다.
Үсээ будуулах гэсэн юм.
우세― 보도올라흐 게승 욤.

웨이브 넣어서 해주세요.
Долгионтой болгож өгөөч. \ Буржгардуу болгуулъ я.
덜기언태— 벌거쯔 으거—츠.\ 보리즈가르도— 벌고올리—.

스프레이는 약간 만요.
Бага зэрэг лакдуулъя.
박가 제렉 라크도올리—.

충분합니다.
Одоо болно.
어더— 벌런.

이발소에서

어디에 좋은 이발소가 있습니까?
Сайн\ дажгүй үсчин хаана байдаг вэ?
새앵 \다즈뀌이 우쓰칭 하—느 배—득 웨?

얼마나 기다려야 하나요?
Удаан хүлээх үү? Хэр удаан хүлээх хэрэгтэй вэ?
오다앙 훌레흐 우—? 헤르 오다앙 훌레—흐 헤륵태— 웨?

다음 차례입니다.
Та дараагийнх нь.
타 다라—기잉흔.

이발해 주십시오.
Үсээ засуулъя.
우세— 자소올리.

면도해 주십시오.
Сахлаа хусуулъя.
사할라— 호소올리.

이발하고 싶습니다.
Үсээ засуулмаар байна.
우세— 자소올마—르 밴.

면도하고 싶습니다.
Сахлаа хусуулмаар байна.
사흘라— 호소올마—르 밴.

어떻게 이발해 드릴까요?
Үсээ яаж засуулах вэ?
우세— 야—쯔 자소올라흐 웨?

뒤에는 짧게, 앞에는 길게 해주세요.
Ар тал нь богино, урд тал нь урт.
아르 탈른 버긴너, 오르뜨 탈른 오르트.

위쪽을 약간 잘라 주세요.
Дээрээс нь бага зэрэг аваад өгөөч.
데—레—슨 박그 제렉 아와—뜨 으거—츠.

너무 짧지 않게 해주세요.
Битгий нэг их богиносгоорой.
비트기— 넥 이흐 버긴너스거—래—.

머리 감겨 드릴까요?
Үсээ угаалгах уу?
우세— 오가알가흐 오—?

아뇨, 됐습니다.
Үгүй ээ, зүгээр, хэрэггүй.
우뀌이 에—, 주게—르, 헤렉뀌이.

옆머리를 약간 더 짧게 해주세요.
Хажуу талыг нь арай жаахан богиносгочих.
하조— 탈르—익근 아래— 자—항 버긴너스거치흐.

갈음마를 똑바로 타십니까?
Та үсээ тэгш хагалж самнадаг уу?
타 우세— 텍쉬 하갈쯔 삼나득 오—?

아뇨, 난 왼쪽 갈음마입니다.
Үгүй ээ, би үсээ зүүн тийш нь налуулдаг.
우뀌이 에—, 비 우세— 주웅 티—쉰 날로올득.

수염을 다듬어 주세요.
Сахлаа янзлуулъя\ тэгшлүүлье.
사흘라― 얀즐로올리―.\텍쉴루울리.

면도칼로요? 전기 면도기로만요?
Хусах уу? Ул тавьж явуулах уу?
호사흐 오―? 올 타우쯔 야보올라흐 오―?

Харилцан яриа 1
하를창 야르아 1

잉혜: 여보세요. 미장원이죠?
미장원: 네, 말씀하세요.
잉혜: 머리 하려면 많이 기다려야 하나요?
미장원: 우리 미장원은 기다릴 필요가 없습니다. 커트, 머리 손질, 염색,
　　　　파마 등 모든 헤어 업무가 예약제입니다.
잉혜: 오늘 머리 예약할 수 있나요? 5시쯤 아무 미용사나 괜찮아요.
미장원: 잠깐만 기다리세요. 5시에 어느 미용사가 시간이 비는 지 살펴볼
　　　　게요. 그러니까, 네, 찾았습니다. 당신 이름이 뭣입니까?
잉혜: 잉혜입니다.
미장원: 손님 담당 미용사는 철멍입니다. 3번 의자입니다. 예약 시간 10분
　　　　전에 오세요.
잉혜: 대단히 감사합니다.

Энхээ: Байна уу, үсчний газар уу?
잉혜―: 밴노―, 우쓰친니― 가쯔르 오―?
Үсчин: Тийм ээ, танд юугаар туслах вэ?
우쓰칭: 티임 에―, 탄뜨 요―가―르 토슬라흐 웨?
Энхээ: Танайх хүн ихтэй байна уу?
잉혜―: 타내―흐 훙 이흐테― 밴노―?

Үсчин: Манай үсчинд хүмүүс ирж очерлодоггүй юм.
Үс тайрах, засах, будах, хими хийх гээд бүхий л
үйлчилгээндээ утсаар захиалга авдаг.

우쓰칭: 마내― 우쓰칭뜨 훙 이르쯔 어에치럴득뀌이 욤. 우쓰 태―라흐,
자사흐, 보다흐, 히1 히―흐 게―뜨 부흘 우일츨게엔데― 오트사―
르 자히알락 아오득.

Энхээ: Өнөөдөр үсээ засуулах цаг авч болох уу? Таван
цагаас дурын үсчнээр засуулбал болох уу?

잉헤―: 으너―뜨르 우세― 자소올라흐 착 아오츠 벌러흐 오―?
타옹 챠가―스 도르잉 우쓰친네―르 자소올발?

Үсчин: Түр хүлээгээрэй. Таван цагаас завтай үсчин
хэн байна, одоохон хараад орхиё. Олчихлоо. Таны
нэр хэн бэ?

우쓰칭: 투르 훌레―게―레―. 타옹 챠가―쓰 자우태― 우쓰칭 헹 밴,
어더―헝 하라―뜨 어르히―. 얼치흘러―. 타니― 네르 헹 베?

Энхээ: Энхээ.

잉헤―: 잉헤―

Үсчин: Та гурав дугаарын үсчин – Цолмонгоор үсээ
засуулаарай. Захиалсан цагаасаа арван минутын
өмнө ирээрэй.

우쓰칭: 타 고로우 또가―르잉 우쓰칭 철멍거―르 우세― 자소올라―래―.
자히알상 챠가―사― 아롱 미노트잉 음믄 이레―래―.

Энхээ: Маш их баярлалаа.

잉헤―: 마쉬 이흐 바이를라―.

Харилцан яриа 2
하를창 야르아 2

미용사: 손님 차례입니다. 이쪽으로 오세요.
겉옷을 벗으세요. 그게 더 편할 겁니다.
뭐 하시려는지 말씀하시지요.
절러: 머리를 자르고 파마하고 싶어요.
미용사: 어떻게 커트할까요?
절러: 뒷머리를 약간 잘라 주세요.
미용사: 윗머리도 자를까요?
절러: 됐어요, 윗머리는 짧으니까 놔두세요.
미용사: 자, 다 됐습니다. 커트가 마음에 드시나요?

절러: 네, 마음에 듭니다.

Үсчин: Одоо таны ээлж. Наашаа ороод ирээрэй..
Гадуур хувцсаа тайлсан нь дээр. Та юу хийлгэх вэ?
우쓰칭: 어더— 타니— 에엘쯔. 나—샤— 어러—뜨 이레—래—. 가—도—
르 호브차사— 태앨상 은 데—르. 타 요— 히—일게흐 웨?

Золоо: Үсээ тайруулаад, хими хийлгэе.
절러—: 우세— 태—로올라—뜨, 히므 히—일기—.

Үсчин: Хаанаас нь тайрах вэ?
우쓰칭: 하—느—슨 태—라흐 웨?

Золоо: Араас нь бага зэрэг тайруулъя.
절러—: 아라—슨 박가 제렉 태— 올리—.

Үсчин: Дээрээс нь богиносгох уу?
우쓰칭: 데—레슨 버긴너스거흐 오—?

Золоо: Үгүй ээ, дээрээс нь богино болгох хэрэггүй ээ.
Үсчин: За ингээд боллоо.
Танд таалагдаж |санаанд нийцэж | байна уу?
절러—: 우뀌이 에—. 데—레—슨 버긴너 벌거흐 헤륵뀌이 에—.
우쓰칭: 자 잉게—뜨 벌러—. 탄뜨 \사나안뜨 니—체쯔\ 타알락뚜쯔
밴 노—.

Золоо: Тийм ээ, таалагдаж байна.
절러—: 티임 에—. 타알락드쯔 밴.

○ 예술&취미생활 ▶▷▶

몽골의 음악, 미술, 관광을 사랑하든 사람들의 대화에 필요한 표현을 소개한다. 또한 취미생활과 여가활동과 관련된 회화표현도 제시한다.

취미& 관심사 Санал 

어떤 취미 활동이 가장 인기 있습니까?
Чөлөөт цагаараа юу хийх хамгийн дуртай вэ? \ Таны сонирхол юу вэ?
츨러—트 챡가—라— 요 — 히흐 — 함그—잉 도르태 웨? \타니— 서니르헐 요— 웨?

음악입니다.
Хөгжим.
흑찜.

스포츠입니다.
Спорт.
스퍼르트.

독서입니다.
Ном унших.
넘 온쉬흐.

여가시간에 무엇을 합니까?
Чөлөөт цагаараа юу хийдэг вэ?
츨러—트 챠가—라— 요— 히—득 웨?

컴퓨터 게임을 좋아하세요?
Компьютер тоглох дуртай юу?
컴표트르 턱글러흐 도르태— 요—?

요리하는 것을 좋아하세요?
Хоол хийх дуртай юу?
허얼 히—흐 도르태— 요—?

도미노를 좋아하세요?
Даалуу өрөх дуртай юу?
다알로— 으르흐 도르태— 요—?

그림 그리는 것을 좋아하세요?
Зураг зурах дуртай юу?
조락 조라흐 도르태— 요—?

영화를 좋아하세요?
Кино үзэх дуртай юу?
키너 우제흐 도르태— 요—?

정원 가꾸기를 좋아하세요?
Цэцэг тарих дуртай юу?\ Цэцэрлэгээ арчлах дуртай юу?
체첵 타리흐 도르태— 요—?\체체를렉게— 아리칠라흐 도르태— 요—?

도보 여행을 좋아하세요?
Явган аялах дуртай юу?
야오강 아일라흐 도르태— 요—?

음악을 좋아하세요?
Хөгжимд дуртай юу?
흑찜뜨 도르태— 요—?

당신은 미술을 좋아하십니까?
Уран зурагт дуртай юу?
오랑 조락—트 도르태— 요—?

사진 찍기를 좋아하세요?
Зураг авах дуртай юу?
조락 아와흐 도르태— 요—?

독서를 좋아하세요?
Ном унших дуртай юу?
넘 온쉬흐 도르태— 요—?

쇼핑을 좋아하세요?
Дэлгүүр хэсэх дуртай юу?
델구—르 헤세흐 도르태— 요—?

친구 만나는 것을 좋아하세요?
Найз нөхөдтэйгээ уулзах дуртай юу?
내—즈 느흐드태—게— 오올자흐 도르태— 요—?

스포츠를 좋아하세요?
Спортод дуртай юу?
시퍼르터뜨 도르태— 요—?

인터넷을 좋아하세요?
Интернэтэд дуртай юу?
인트르네트뜨 도르태— 요—?

여행을 좋아하세요?
Аялах дуртай юу?
아일라흐 도르태— 요—?

TV시청을 좋아하세요?
Зурагт үзэх дуртай юу?
조락—트 우제흐 도르태— 요—?

발레를 좋아하세요?
Балетад дуртай юу?
발레타뜨 도르태— 요—?

목욕을 좋아하세요?
Усанд орох дуртай юу?
오상뜨 어러흐 도르태— 요—?

체스를 좋아하세요?
Шатар тоглох дуртай юу?
샤타르 턱글러흐 도르태— 요?

스케이트 타기를 좋아하세요?
Тэшүүрээр гулгах дуртай юу?
테슈—레—르 골가흐 도르태— 요—?

버섯 따기를 좋아하세요?
Мөөг түүх дуртай юу?
무윽그 투―흐 도르태― 요―?

카드놀이를 좋아하세요?
Хөзөр тоглох дуртай юу?
흐즈르 턱글러흐 도르태― 요―?

사우나를 좋아하세요?
Саунд\ ууранд орох дуртай юу?
싸온뜨\ 오―란뜨 어러흐 도르태― 요―?

연극을 좋아하세요?
Жүжиг үзэх дуртай юу?
주직 우제흐 도르태― 요―?

음악 Хөгжим

음악회에 다니십니까?
Хөгжмийн тоглолт үздэг үү?
흐쯔미잉 턱글럴트 우즈득 우―?

음악 감상을 하시나요?
Хөгжим сонсдог уу?
흐쯤 선스득 오―?

어떤 악기를 연주하세요?
Ямар хөгжмийн зэмсэг тоглодог вэ?
타 야마르 흐쯔미잉 젬섹 턱글러득 웨?

노래 부르세요?
Дуу дуулдаг уу?
도― 도올득 오―?

오페라 구경 가고 싶습니다.
Дуурь үзмээр байна.
도―르 우즈메―르 밴.

음악회에 가고 싶습니다
Хөгжмийн тоглолт үзмээр байна.
흑쯔미잉 턱글럴트 우즈메—르 밴.

오페라 표가 있습니까?
Дуурийн тоглолтын тасалбар бий юу?
도—리잉 턱글럴트—잉 타살바르 비— 요—?

음악회 표가 있습니까?
Хөгжмийн тоглолтын тасалбар бий юу?
흑쯔미잉 턱글럴트—잉 타살바르 비— 요—?

어떤 음악을 좋아하십니까?
Ямар хөгжимд дуртай вэ?
야마르 흑짐뜨 도르태— 웨?

어떤 그룹을 좋아하십니까?
Ямар хамтлаг таалагддаг вэ?
야마르 함틀락 타알락뜨닥 웨?

어떤 가수를 좋아하십니까?
Ямар дуучин таалагддаг вэ?
야마르 도—칭 타알락뜨닥 웨?

어떤 음악가를 좋아하십니까?
Ямар хөгжимчин таалагддаг вэ?
야마르 흑쯤칭 타알락뜨닥 웨?

저는 클래식 음악을 좋아합니다.
Би сонгодог хөгжимд дуртай.
비 성거덕 흑찜뜨 도르태—.

저는 전자음악을 좋아합니다.
Би электро хөгжимд дуртай.
비 엘릭트러 흑쯤뜨 도르태—.

저는 전통음악을 좋아합니다.
Би ардын хөгжимд дуртай.
비 아르드잉 흑쯤뜨 도르태—.

저는 민속음악을 좋아합니다.
Би ардын дуу хөгжимд дуртай.
비 아르드잉 도— 흑쯤뜨 도르태—.

저는 민요를 좋아합니다.
Би ардын дуунд дуртай.
비 아르드잉 도온뜨 도르태—.

저는 재즈를 좋아합니다.
Би жаззад\ дагшаа хөгжимд дуртай.
비 자짜뜨\ 닥그샤— 흑쯤뜨 도르태.

저는 팝을 좋아합니다.
Би поп дуунд дуртай.
비 퍼프 도온뜨 도르태—.

저는 락을 좋아합니다.
Би рок дуунд дуртай.
비 러크 도온뜨 도르태—.

저는 월드뮤직을 좋아합니다.
Би олон улсын хөгжимд дуртай.
비 얼렁 올스잉 흑쯤뜨 도르태—.

- 블루스 Блюз\ уянгын дуу 블료즈\ 오양그잉 도—
- 합창 Найрал дуу 내—랄 도—
- 고전음악 Сонгодог хөгжим 성거덕 흑쯤
- 작곡가 Хөгжмийн зохиолч 흑쯔미잉 저히얼츠
- 음악회 Хөгжмийн тоглолт 흑쯔미잉 턱글럴트
- 교회음악 컨서트 Сүмийн хөгжмийн тоглолт 수미잉 흑쯔미잉 턱글럴트
- 심포니 콘서트 Симфони найрал хөгжмийн тоглолт
  심퍼니 내—랄 흑쯔미잉 턱글럴트
- 지휘자 Удирдаач 오디르다—츠
- 포크 Ардын аман зохиол 아르드잉 암망 저히얼
- 민중음악 Ардын хөгжим 아르드잉 흑쯤
- 재즈 Дагшаа хөгжим\ Жазз 닥샤— 흑쯤\ 자쯔
- 오케스트라 Найрал хөгжим 내—랄 흑쯤
- 팝 Поп 퍼프

- 록 Рок 러크
- 랩 Рэп 레프
- 레게 Регги 렉기
- 가수 Дуучин 도—칭
- 솔리스트 Гоцлол 거칠럴
- 테크노 Техно 테흔너

몇 시에 화랑 문을 엽니까?
Уран зургийн үзэсгэлэн хэдэн цагт онгойдог вэ?
오랑 조락—잉 우제스겔렝 헤뜽 챡트 엉거이덕 웨?

몇 시에 박물관은 개관합니까? (박물관 개관 시간이 몇 시입니까?)
Музей хэдэн цагт онгойдог вэ?
모제 헤뜽 챡트 엉거이덕 웨?

소장품에 뭐가 있습니까?
Цуглуулгад ямар ямар зураг байдаг вэ?
촉글로올락그드 야마르 야마르 조락 배—득 웨?

촐롱바타르 전시회입니다.
Энэ бол Чулуунбаатарын үзэсгэлэн.
엔 벌 촐로옹바—타르잉 우제쓰겔렝.

이 전시회에 대해 어떻게 생각하십니까?
Энэ үзэсгэлэнгийн талаар юу гэж бодож байна?
엔 우제쓰겔렝기잉 탈라—르 요— 게쯔 버더쯔 밴?

성상화에 대해 어떻게 생각하십니까?
Хөрөг зургийн талаар ямар сэтгэгдэлтэй байна вэ?
흐럭 조르기잉 탈라르 야마르 세트걱들태— 밴 웨?

저는 몽골 화가 그림에 관심이 있습니다.
Би Монголын уран зураачдын зургуудыг сонирхдог.
비 멍걸—잉 오랑 조라—치드잉 조르고—딕 서니르흐덕.

저는 컴퓨터 미술에 관심이 있습니다.
Би дижитал уран зураг сонирхдог.
비 디지탈 오랑 조락 서니르흐덕.

저는 디자인에 관심이 있습니다.
Би хувцас загвар сонирхдог.
비 호브차쓰 작와르 서니르흐덕.

저는 샤라브 작품을 좋아합니다.
Би Шаравын бүтээлүүдэд дуртай.
비 샤라오잉 부테엘루—데뜨 도르태—.

저는 교회미술을 좋아합니다.
Би сүмийн уран бүтээлийг сонирхдог.
비 수미잉 오랑 부테엘르익 서니르흐덕.

이 그림은 몽골 자연을 연상시킵니다.
Энэ зураг надад монголын байгалийг санагдуулдаг.
엔 조락 나다뜨 멍걸—잉 배—갈—익 사낙도올득.

- 건축 Барилга 바릴락그
- 작품 Уран бүтээл 오랑 부테엘
- 조각 Уран баримал 오랑 바리말
- 디자인 Дизайн \ хувцас загвар 디자잉\ 호브차쓰 작와르
- 에칭 Сийлбэр 시일베르
- 전시회 Үзэсгэлэн 우제스겔렝
- 화가 Зураач 조라—츠
- 그림 Зураг 조락
- 회화 Уран зураг 오랑 조락
- 조각가 уран баримпалчин 오랑 바리말칭
- 조각 Уран баримал 오랑 바리말
- 조각상 Уран баримал, хөшөө 오랑 바리말. 흐슈—
- 스튜디오 Студи\ Урлан 스토디\ 오를랑
- 스타일 Стиль \хэв маяг 스틸르 \헤우 마약그
- 테크닉 Арга барил 아락 바를
- 목공예 Модон сийлбэр\ модон урлаг 머덩 쓰일베르 \머덩 오를랄
- 그래픽 미술 Дүрслэх урлаг 두르슬레흐 오를락
- 컴퓨터 미술 Дижитал урлаг 디지탈 오를락

- 종교 예술 **Сүмийн урлаг** 수미잉 오를락
- 르네상스 시대 예술 **Сэргэн мандалтын үеийн урлаг**
  세르겡 만달티잉 우이잉 오를락
- 성상 **Бурхны хөрөг урлал** 보르한니 흐륵 오를랄
- 성상화가 **Бурхны хөрөг зураач** 보르한니— 흐륵그 조라—츠
- 성상화술 **Бурхны хөрөг зурах арга барил**
  보르한니—흐륵 조라흐 아락 바릴

믹마르: 미안해. 내가 좀 늦었어.

진아: 괜찮아. 미술관 건물 감상 중이었어.

믹마르: 마음에 드니?이 건물은 1951년대에 독일 건축가 게르하르드 커젤
의 설계로 건축된 거야. 당시 최고위원회 위원장 제.삼보에 의해 설
립되었어. 여기 전시된 사진들은 대부분 국가 문화 유산 위원회에 보
관되었던 그림들이다.

진아: 그림은 몇 점이나 전시되었니?

믹마르: 약 50점 정도로 시작했지. 현재 이 미술관은 100 점 이상의 그림
을 소장하고 있어. 자, 여기 미술관 안내 책자야. 여기에 제.삼보의
초상화도 있어.

진아: 고마워, 믹마르.

Мягмар: Уучлаарай, би жаахан хоцорчихлоо.

믹마르: 오—츨라—래, 비 자항 허처르치흘러—.

**Жин-А: Зүгээр дээ. Галерейн барилгыг сонирхож
байлаа.**

진아: 쭈게르 데, 갈레레잉 바릴그익 서니르허즈 배앨라.

**Мягмар: Чамд таалагдаж байна уу? Барилга нь Соёлын
Төв Өргөөний зүүн жигүүрт байрладаг. 1951 онд
Ардын Их Хурлын Дарга Ж.Самбуу гуайн**

санаачлагаар Германы уран барилгач Герхард
Козелийн зургаар баригдсан. Зургууд нь ихэвчлэн
улсын сан хөмрөгт хадгалагдаж байсан.

믹마르: 참드 타알락다즈 배—노? 바릴간 서열링 트브 우르거니 주웅 지구
르트 배—를득. 먕가 이승 조옹 타윙 네겡 언드 아르드잉 이흐 호를
잉 다르가 제.삼보 과잉 사나—츨가르 게르마니 오랑 바릴가츠 게르
하르드 커젤 잉 조르가르 바릭드상. 조르고든 이헵칠렝 올수잉 상 흠
룩트 하드갈락다즈 배—상.

Жин-А: Хэдэн зураг байдаг вэ?
진아: 헤등 조락 배—득 웨?

**Мягмар: Тавь гаруй зурагтай эхэлж байсан. Одоо зуу
гаруй бүтээл бий. Энэ галерейн танилцуулга байна.
Энд Ж.Самбуу гуайн хөрөг зураг бас бий.**
믹마르: 타위 가로이 조락태— 이헬즈 배—상. 어더— 조오 가로이 부테엘
비—. 엔 갈레렝잉 타닐초올가 밴. 엔드 제.삼보 과잉 흐륵/조락 바스
비—.

Жин-А: Баярлалаа, Мягмар аа.
진아: 바이를라, 믹마르 아.

발레 구경을 가고 싶습니다.
Балет үзмээр байна.
발레트 우즈메—르 밴.

영화 구경을 가고 싶습니다.
Кино үзмээр байна.
키너 우즈메—르 밴.

오페라 구경을 가고 싶습니다.
Дуурь үзмээр байна.
도—르 우즈메—르 밴.

음악회를 가고 싶습니다.
Тоглолт үзмээр байна.
턱글럴트 우즈메—르 밴.

연극 구경을 가고 싶습니다.
Жүжиг үзмээр байна.
주직 우즈메—르 밴.

만화영화를 보러가라고 권합니다.
Хүүхэлдэйн кино үзэхийг санал болгож байна.
후—헬데엥 키너 우제흐익 사날 벌거쯔 밴.

뮤지컬 영화 보러가자.
Мьюзикл үзэхээр явцгаая.
뮤지클 우즈헤—르 야오츠가—이.

영화 자주 보러 갑니까?
Байнга кино үзэхээр явдаг уу?
배앵가 키너 우즈헤—르 야오득 오—?

네, 자주요. 일주일에 한 번 갑니다.
Тийм ээ, долоо хоногт нэг удаа явдаг.
티임 에—.덜러— 헌넉트 넥 오다— 야오득.

아뇨, 아주 드물게 갑니다.
Үгүй ээ, нэг их кино үздэггүй.
우뀌이 에—. 넥 이흐 키너 우즈득뀌이.

당신은 조조, 낮, 저녁 상영 편 중 주로 어떤 것을 보시나요?
Та хэзээний кинонд нь явдаг вэ: өглөө юү, өдөр үү, орой юү?
타 헤제—니— 키넌뜬 야오득 웨: 으글러— 유—, 으뜨르 우—, 어러에 요—?

저는 주로 조조 영화를 봅니다.
Би ихэвчлэн өглөөний кино үздэг.
비 이헤우칠렝 으글러—니— 키너 우즈득.

저는 주로 낮 상영 편을 봅니다.
Би ихэвчлэн өдөр кино үздэг.
비 이헤우칠렝 으뜨르 키너 우즈득.

저는 주로 저녁 상영 편을 봅니다.
Би ихэвчлэн орой кино үздэг.
비 이헤우칠렝 어러에 키너 우즈득.

어디에서 표를 구할 수 있나요?
Тасалбар хаанаас авах вэ?
타살바르 하—느—스 아와흐 웨?

"오랑하스"발레 표를 구할 수 있나요?
"Уран хас" балетын тасалбар хаанаас авах вэ?
"오랑 하쓰" 발레티잉 타살바르 하—느—스 아와흐 웨?

문화회관 극장 표를 어디에서 구하나요?
СТӨ-ний тоглолтын тасалбар хаанаас авах вэ?
서열르잉 트우 으르거—니— 턱글럴티잉 타살바르 하—느—스 아와흐 웨?

발레 표가 있나요?
Балетын тасалбар байгаа юу?
발레티잉 타살바르 배—가— 요—?

영화표가 있나요?
Киноны тасалбар байгаа юу?
키넌니— 타살바르 배—가 요—?

오페라 표가 있나요?
Дуурийн тасалбар байгаа юу?
도—리잉 타살바르 배—가— 요—?

음악회 표가 있나요?
Хөгжмийн тоглолтын тасалбар байгаа юу?
흑쯔미잉 턱글럴티잉 타살바르 배—가— 요—?

연극표가 있나요?
Жүжгийн тасалбар байгаа юу?
주직—잉 타살바르 배—가— 요—?

남는 표가 있나요?
Илүү тасалбар байгаа юу?
일루 타살바르 배—가— 요—?

더 싼 표를 원합니다.
Хямдхан тасалбар авмаар байна.
함뜨항 타살바르 아오마—르 밴.

더 좋은 표를 원합니다.
Өндөр үнэтэй тасалбар авъя.
자—항 우느태— 타살바르 아위.

발레가 마음에 들었습니까?
Танд балет таалагдсан уу?
탄뜨 빌레트 타알락뜨산노—?

영화가 마음에 들었습니까?
Танд кино таалагдсан уу?
탄뜨 키너 타알락뜨산노—?

오페라가 마음에 들었습니까?
Танд дуурь таалагдсан уу?
탄뜨 도—르 타알락뜨산노—?

음악회가 마음에 들었습니까?
Танд тоглолт таалагдсан уу?
탄뜨 턱글럴트 타알락뜨산노—?

연극이 마음에 들었습니까?
Танд жүжиг таалагдсан уу?
탄뜨 주죽 타알락뜨산노—?

오늘 저녁에 극장에서 무슨 공연이 있는 지 말씀해 주세요.
Театрын өнөө оройны хөтөлбөр юу вэ?\ Өнөө орой театрт
ямар тоглолттой вэ?
티아트리잉 으너— 어러엔니— 흐틀브르 요— 웨?\ 으너— 어레이 티아트르트 야마르 턱글
럴트태— 웨?

영화관에서 무엇을 상영하나요?
Кино театрт ямар кино гарах вэ?
키너 티아트리트 야마르 키너 가라흐 웨?

극장에 무슨 공연이 있나요?
Театрт ямар тоглолттой вэ?
티아트리트 야마르 턱글럴트태— 웨?

내일 저녁 영화관에서 무엇을 상영하나요?
Маргааш орой кино театрт ямар кинотой вэ?
마르가—쉬 어러에 키너 티아트리트 야마르 키너태— 웨?

좋은 연극 하나 추천해 주시겠어요?
Дажгүй сайн жүжиг санал болгооч?
다쯔뀌이 새앵 주직 사날 벌거—치?

낮 공연이 있습니까?
Өдөр тоглох жүжиг байгаа юу?
으뜨르 턱글러흐 주직 배—가— 요—?

공연이 언제 시작됩니까?
Үзүүлбэр\ тоглолт хэзээ эхлэх вэ?
우주울베르\ 턱글럴트 헤제— 에흘레흐 웨?

어디에서 표를 살 수 있나요?
Тасалбараа хаанаас авах вэ?
타살바라— 하—느—쓰 아와흐 웨?

오늘 저녁시간으로 표 두 장 주세요.
Өнөө оройны хоёр тасалбар авъя.
으너— 어러엔니— 허이르 타살바르 아위.

이천투그릭 자리 좌석으로 두 장 주세요.
Хоёр мянгын тасалбар хоёрыг авъя.
허이르 미양그잉 타살바르 허이르익 아위.

프로그램을 살 수 있나요?
Хөтөлбөрийг худалдаж авч болох уу?
흐틀브르익 호달다쯔 아오츠 벌러흐 오—?

이것은 영어로 합니까?
Англиар тоглох уу?
앵길리아르 턱글러흐 오—?

이 영화는 영어 자막이 있나요?
Англи хадмал орчуулгатай юу?
앵길리 하뜨말 어리초올락그태— 요—?

자리 있습니까?
Энд хүнтэй юу?
엔뜨 훈테— 요—?

빈자리입니까?
Энэ сууж болох уу?
엔 소—쯔 벌러흐 오—?

이 영화 보셨나요?
Энэ киног үзсэн үү?
엔 키너억 우즈센누—?

이 영화에 누가 출연하나요?
Энэ кинонд хэн тоглодог вэ?
엔 키넌뜨 헹 턱글러덕 웨?

주인공은 나랑뭉흐입니다.
Гол дүрд нь Наранмөнх тоглосон.
걸 두리뜬 나랑뭉흐 턱글러성.

Гол дүр нь Наранмөнх.
걸 두른 나랑뭉흐.

어떤 영화를 좋아하세요?
Та ямар кинонд дуртай вэ?
타 야마르 키넌뜨 도르태— 웨?

나는 액션 영화를 좋아합니다(좋아하지 않습니다).
Би адал явдалт кинонд дуртай (дургүй).
비 아달 야오달트 키넌뜨 도르태—(도르퀴이).

나는 만화 영화를 좋아합니다(좋아하지 않습니다).
Би хүүхэлдэйн кинонд дуртай (дургүй).
비 후—헬데엥 키넌뜨 도르태—(도르뀌이).

나는 코메디 영화를 좋아합니다(좋아하지 않습니다).
Би инээдмийн кинонд дуртай (дургүй).
비 이네—드미잉 키넌뜨 도르태—(도르뀌이).

나는 다큐멘터리 영화를 좋아합니다(좋아하지 않습니다).
Би баримтат кинонд дуртай (дургүй).
비 바림타트 키넌뜨 도르태—(도르뀌이).

나는 멜로 영화를 좋아합니다(좋아하지 않습니다).
Би уянгын/ дуулалт кинонд дуртай (дургүй).
비 오양그잉 \도올라트 키넌뜨\ 도르태—(도르뀌이).

나는 공포 영화를 좋아합니다(좋아하지 않습니다).
Би аймшгийн кинонд дуртай (дургүй).
비 앰쉭그잉 키넌뜨 도르태—(도르뀌이).

나는 몽골 영화를 좋아합니다(좋아하지 않습니다).
Би Монгол кинонд дуртай (дургүй).
비 멍걸 키넌뜨 도르태 (도르뀌이).

나는 공상과학 영화를 좋아합니다(좋아하지 않습니다).
Би зөгнөлт кинонд дуртай (дургүй).
비 즉늘트 키넌뜨 도르태—(도르뀌이).

나는 단편영화를 좋아합니다(좋아하지 않습니다).
Би богино хэмжээний кинонд дуртай (дургүй).
비 버긴너 헴제—니— 키넌뜨 도르태—(도르뀌이).

나는 스릴러 영화를 좋아합니다(좋아하지 않습니다)
Би аймшгийн кинонд\ (триллерт) дуртай (дургүй).
비 앰쉭기잉 키넌뜨\ (트릴레르트) 도르태—(도르뀌이).

나는 전쟁영화를 좋아합니다(좋아하지 않습니다).
Би дайны тухай кинонд дуртай (дургүй).
비 대—니— 토해— 키넌뜨 도르태—(도르뀌이).

나는 사랑 영화를 좋아합니다(좋아하지 않습니다).
Би хайрын тухай кинонд дуртай (дургүй).
비 해—르잉 토해— 키넌뜨 도르태—(도르꿰이).

나는 심리 영화를 좋아합니다(좋아하지 않습니다).
Би сэтгэл зүйн тухай кинонд дуртай (дургүй).
비 세트게횡 토해— 키넌뜨 도르태—(도르꿰이).

나는 역사 영화를 좋아합니다(좋아하지 않습니다).
Би түүхэн кинонд дуртай (дургүй).
비 투—헹 키넌뜨 도르태—(도르꿰이).

나는 추리 영화를 좋아합니다(좋아하지 않습니다).
Би мөрдөгчтэй\ гэмт хэргийн талаарх кинонд дуртай
(дургүй).
비 무르득츠태— \겜트 헤륵기잉 탈라—르흐\ 킨넌뜨 도르태— (도르꿰이).

제 생각에는 아주 좋았습니다.
Миний бодлоор бол маш сайн байлаа.
미니— 버들러—르 벌 마쉬 새앵 배앨라—.

다소 길었습니다.
Миний бодлоор бол нэлээн урт байлаа.
미니— 버들러—르 벌 넬레엥 오르트 배앨라—.

괜찮았습니다.
Зүгээр, гайгүй байлаа.
주게—르, 개—꿰이 배앨라—.

가식적이었습니다.
Үнэмшилгүй байлаа.
우넴쉴꿰이 배앨라—.

연극 연출이 훌륭합니다.
Жүжгийн найруулал маш сайн байлаа.
주즈그잉 내—로올랄 마쉬 새앵 배앨라—.

연극 연출이 흥미롭습니다.
Жүжгийн найруулга маш сонирхолтой байлаа.
주즈기잉 내—로올락 마쉬 서니르헐태— 배앨라—.

연극 연출이 재미없습니다.
Жүжг ийн найруулга сонирхолгүй байлаа.
주즈기잉 내—로올락 서니르헐뀌이 배앨라—.

배우들이 연기를 아주 잘 했습니다.
Жүжигчид дүрээ сайн гаргаж байна.\Дүрдээ сайн тоглож байна.
주직츠드 두레— 새앵 가르가쯔 밴.\ 두르데— 새앵 턱글러쯔 밴.

배우들이 연기를 재미있게 했습니다.
Жүжигчид дүрдээ сонирхолтой тоглож байна.
주직츠드 두르떼— 서니르헐태— 턱글러쯔 밴.

배우들이 재능 있는 연기를 했습니다.
Жүжигчид дүрээ чадварлаг тоглож байна.
주직츠드 두레— 차뜨와를락 턱글러쯔 밴.

배우들이 연기를 생생하게 했습니다.
Жүжигчид дүрээ амьдруулж чадаж байна.
주직츠드 두레— 아미뜨로올쯔 차다쯔 밴.

배우들이 연기를 못했습니다.
Жүжигчид дүрдээ муу тоглож байна.
주직츠드 두르데— 모— 턱글러쯔 밴.

- 공연관련 Урлагийн тоглолт 오를락—잉 턱글럴트
- 예매 Урьдчилан захиалах 오르드칠랑 자히알라흐
- 옷 보관소 Өлгүүр 을구—르
- 페스티발 Фестива́ль\ баяр наадам 피스티왈르\ 바이르 나—담
- 휴식 시간 Тоглолт дундын завсарлага 턱글럴트 돈드잉 자와사를락
- 공연 Үзүүлбэр\ тоглолт 우쭈울베르\ 턱글럴트
- 프로그램 Хөтөлбөр 흐틀브르
- 입장표 Тасалбар 타살바르

- 매표소 Тасалбар худалдах газар\ Билетийн касс
  타살바르 호달다흐 가쯔르 \ 빌레트잉 카쓰
- 극장 Театр 티아트르
- 막 Үзэгдэл 우젝델
- 배우 Жүжигчин 주직칭
- 발레 Балет 발레트
- (관람석의) 층 Үзэгчдийн суудлын давхар 우젝치드잉 소—들—잉 다오하르
- 희극 Хошин тоглолт| хошин жүжиг 허슁 턱글럴트 \ 허슁 주직
- 댄서 Бүжигчин 부직칭
- 희곡 Жүжиг 주직
- 뮤직 홀 Чуулгын танхим 초올그잉 탕힘
- 뮤지컬 Мюзикл\ Дуулалт жүжиг 뮤지클\ 도올랄트 주직
- 노천극장 Задгай театр 자드개— 티아트르
- 오페라 Дуурь 도—르
- 오페레타 Хошин дуурь\ оперетта жүжигчинтэй дуурь
       허슁 도—르\ 어페레타 주직칭태— 도—르
- 공연 Тоглолт 턱글럴트
- 연극 Жүжиг 주직
- 첫 공연 Анхны тоглолт 앙흔니— 턱글럴트
- 각색 Дахин найруулал 다힝 내—로올랄
- 레뷔 극장 Жүжгийн тойм 주직—잉 터임
- 비극 Эмгэнэлт жүжиг 엠겐넬트 주직
- 2층 특별석 Тагтны суудал 탁틴니— 소—달
- 박스석 Лодж\ Тусгай суудал 러뜨쯔 \ 토스개— 소—달
- 보통석 Энгийн суудал 엥그잉 소—달
- 옷 보관소 Хувцасны өлгүүр 호브차슨니— 을구—르
- 음악회 홀 Тоглолтын танхим 턱글럴트잉 탕힘
- 드라마 극장 Драмын театр 드람—잉 티아트르
- 오케스트라 Найрал хөгжим 내—랄 흑짐
- 로얄석 Тусгай зэрэглэлийн суудал 토스개— 제렉글렐—잉 소—달
- 관람석의 층 (Нэг, хоёр, гуравдугаар) эгнээ, давхар
       (넥, 허이르, 고로우 또가—르) 엑네—, 다오하르
- 연출, 감독 Найруулга| найруулал 내—로올락\ 내—로올락츠
- 연출가, 감독 Найруулагч 내—로올락츠
- 영화 Кино 키너
- 액션영화 Адал явдалт кино 아달 야오달트 키너
- 흑백영화 Хар-цагаан кино 하르–차가앙 키너
- 컬러 영화 Өнгөт кино 응그트 키너

- 만화영화 Хүүхэлдэйн кино 후—헬데엥 키너
- 고전영화 Сонгодог кино 성거득 키너
- 코메디 Инээдмийн кино 이네—드미잉 키너
- 다큐멘터리 영화 Баримтат кино 바림타드 키너
- 드라마 Уянгын кино 오양그잉 키너
- 공상과학 영화 Зөгнөлт кино 즉늘트 키너
- 단편영화 Богино хэмжээний кино 버긴너 헴제—니— 키너
- 스릴러 Аймшгийн кино 앰쉭기잉 키너
- 서부영화 / Барууны кино 바로온니— 키너
- 주역 Гол дүр 걸 두르
- 영화배우 Кино жүжигчин 키너 주직칭
- 영화관 Кино театр 키너 티아트르
- 특수효과 Тусгай үзэгдлүүд\ Спешл эффект
  토스개— 우젝들루뜨 \스페쉴
- 서브 타이틀 Хадмал орчуулга 하드말 어르초올락

으려을: 락화, 극장 매표소에 일요일 날 드라마 극장에서 극장표가 있어.
락화: 거기서 무슨 공연을 하는데? 어떤 거야?
으려을: "국새 없는 나라"을 공연하고 있어. 가지 않을래?
락화: 갈 수 있어. 그런데 그 공연이 성공적이라고 하던?
으려을: 이 공연이 초연이야. 아주 훌륭한 배우들이 출연하고, 유명한 연춘가
        가 연출을 맡았어. 틀림없이 재미있을 거야.
락화: 가자. 나 일요일 저녁은 한가해.
으려을: 그럼 지금 당장 가서 표를 사야겠다.

**Ерөөл: Лхагваа, УДЭТ-т бүтэн сайнд тоглогдох жүжгийн
тасалбар байна. Хамт үзэх үү?**
으려을: 락화 올스잉 드람—잉 에르뎀—잉 티아트르트 부텡 새앵뜨 턱글럭더
        흐 주직기잉 타살바르 밴. 함트 우제흐 우—?

Лхагваа: Ямар жүжигтэй юм бэ?

락화: 야마르 주직태— 욤 베?

Ерөөл: "Тамгагүй төр". Явж үзэх үү?

으러을: "탐막뀌이 트르". 야오쯔 우제흐 우—?

Лхагваа: Тэгье л дээ. Харин ямархуу тоглолт болсоны нь
дуулсан уу?

락화: 텍게일 다— . 하링 야마르호— 턱글럴트 벌선느인 도올산노—?

Ерөөл: Энэ эхний тоглолт нь байх аа. Алдартай
жүжигчид тоглож байгаа, бас алдартай найруулагч
найруулсан болохоор сонирхолтой болно байх.

으러을: 엔 에흔니— 턱글럴튼 배—하. 알다르태— 주직치뜨 턱글러쯔 배—
가—, 바쓰 알다르태— 내—로올락츠 내—로올상 벌허—르 서니르헐태
— 벌런 배—흐.

Лхагваа: Тэгвэл явж үзье. Би бүтэн сайны орой завтай.

락화: 텍웰 야오쯔 우쯔이. 비 부텡 새앵니— 어러에 자우태—.

Ерөөл: Тэгвэл би яг одоо очиж тасалбар худалдаж авъя.

으러을: 텍웰 비 약 어더— 어치즈 타살바르 호달다즈 아위.

 Харилцан яриа 2: Дуулалт кино
하를창 야르아 2: 도올랄트 키너

세르길릉: 여보세요. 네르꾸이?

네르꾸이: 네, 전데요.

세르길릉: 나 세르겔릉이야. "탱기스"극장에서 "노래 부르는 여자"가 상영 중
인데, 같이 극장 가자.

네르꾸이: 어떤 영화인지 잘 모르는데.

세르길릉: 알라 뿌가쵸바가 주연한 뮤지컬이야.

네르꾸이: 아, 알라 뿌가쵸바!
나도 보고 싶어. 언제 영화가 시작되니?

세르길릉: 7시에. 영화시작 15분 전에 만나자. 그러니까 7시 15분 전에 극장
입구에서 만나자.

네르꾸이: 그렇게 하자.

Сэргэлэн: Байна уу? Нэргүй юү?

세르길릉: 밴노—? 네르뀌이 유—?

Нэргүй: Тийм байна.

네르뀌이: 티임 밴.

Сэргэлэн: Сэргэлэн байна аа. "Тэнгис" кино театрт
"Дуулаач эмэгтэй" гэдэг кино гарах гэнэ. Цуг явж
Үзэх Үү?
세르길릉: 세르길릉 밴 아―."텡기쓰" 카너 트아트르트 "도올라츠 에믹태―"
게득 키너 가라흐 겐. 촉 야오쯔 우제흐 우―?

Нэргүй: Мэдэхгүй байна, юуны тухай кино юм бэ?
네르뀌이: 메데흐뀌이 벤. 요옹 키너 욤 베?

Сэргэлэн: Алла Пугачевагийн гол дүрд нь тоглосон
дуулалт кино.
세르길릉: 알라 뿌가치와기잉 걸 두르뜬 턱글성 도올랄트 키너.

Нэргүй: Алла Пугачева гэнэ ээ! Үзмээр санагдаж байна.
Хэдээс эхлэх юм бэ?
네르뀌이: 알라 뿌가치와 겐네―?, 우즈메―르 사낙담쯔 벤. 헤떼―스 에흘레
흐 욤 베?

Сэргэлэн: Долоон цагаас.Эхлэхээс нь арван таван
минутын өмнө уулзъя.
Зургаа дөчин таваас Үүдэнд нь гэсэн үг.
세르길릉: 덜렁 챠가―스. 에흘르헤―슨 아롱 타옹 미노트잉 음믄 오올쯔이.
조르가― 두칭 타와―스 우―등든 게승 욱.

Нэргүй: За тэгье.
네르뀌이: 자 텍이―.

바르스벌드: 극장 구경 가지 않을래?
순미: 좋은 생각이야. 그런데 어느 극장에 가지?
아마도 올란바타르에서는 재미있는 공연 표는 구하기가 힘들 것
같은데.
바르스벌드: 그렇다 해도 가야지. 어느 극장에 가고 싶니?
순미: 그야 물론 문화회관이지.
(문화회관 입구에서 만난다)
바르스벌드: 좋은 저녁! 축하해줘.
표를 두 장 구했어. 자리는 그다지 좋지 않아. 2층이야.
하지만 선택의 여지가 없었어. 우리나라에는 이런 경우를 두고 말하는
속담이 있어. "적다고 아쉬워하지 말고, 있는 거나 잘 챙기자?"
순미: 무슨 뜻이야?

바르스벌드: 이 속담의 뜻은 "최상의 것이 없을 때는 그 자리에 있는 것이
　　　　쓸모 있다"라는 거야.
순미: 알겠어. 우리나라에도 그런 속담이 있어. "꿩 대신 닭"이라고 말하지.

Барсболд: Цуг явж тоглолт үзэх үү?
바르스벌드: 촉 아오쯔 턱글럴트 우제흐 우—?

Сүнми: Сайхан санаа байна. Өнөөдөр хаана тоглолт болж
　　　　байгаа бол?
　　　　Улаанбаатарт сонирхолтой тоглолтын тасалбар
　　　　олоход хэцүү биш үү?
순미: 새—항 사나— 밴. 으너—뜨르 하—느 턱글럴트 벌쯔 배—가— 벌?
　　　　올란바—타르트 서니르헐태— 턱글럴트잉 타살바르 얼러허드 헤추— 비
　　　　쉬 우—?

Барсболд: Олдох биз дээ. Чи харин хаана тоглолт үзмээр
　　　　байна?
바르스벌드: 얼더흐 비즈 데—. 치 하링 하—느 턱글럴트 우즈메—르 밴?

Сүнми: Мэдээж Соёлын Төв Өргөөнд
　　　　(Соёлын төв өргөөний үүдэн дээр уулзаад)
순미: 메데—쯔 서열—잉 트우 으르거언뜨
　　　　(서열—잉 트브 으르거니— 우—덴 데—르 오올자—뜨)

Барсболд: Оройн мэнд! Баяр хүргээрэй. Хоёр тасалбар
　　　　олчихсон шүү.
　　　　Тийм ч сайхан суудал биш л дээ, хоёрдугаар эгнээ.
　　　　Гэхдээ "Чамлахаар чанга атга" гэдэг дээ.
바르스벌드: 어레엥 멘띠! 바야르 후르게—래—. 허이르 타살바르 얼치흐성
　　　　슈—. 티임 츠 새—항 소달 비쉴 데—, 허이르 또가—르 엑네—.
　　　　게흐데— "차말라하—르 창까 아특가" 게득 데—.

Сүнми: Юу гэсэн утгатай юм бэ?
순미: 요— 게승 오특그태— 욤 베?

Барсболд: Хамгийн сайн нь биш ч ямар нэгэн зүйл
　　　　байгаад баярлах хэрэгтэй гэсэн үг.
바르스벌드: 함그—잉 새앵느 비쉬 츠 야마르 네긍 쥘 배—가—뜨 바이를라
　　　　흐 헤륵태— 게승 욱.

Сүнми: Ойлгомжтой. Манай солонгост бас "Гургуул
　　　　дутвал тахиагаар орлуул" гэдэг зүйр цэцэн үг байдаг.
순미:어엘검지태—. 마내— 설렁거스트 바쓰 "고르고올 도트왈 타히아가—르
　　　　어를로올" 게득 쥐르 체쳉 욱 배—득.

바르스벌드: 오늘 공연 표 있어요?
매표소 직원: 아뇨, 모두 팔렸어요.
바르스벌드: 오페라 하후스에서는 무슨 공연을 하나요?
매표소 직원: 발레 "백조의 호수"요.
바르스벌드: 표 있습니까?
매표소 직원: 무슨 요일로요?
바르스벌드: 일요일 저녁 걸로 두 장 주세요.
매표소 직원: 그런데 로얄석이 아니고 보통석입니다. 나쁜 자리는 아니에요.
　　　　　　1열 중간입니다. 사시겠어요?
바르스벌드: 네, 살게요.

Барсболд: Өнөөдрийн тоглолтын тасалбар бий юу?
버르스벌드: 으너—뜨르잉 턱글럴트잉 타살바르 비— 요—?

Худалдагч: Байхгүй ээ, зарагдаж дууссан.
호달닥츠: 배—흐뀌이 에—, 자락다즈 도—스상.

Барсболд: Дуурийн театрт ямар тоглолттой вэ?
바르스벌드: 도—링 티아트르트 야마르 턱글럴트태— 웨?

Худалдагч: "Хунт нуур" балет тоглоно.
호달닥츠: "혼트 노—르" 발레트 턱글너.

Барсболд: Тасалбар нь байгаа юу?
바르스벌드: 타살바른 배—가— 요—?

Худалдагч: Хэднийх вэ?
호달닥츠: 헤든니—흐 웨?

Барсболд: Бүтэн сайны оройных. Хоёр тасалбар авъя.
바르스벌드: 부텡 새앵니 어러엔니흐. 허이르 타살바르 아위.

Худалдагч: Хоёр тасалбар аа? Байгаа, гэхдээ тусгай
　　　　суудал биш энгийн суудал.
호달닥츠: 허이르 타살바라—? 배—가—, 게흐데— 토스개— 소—달 비쉬 엥
　　　　기잉 소—달.

Дажгүй байрлалтай: эхний эгнээний голд. Авах уу?
다즈뀌이 배—를랄태—: 에흔니— 엑근네—니 걸뜨. 아와흐 오—?

Барсболд: Авъя.
바르스벌드: 아위—.

여가시간을 어떻게 보내십니까?
Чөлөөт цагаа яаж өнгөрүүлдэг вэ?
츨러ー트 챠가ー 야ー쯔 은그루울득 웨?

운동을 합니다.
Спортоор хичээллэдэг.\ дасгал хийдэг.
스퍼르터ー르 히체엘르득.\ 다스갈 히ー득.

영화를 봅니다.
Кино үздэг.
키너 우즈득.

컴퓨터를 합니다.
Компьютер дээр өнгөрөөдөг.
컴퓨티르 데ー르 은그러ー득.

주말을 어떻게 보내세요?
Амралтын өдрөөр юу хийдэг вэ?
아므랄트잉 으뜨러ー르 요ー 히ー득 웨?

토요일엔 야외에 나갑니다.
Хагас сайнд агаарт гардаг.
하가스 새앵뜨 아가ー르트 가르닥.

산에 갑니다.
Ууланд гардаг.
오올란뜨 가르닥.

여름휴가를 어떻게 보내고 싶으세요?
Зуны амралтаараа юу хиймээр байна вэ?
존니ー 아므랄타ー라ー 요ー 히ー메ー르 밴 웨?

홉스골 호수에서 여름휴가를 보내고 싶습니다.
Зуны амралтаараа Хөвсгөл нуур явмаар байна.
존니ー 암랄타ー라ー 흐브스걸 노ー르 야오마ー르 밴.

하르허링 도시를 다녀오고 싶습니다.
Хархорин хотруу явж үзмээр байна.
하르 허링 허트 로— 야오쯔 우즈메—르 밴.

명승지를 구경하고 싶습니다.
Дурсгалт \алдарт\ газруудаар аялмаар байна.
도르스갈트 \알다르태—\ 가쯔로—다—르 아일—마—르 밴.

유럽 여행을 하고 싶습니다.
Европ руу галт тэргээр явмаар байна.
이오러프로— 갈트 테르게—르 야오마—르 밴.

몽골를 여행하고 싶습니다.
Монголоороо аялмаар байна.
멍걸러—르— 아일마—르 밴.

저는 여가시간이 많습니다.
Би цаг зав ихтэй.
비 착 자오 이흐태—.

저는 여가시간이 적습니다.
Би зав зав муутай.
비 자오 츨러— 모—태—.

저는 여가시간이 거의 없습니다.
Надад зав гэж бараг байдаггүй.
나다뜨 자오 게쯔 바락 배—득뀌이.

저는 여가시간이 전혀 없습니다.
Надад зав огт байхгүй.
나다뜨 자오 억트 배—흐뀌이.

여름 방학이 시작되었습니다.
Зуны амралт эхэллээ.
존니— 아므랄트 에헬레—.

겨울 방학이 시작되었습니다.
Өвлийн амралт эхэллээ.
으월—잉 아므랄트 에헬레—.

여름 방학 계획은 무엇입니까?

Зуны амралтаараа юу хийх төлөвлөгөөтэй байна вэ?

존니— 아므랄타—라— 요— 히—흐 틀루블거—태— 밴 웨?

겨울 방학 계획은 무엇입니까?

Өвлийн амралтаараа юу хийхээр төлөвлөсөн байна вэ?

으월—잉 아므랄타—라— 요— 히—헤—르 틀루블승 밴 웨?

저는 특별한 계획이 없습니다.

Онцын төлөвлөгөө байхгүй.

언츠잉 틀루블르거— 배—흐뀌이.

해외여행을 가려고 합니다.

Гадаад руу аялна.

가다—드로— 아일란나.

Харилцан яриа 1 (Зуны амралт)
하를창 야르아 1

유나: 만세! 학기가 끝났어!
벌러르: .드디어 여름방학이 시작되었군. 공부를 하지 않게 되어 무척 기쁘다.
유나: 여름방학 계획이 뭐니?
벌러르: .특별한 계획 없어.
아마도 서부 지역의 삼촌 댁에 갈 것 같아.
　　　너는 뭐할 거니? 고국으로 돌아가니?
유나: 아니, 안가. 여름에 여기 남아서 몽골어 공부해야 해.
벌러르: 넌 아무 데도 놀러 가지 않을 거야?
유나: 어쩌면, 몇 몇 도시들에 갈 기회가 생길 것 같아.

Юүна: Хичээл амарлаа! Ямар гоё вэ?!
유나: 히체엘 아마를라—! 야마르 거이 웨?!

Болор: Ингэж нэг юм зуны амралт эхэлдэг байжээ.
Хичээл орохгүй болохоор баяртай байна.

벌러르: 잉게쯔 넥 욤 존니— 아마랄트 에흘득 배—제—. 히체엘 어러흐뀌
이 벌허—르 바이르태— 밴.

Юүна: Чи зуны амралтаараа юу хийх вэ?

유나: 치 존니— 아므랄타—라— 요— 히—흐 웨?

Болор: Төлөвлөсөн юм байхгүй ээ.
Баруун аймагт байдаг авга ахындаа очиж магадгүй.
Харин чи юу хийх вэ? Эх орондоо | нутагтаа| очих
уу?

벌러르: 틀루블승 욤 배—흐뀌이 에—.
바로옹 애—막트 배—득 아왁 아흐잉다— 어치즈 마가드뀌이. \
하링 치 요 히—흐 웨? 에흐 어런떠— \노탁타— \ 어치호—?

Юүна: Үгүй ээ, харихгүй.
Зун энд байж монгол хэлээ давтана.

유나: 우뀌이 에—, 하리흐뀌이. 종 엔뜨 배—쯔 멍걸 헬레— 다오탄나.

Болор: Тэгээд хаашаа ч явахгүй хэрэг үү?

벌러르: 테게—뜨 하—샤—츠 야와흐뀌이 헤륵 우—?

Юүна: Ганц нэг хотуудаар тойрон аялал хийж
магадгүй.

유나: 간츠 넥 허토—다—르 터에렁 아일랄 히—쯔 마가드뀌이.

세르길릉: 너는 여가시간을 어떻게 보내니?
인드라: 나는 여가시간이 거의 없어.
일과 가족에 내 시간을 전부 뺏겼어. 그런데 영화 보는 것을 좋아해.
세르길릉: 그러면 토요일과 일요일은 어떻게 보내니?
인드라: 집에 있어. 집안일을 하지.
그런데 너는 여가시간을 어떻게 보내니?
세르길릉: 난 운동을 좋아해서 다양한 운동을 해. 축구, 하키, 펜싱을 해.

Сэргэлэн: Чи чөлөөт цагаараа юу хийдэг вэ?

세르길릉: 치 츌러—트 챠가—라 요— 히—득 웨?

Индра: Би цаг зав их муутай байдаг.

Ажил гэр бүл гэсээр л таардаг. Гэхдээ би кинонд
дуртай.

인드라: 비 챡 자오 이흐 모—태— 배—닥.

아질 게르 불 게세—를 타—르득. 게흐데— 비 키넌뜨 도르태—.

Сэргэлэн: Хагас бүтэн сайнд юу хийдэг вэ?

세르길릉: 하가스 부텡 새앵뜨 요— 히—득 웨?

Индра: Гэрийнхээ ажлыг хийнэ дээ.

Чи харин чөлөөт цагаараа юу хийдэг вэ?

인드라: 게르잉헤— 아질—익 히인데—. 치 하링 츨러—트 챠가—라—
요— 히—득 웨?

Сэргэлэн: Би спортоор хичээллэдэг, янз бүрийн дасгал
хийдэг: хөл бөмбөг, хоккей, туялзуур сэлэм.

세르길릉: 비 스퍼르터—르 히체엘르득, 얀즈 부르잉 다스갈 히— 득: 흘
븜븍, 허케이, 토얄조—르 셀렘.

올란바타르 시내 지도가 필요합니다.

Улаанбаатар хотын газрын зураг авъя.

올란바—타르 허트—잉 가쯔르잉 조락 아위.

이 번 주 행사 프로그램이 있습니까?

**Энэ долоо хоногт болох үйл ажиллагааны хөтөлбөр байгаа
юу?**

엔 덜러— 허넉트 벌러흐 우일 아질가—니 흐틀버르 배—가— 요—?

시내 버스 투어가 있습니까?

Автобусаар хотын тойрон аялал хийдэг үү?

아오터보사—르 허트—잉 터에렁 아일랄 히—득 우—?

관광요금이 얼마입니까?

Тойрон аяллын зардал хэд вэ?

터에렁 아일랄—잉 자르달 헤뜨 웨?

어떤 명승지가 있는 지 말씀해 주시겠어요?
Ямар ямар дурсгалт газар байдгийг хэлж өгөөч.
야마르 야마르 도르스갈트 가쯔르 배—득—익 헬쯔 으거—츠.

정부청사을 반드시 구경해야 합니다.
Та Засгийн газрын ордныг заавал үзээрэй.
타 자스그잉 가쯔르잉 어르든니익 자—왈 우제—레—.

올기를 반드시 방문해야 합니다.
Та Өлгийд заавал очиж үзээрэй.
타 울기—뜨 자—왈 아치쯔 우제—레—.

언제 박물관을 여나요?
Музей хэзээ онгойх вэ?
모제이 헤제— 엉거에흐 웨?

다음 관광은 언제인가요?
Дараагийн аялал хэзээ вэ?
다라—기잉 아일랄 헤제— 웨?

관광은 영어로 진행되나요?
Аялалын тайлбар англи хэл дээр явагдах уу?
아일랄—잉 태앨바르 앵글리 헬 데—르 야왁다흐 오—?

사진촬영해도 되나요?
Зураг авч болох уу?
조락 아오츠 벌러흐 오—?

매표소에서 Кино театрын кассан дээр

표 두 장 주세요.
Хоёр тасалбар авъя.
허이르 타살바르 아위.

성인 표 두 장과 어린이 표 한 장요.
Хоёр том хүн, нэг хүүхэд.
허이르 텀 훙, 넥 후—헤드.

학생 할인이 됩니까?
Оюутанд хөнгөлөлттэй юу?
어요—탄뜨 흔글럴트태— 요—?

어린이 할인이 됩니까?
Хүүхдэд хөнгөлөлттэй юу?
후—흐데드 흔글럴트태— 요—?

연금수령자 할인 됩니까?
Өндөр настанд хөнгөлөлттэй юу?
은뜨르 나스탄뜨 흔글럴트태— 요—?

단체 할인이 됩니까?
Олуулаа бол хөнгөлөлттэй үйлчлэх үү?
얼로올라— 벌 흔글럴트태— 우일츨레흐 우—?

전시회 카탈로그가 있습니까?
Үзмэрийн хөтөлбөр бий юу?
우즈메르잉 흐튤브르 비—요—?

관광에서 Аялалын үеэр

이 건물은 언제 지어졌나요?
Энэ барилга хэзээ баригдсан бэ?
엔 바릴락 헤제— 바릭드상 베?

이 그림을 누가 그렸나요?
Энэ хэний зурсан зураг вэ?\ Хэн зургий нь зурсан бэ?
엔 헤니— 조르상 조락 웨?\ 헹 조릭—익 조르상 웨?

우리는 어디에서 출발하나요?
Хаанаас нь хөдлөх вэ?
하—느—슨 흐들르흐 웨?

언제 만납니까?
Хэзээ уулзах вэ?
헤제— 오올자흐 웨?

정부청사을 지나가나요?
ЗГ-ын ордны хажуугаар явах уу?
자스그잉 가쯔르잉 어리든니— 하조—가—르 야와흐 오—?

시장도 갑니까?
Захаар бас орох уу?
자하—르 바쓰 어러흐 오—?

언제 돌아가나요?
Хэзээ буцах вэ?
헤제— 보차흐 웨?

올란바타르 인구는 얼마입니까?
Улаанбаатар хэдэн хүн амтай вэ?
올란바—타르 헤뚱 훙 암태— 웨?

100만 명 이상입니다.
Нэг сая гаруй хүн амтай.
넥 사이 가로이 훙 암태—.

올란바타르에서 어떤 박물관과 극장이 많이 유명하고 인기가 있습니까?
Улаанбаатарын ямар музей болон театр алдартай вэ?
올란바—타르잉 야마르 모제이 벌렁 티아트르 알다르태— 웨?

문화회관 극장, 자연사 박물관, 미술 박물관이 유명하고 인기가 있습니다.
**СТӨ-нд маш олон хүн очдог.Байгалийн түүхийн музей,
Дүрслэх урлагийн музей алдартай, бас олон хүн очдог.**
서열—잉 트우 으르거언드 마쉬 얼렁 훙 아치득. 배—갈—잉 투—흐잉 모제이, 두리슬레흐 오
를락기잉 모제 알다르태— 바쓰 얼렁 훙 어치득.

올란바타르는 무엇이 자랑입니까?
Улаанбаатар юугаараа алдартай вэ?
올란바—타르 요—가—라— 알다르태— 웨?

올란바타르는 역사적 문화재를 자랑으로 여깁니다.
Улаанбаатар бол монголын соёл урлагийн төв юм.
올란바—타르 벌 멍걸—잉 서열 오를락기잉 트우 욤.

저는 관광에서 큰 만족을 얻었습니다.
Аялал надад маш их таалагдсан.
아일랄 나다뜨 마쉬 이흐 타알락드상.

저는 관광에 만족합니다.
Аялал надад сайхан санагдсан.
아일랄 나다뜨 새—항 사낙드상.

저는 몽골 여행에서 큰 인상을 받았습니다.
Монголд хийсэн аялал маань надад өндөр сэтгэгдэл төрүүлсэн.
멍걸드 히—셍 아일랄 마아느 나다뜨 은뜨르 세트겍델 트루울셍.

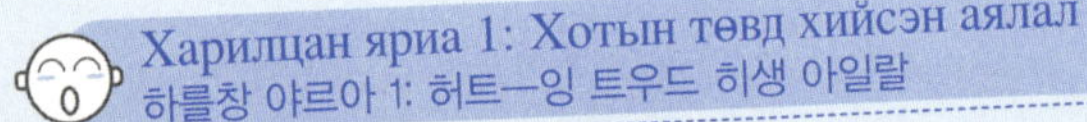

앙하: 우리는 수흐바타르 광장에 와 있어.
진야: 그런데 이 광장을 왜 수흐바타르 광장이라고 부르지?
앙하: 이 광장은 몽골 독립 운동가 당시의 장군을 지냈던 데.수흐바타르의
　　　동상이 있어. 그래서 수흐바타르 광장이지.
진야: 정부청사 동북 쪽에 있는 둥그런 지붕이 있는 저 건물은 뭐야?
앙하: 그것은 모이스, 몽골 국립대학교야.

Анхаа: Бид Сүхбаатарын талбай дээр ирээд байна.
앙하—: 비드 수흐바—타르잉 탈배— 데—르 이레—드 밴.
Жин-А: Яагаад "Сүхбаатарын" гэж?
진야: 야가—드 "수흐바—타르잉" 게쯔?
Анхаа: Энэ талбай дээр монголын ардын хувьсгалын
　　　баатар, Бүх цэргийн жанжин агсан Д.
　　　Сүхбаатарын хөшөө байдаг юм. Тэгээд л тэр.
앙하—: 엔 탈배— 데—르 멍걸—잉 아르디잉 호브스갈—잉 바—타르,
　　　부흐 체릭—잉 잔징 악상 데.수흐바—타르잉 흐셔— 배—득 욤. 테게
　　　—들 테르.

Жин-А: Засгийн газрын ордны зүүн хойно байгаа
бөмбөгөр дээвэртэй барилга юу вэ?

진아: 자스그잉 가쯔르잉 어르딘니— 주웅 허엔너 배—가— 븜브그르 데—
웨르태— 바릴락그 요— 웨?

Анхаа: МУИС – Монгол улсын их сургууль.

앙하—: 모이스-멍걸 올스잉 이흐 소르고일.

Харилцан яриа 3: Өлгийгийн аялал
하릏창 야르아 3

세렌게: 실례합니다만, 을기에 사시는 분인가요?
행인: 네.
세렌게: 저는 관광객인데요. 몇 가지 여쭤 봐도 될까요?
행인: 네, 그러세요.
세렌게: 을기에서 제일 먼저 어디를 구경해야한다고 생각하세요?
행인: 제 생각에는 카자크 현지인 집에 가봐야 하고, 나오리쯔, 또 독수리
사냥을 보는 것도 좋을 거에요.
세렌게: 토요일에는 어디를 가는 게 좋을까요?
행인: 토요일에는 극장을 가는 게 가장 좋을 거예요.
세렌게: 여기에는 공원이 많나요? 전 공원을 산책하고 싶어요.
행인: 많습니다만, 여기가 사방이 다 공원인데요 뭐,…^^
세렌게: 대단히 고맙습니다. 안녕히 가세요.

Сэлэнгэ: Уучлаарай, та Өлгийгийх үү?

세렌게: 오—츨라—래—, 타 을기—기잉흐 우—?

Замын хүн: Тийм ээ.

자미잉 훙: 티임 에—.

Сэлэнгэ: Би жуулчин юм. Танаас хэдэн асуулт асууж
болох уу?

세렌게: 비 조올칭 욤. 타나—스 헤뜽 아소올트 아소—즈 벌러흐 오—?

Замын хүн: Тэг л дээ.

자미잉 훙: 텍글 데—.

Сэлэнгэ: Таны бодлоор Өлгийд юуг хамгийн түрүүнд
үзэх хэрэгтэй вэ?

세렌게: 타니— 버들러—르 을기—드 욕 함그잉 투루운드 우제흐 헤륵태—
웨?

Замын хүн: Миний бодлоор бол Казак айлд орж
үзэх хэрэгтэй, Науриз, бүргэдтэй анг бас чадвал
үзэх хэрэгтэй.
자미잉 훙: 미니— 버들러—르 벌 카자크 애앨드 어르즈 우제흐 헤렉태—,
　　나오리쯔, 부리게드태— 앙끄 바쓰 차드왈 우제흐 헤륵태—.

Сэлэнгэ: Хагас сайнд юу үзвэл зүгээр вэ?
세렌게: 하가스 새앵뜨 요— 우즈웰 주게—르 웨?

Замын хүн: Хагас сайнд театрт очиж тоглолт
　　үзсэн нь дээр байх.
자미잉 훙: 하가스 새앵드 티아트르 어치즈 턱글럴트 우지셍은
　　데—르 배—흐.

Сэлэнгэ: Энд цэцэрлэгт хүрээлэн бий юу? Би цэцэрлэгт
　　хүрээлэнгээр зугаалах дуртай.
세렌게: 엔뜨 체체를렉트 후레엘렝 비— 요—? 비 체체를렉트
　　후레엘렝게—르 조가알라흐 도르태—.

Замын хүн: Байгаа. Хаашаа л явна цэцэрлэгт
　　хүрээлэн шүү дээ. Ха ха ха.
자미잉 훙:배—가—. 하—샤알 야온나— 체체를렉트 후레엘렝 슈— 데—.
　　하하하

Сэлэнгэ: Маш их баярлалаа. Баяртай.
세렌게: 마쉬 이흐 바이를라—, 바이르테—

건강 Эрүүл мэнд ▶ ▷ ▶

해외여행에서 건강은 필수사항! 특히 몽골 여행 시 병이 나면 몽골 약 이름을 알지 못해 당황하고, 의사에게 자신의 증상을 속 시원하게 설명할 수 없어 답답하기 이를 때 없다. 이러한 불편을 겪지 않도록 약국, 병원, 치과에서 사용하는 표현, 의사의 말과 환자의 다양한 증상 표현을 비롯하여 병명, 약품 명, 복용법 등을 상세하게 소개하고 있다.

약국에서 Эмийн санд 

먹는 약이 끝났어요.
Миний уудаг эм дуусчихлаа.
미니— 오—득 엠 도—스치흘라—.

보통 저는 이 약을 복용합니다.
Би ер нь энэ эмийг уудаг.
비 이룬 엠 에므익 오—득.

두통약을 주시겠습니까?
Толгойны эм өгөхгүй юу?
털거이니— 엠 으그흐뀌이 요—?

인후염약을 주시겠습니까?
Хоолойны эм өгөхгүй юу?
허얼러인니— 엠 으그흐뀌이 요—?

저는 두통약이 필요합니다.
Толгойны эм хэрэгтэй байна.
털거인니— 엠 헤륵태— 밴.

항생제를 사려면 처방전이 있어야 하나요?
Антибиотик авахад эмчийн бичиг хэрэгтэй юу?
안티비어트크 아와하뜨 엠츠잉 비칙 헤륵태— 요—?

복용법이 어떻게 되나요?

Эм уух зааврыг хэлж өгнө үү?

엠 오—흐 자—와르익 헬쯔 으근누—?

의약품

- 아스피린 **Аспирин** 아스피링
- 밴드 **Шархны лент** 샤르흔니— 렌트
- 화상연고 **Түлэгдэлтийн тосон түрхлэг** 툴렉들티잉 터성 투르헬렉
- 강심제 **Зүрхний эм** 주르힌니— 엠
- 솜 **Хөвөн** 흐븡
- 기침 시럽 **Ханиадны (шингэн) эм** 하니아든니— (쉥겡) 엠
- 소독약 **Ариутгагч** 아리오트각츠
- (안약 등의 점적약) **Дусаалга** 도사알락
- 점적 귀약 **Чихний дусаалга** 치힌니— 도사알락
- 탄력 밴드 **Сунадаг боолт** 손득 버얼트
- 점적 안약 **Нүдний дусаалга** 누든니— 도사알락
- 거즈 밴드 **Ороолт \ марл** 어러얼트\ 마—를
- 두통약 **Толгойны эм** 털거인니— 엠
- 방충제 **Шавьж үргээгч** 샤우쯔 우르게엑츠
- 인슐린 **Инсули́н** 인솔링
- 요오드 액 **Иодын уусмал** 이어디잉 오—스말
- 설사약 **Шингэн алдах үед уух эм** 쉥겡 알다흐 우이뜨 오—흐 엠
- 약 **Эм** 엠
- 연고 **Түрхлэг** 투르헬렉
- 진통제 **Өвчин намдаах эм** 으브칭 남다—흐 엠
- 알약 **Шахмал эм** 샤흐말 엠
- 파우더 **Нунтаг** 논탁
- 처방전 **Эмийн жор** 에미잉 저르
- 치료법 **Эмчилгээний арга** 엠칠게—니— 아락그
- 수면제 **Нойрны эм** 너에른니— 엠
- Sunburn 연고 **Нарны (хамгаалалтын) тос** 나른니— (함가알랄트잉) 타쓰
- 좌약 **Эмчилгээний\ лаа** \칠게—니—\ 라—
- 체온계 **Термометр\ биеийн дулаан хэмжигч** 트리머메트르\ 비잉 돌라앙 헴직츠
- 인후염 정제 **Хоолойны эм** 허얼러엔니— 엠
- 카모밀라 액 **Балжин гарма цэцгийн ханд** 발칭 가르마 체책—잉 한뜨

- 진정제 Тайвшруулах эм 태—브쉬로올라흐 엠
- 비타민 정 Үрлэн витамин 우를렝 브타밍

용법&용량

- 성분 Найрлага 내—를락
- 사용방법 Хэрэглэх заавар 헤렉글레흐 자—와르
- 주의 Анхаарах зүйл 앙하—라흐 쮈
- 부작용 Сөрөг нөлөө 스륵 늘러—
- 약 상호작용 Эмийн үйлчлэл 에므잉 우일칠렐
- 복용법 Тун 퉁
- 하루 1회 Өдөрт нэг удаа 으뜨르트 넥 오다—
- 하루 3회 Өдөрт гурван удаа 으뜨르트 고롱 오다—
- 하루 몇 회 복용 Өдөрт хэд хэдэн удаа уух 으뜨르트 헤뜨 헤뜽 오다
　　　　　　　　— 오—흐

- 1 정 Нэг ширхэг эм 넥 시르헥 엠
- 20 방울 Хорин дусал 허링 도살
- 1 계량 컵 Нэг аяга 넥 아약그
- 식전 Хоолны өмнө 허얼니— 음너
- 식후 Хоолны дараа 허얼니— 다라—
- 공복으로 Өлөн ходоодон дээр 을릉 허더—던 데—르
- 물과 함께 씹지 않고 삼키다 Усаар даруулж зажлалгүй залгина
　　　　　　　　오사—르 다로올쯔 자질랄뀌이 잘긴나

- 물에 녹이다 Усаар шингэлнэ 오트사—르 쉰겔렌네
- 입에서 녹이다 Амандаа хайлуулна 아만다— 해앨로올란나
- 외복용 Арьсандаа түрхэж хэрэглэнэ 아리산다— 투르헤쯔 헤렉글렌네
- 피부에 얇게 발라서 문지르다 Арьсандаа шингээж түрхэж
  хэрэглэнэ. 아리산다— 쉰게—쯔 투르헤쯔 헤륵글렌네
- 유아 Нярай 냐래—
- (…세까지 어린이) Хүүхэд (… хүртэлх насны)
　　　　　　　　후—헤뜨 (… 후르텔레흐 나슨니—)

- (성인) Том хүн | Насанд хүрэгч 텀 훙 | 나산뜨 후렉츠
- 어린이 손에 닿지 않는 곳에 보관! Хүүхдийн гараас хол байлга!
　　　　　　　　후—흐디잉 가라—스 헐 배앨락그!

건강

처방전이 있습니다.
Надад жор нь байгаа.
나다뜨 저른 배—가—.

여기 처방전입니다.
Жор нь энэ байна.
저른 엔 밴.

하루에 몇 번 먹나요?
Өдөрт хэдэн удаа уух вэ?
으뜨르트 헤뜽 오다— 오—흐 웨?

이 약을 식후 하루 세 번 복용하십시오.
Өдөрт гурван удаа хоолны дарааууна.
으뜨르트 고롱 오다— 허얼니— 다라— dhmsk

얼마입니까?
|Үнэ нь| хэд вэ?
우넨 헤뜨 웨?

보험처리용 영수증을 주실 수 있습니까?
Даатгалд хамрагддаг баримт бичиж өгнө үү?
다—트갈뜨 함락뜨닥 바림트 비치쯔 으그누—

병원에서 Эмнэлэгт 

나는 의사가 필요합니다.
Эмчид үзүүлмээр байна.
엠츠뜨 우쮸울메—르 밴.

영어를 할 줄 아는 의사가 필요합니다.
|Надад| англиар ярьдаг эмч хэрэгтэй байна.
나다뜨 앵글라—르 야리득 엠츠 헤륵태— 밴.

의사를 추천해 주시겠습니까?
Сайн эмч \танихгүй биз?\ санал болгооч?
새앵 엠츠 \타니흐뀌이 비지\ 사날 벌거—치?

안과 의사를 추천해 주시겠습니까?
Сайн нүдний эмч зааж өгөөч.
새앵 누든니— 엠츠 자—즈 으거—츠.

산부인과 의사를 추천해 주시겠습니까?
Эмэгтэйчүүдийн эмч зааж өгөөч.
에믁태—추—디잉 엠츠 자—즈 으거—츠.

이비인후과 전문의를 추천해 주시겠습니까?
Чих, хамар, хоолойн мэргэжлийн эмч зааж өгөөч.
치흐, 하마흐, 허얼래—잉 메르게질—잉 엠츠 자—즈 으거—츠.

피부과 전문의를 추천해 주시겠습니까?
Арьс өнгөний эмч зааж өгөөч.
아르쓰 은근니— 엠츠 자—즈 으거—츠.

소아과 의사를 추천해 주시겠습니까?
Хүүхдийн эмч зааж өгөөч.
후—흐디잉 엠츠 자—즈 으거—츠.

치과의사를 추천해 주시겠습니까?
Шүдний эмч зааж өгөөч.
슈든니— 엠츠 자—즈 으거—츠.

어디에서 진료하나요?
Эмчилгээ хаана хийдэг вэ?
엠칠게— 하—느 히—득 웨?

여의사에게 진료 접수해 주시겠어요?
Эмэгтэй эмчид үзүүлж өгөөч.
에믁태— 엠치뜨 우쭈울쯔 으거—츠.

의사 선생님이 제 집에 올 수 있나요?
Манай гэрлүү эмч дуудаж \явуулж\ өгч болох уу?|
마내— 게르 루— 엠츠 도—다즈 \야보올즈\ 윽츠 벌러흐 오?

24시간 되는 전화번호가 있습니까?
Хорин дөрвөн цагийн дуудлагын утас байдаг уу?
허링 두룽 착—잉 도—들락—잉 오트스 배—득 오—?

간염 접종을 했습니다.
\Гепатитийн\ Элэгний вирусын вакцин хийлгэсэн үү?
\기파티티잉\ 엘렉긴니— 비로스—잉 바크칭 히일렉셍 우—?

파상풍 접종을 했습니다.
Би сахуугийн \татрангийн\ вакцин хийлгэсэн.
비 사호—기잉 \타트랑기잉\ 바크칭 히일렉셍.

장티푸스 예방접종을 했습니다.
Би гэдэсний хижиг өвчний вакцин хийлгэсэн.
비 게데슨니— 히직 으브친니— 바크칭 히일렉셍.

저는 콘택트 렌즈가 필요합니다.
Би (нүдний) линз хийлгэе.
비 (누든니—) 린즈 히일기이.

저는 안경을 맞추어야 합니다.
Нүдний шил хийлгэе.
누든니— 쉴 히일기이.

증상&몸 상태 Өвчний шинж тэмдэг : 의사의 말

어디가 불편하신가요?
Хаана өвдөж байна?
하—ㄴ 으브드즈 밴?

어디가 편찮으신가요?
Юу чинь өвдөж байна?
요— 친 으브드즈 밴?

어디가 아프신가요?
Хаана өвчтэй байна?
하—ㄴ 으브치태— 밴.?

열이 있습니까?
Халуунтай байна уу?
할로온태— 밴노—?

이 상태가 얼마나 오래 되었나요?
Ийм болоод удаж байна уу?
이임 벌러—드 오다즈 밴노—?

이전에도 이런 증상이 있었습니까?
Танд өмнө нь ийм шинж тэмдэг илэрч байсан уу?
탄뜨 음은느 이임 쉰즈 템득 일레르츠 배—산노—?

얼마나 오래 동안 여행 하였습니까?
Хэр удаан аялсан бэ?
헤르 오다앙 아일—상 베?

술을 마십니까?
Архи уудаг уу?
아리흐 오—득 오—?

담배를 피십니까?
Тамхи татдаг уу?
타미흐 타트득 오—?

복용하는 약이 있습니까?
Уудаг эм байгаа юу?
오—득 엠 배—가— 요—?

알레르기가 있습니까?
Ямар нэг зүйлийн харшилтай юу?
타 야마르 넥 쬘т잉 하르쉴태— 요—?

귀가하셔야 합니다.
Та гэртээ \нутагруугаа\ харих хэрэгтэй.
타 게르테— \노탁 로—가—\ 하리흐 헤륵태—.

심각하지 않습니다.
Гайгүй байна. \ Сүртэй хүнд биш байна.
개—뀌이 밴.\ 수르태— 훈뜨 비쉬 밴.

저는 매우 아픕니다.
Их өвдөж байна.
이흐 으브드즈 밴.

내 친구가 아픕니다.
Миний найз өвчтэй байна.
미니— 내—즈 으브치태— 밴.

내 아이가 아픕니다.
Миний хүүхэд өвчтэй байна.
미니— 후—헤드 으브치태— 밴.

그가 타박상을 입었습니다.
Тэр гэмтчихлээ.
테르 겜트치흘레—.

여기가 아픕니다.
Энд өвдөж байна.
엔뜨 으브드즈 밴.

알레르기 반응이 있습니다.
Надад харшилж байна.
나다뜨 하리쉴즈 밴.

천식입니다.
Багтраа өвчинтэй.
박트라— 으브칭태—.

간질병이 있습니다.
Унаж татдаг өвчтэй.
오나즈 타트득 으브치태—.

심장발작이 있습니다.
Зүрх өвдөж байна.
주르흐 으브드즈 밴.

열이 있습니다.
Халуунтай байна.
할로옹태— 밴.

열이 높습니다.
Өндөр халуурч байна. \ Халуун өндөр байна.
은뜨르 할로—르츠 밴.\ 할로옹 은뜨르 밴.

구역질이 자주 납니다.
Байн байн дотор муухайрч байна.
밴 밴 더터르 모—해—르츠 밴.

자주 머리가 어지럽습니다.
Толгой байн байн эргэж байна.
털거이 밴 밴 에르게쯔 밴.

심하게 감기 걸렸습니다.
Хүнд ханиадтай байна. \ Хүнд ханиад хүрсэн байна.
훈뜨 하니아뜨태— 밴.\ 훈뜨 하니아뜨 후르셍 밴.

머리가 아픕니다.
Толгой өвдөж байна.
털거이 <u>으브드즈</u> 밴.

목이 아픕니다.
Хоолой өвдөж байна.
허얼래— <u>으브드즈</u> 밴.

기침 감기입니다.
Ханиалгаж байна.
하니알가즈 밴.

감기에 걸렸습니다.
Ханиад хүрчихсэн байна.
하니아뜨 후르치흐셍 밴.

얼마 전 독감에 걸렸었습니다.
Саяхан томуу тусаж байсан.
사이항 터—모 토사즈 배—상.

얼마 전 폐렴에 걸렸었습니다.
Саяхнаас уушгины үрэвсэлтэй болсон.
사야흔나—스 오—쉬긴니— 우레브셀태— 벌성.

벌에 쏘였습니다.
Зөгийнд хатгуулчихлаа.
즈기인뜨 하트고올치흘라—.

위가 아팠습니다.
Ходоод өвддөг.
허더—뜨 으브뜨득.

열병에 걸렸습니다.
Халуунтай байна.
할로온태— 밴.

오한이 듭니다.
Бие жихүүцээд байна.
비이 지후—체—뜨 밴.

신경에 문제가 있습니다.
Мэдрэл зүгээргүй байна. \ Мэдрэл асуудалтай байна.
메드렐 주게—르뀌이 밴.\ 메드렐 아소—달태— 밴.

다리에 쥐가 납니다.
Хөлний шөрмөс татчихлаа.
흘니— 슈리므스 타트치흘라—.

몸 상태가 나쁩니다.
Бие муу байна.
비이 모— 밴.

몸 상태가 더 나빠졌습니다.
Бие бүр муудчихлаа.
비이 부르 모—드치흘라—.

몸 상태가 나아졌습니다.
Бие дээрдэж байна.
비이 데—르데즈 밴.

여기서 음식을 받지 않습니다.
Эндэхийн хоолыг идэж чадахгүй нь.
엔드히잉 허얼—익 이데즈 차다흐꿰인.

잠을 못 잡니다.
Нойр хүрэхгүй байгаа. \ Унтаж чадахгүй байгаа.
너이르 후레흐꿰이 배—가—.\ 온타쯔 차다흐꿰이 배—가—.

상처를 입었습니다.
Гэмтчихлээ.
겜트치흘레—.

넘어졌습니다.
Уначихлаа.
오느치흘라—.

몸을 움직일 수가 없습니다.
Хөдөлж чадахгүй байна.
흐들지 차다흐꿰이 밴.

감기약을 주시겠습니까?
Ханиадны эм өгөөч.
하니아뜬니— 엠 으거—츠.

고혈압입니다.
Даралт өндөр байна.
다랄트 은뜨르 밴.

저혈압입니다.
Даралт бага байна.
다랄트 박가 밴.

당뇨병 환자입니다.
Чихрийн шижинтэй өвчтөн.
치흐르잉 쉬진테— 으브치틍.

• 천식 Астма\ Багтраа 박트라—.
• 감기 Ханиад 하니아뜨

- 기침감기 Бөгшүүлсэн ханиад 북슈울셍 하니아뜨
- 몸살감기 Томуу төст ханиад 터모— 트시트 하니아뜨
- 독감 Томуу 터모—
- 변비 Өтгөн хатах 으트긍 하타흐
- 당뇨병 Чихрийн шижин 치히르잉 쉬칭
- 설사 Гэдэсний өвчин \ Шингэн алдах 게데스니— 으브칭 \싱겡 알다흐
- 뇌염 Тархи, нугасны үрэвсэл 타리흐, 노가스니— 우레브셀
- 두통 Толгой өвдөх 털거이 으브드흐
- 치통 Шүд өвдөх 슈드 으브드흐
- 저체온증 Бээрэх \Биеийн дулаан алдах\ Халуун буурах
  베—레흐 \비잉 돌라앙 알다흐\ 할로옹 보—라흐
- 폐렴 Хатгаа \ Уушгины үрэвсэл 하트가—\ 오—쉬긴니— 우레브셀
- 구역질 Дотор эвгүйрэх \ Бөөлжис хүрэх
  더터르 에브꿔레흐 \브을지스 후레흐
- 골절 Яс хугарах 야쓰 호가라흐
- 화상 Түлэгдэлт 툴렉델트
- 후두염 Залгиур хоолойн үрэвсэл 잘기오르 허얼래—잉 우레브셀
- 콜레라 Булчин задрах тахал 볼칭 자드라흐 타할
- 장티푸스 Гэдэсний хижиг өвчин 게데스니— 히직 으브칭
- 식중독 Хоолны хордлого 허얼니— 허르들럭
- 간염 Гепати´т \ Элэгний үрэвсэл 기파티티\ 엘렉니— 우레브셀
- 심장질환 Зүрхний өвчин 주르힌니— 으브칭
- 종양 Хавдар 하브다르
- 말라리아 Чичрэг өвчин 치치렉 으브칭
- 고혈압 Даралт ихсэх 다랄트 이헤세흐
- 감염 Халдвар 할드바르
- 불면증 Нойргүйдэл 너이르꿔이델
- 중이염 Дунд чихний үрэвсэл 돈뜨 치흔니— 우레브셀
- 방광염 Бөөрний үрэвсэл 브—린니— 우레브셀
- 통증 Өвдөлт 으브들트
- 사스 САРС\ Шувууны томуу 사아르스\ 쇼보온니— 텀모—
- 조류독감 Шувууны ханиад\ томуу 쇼보온니 하니아뜨\ 텀모—
- 티푸스 Хижиг өвчин 히직 으브칭
- 장티푸스 Гэдэсний хижиг өвчин 게데스니— 히직 으브칭
- 발진티푸스 Зон тахал, хижиг өвчин 정 타할, 히직 으브칭
- 궤양 Шархлаа 샤르할라—.
- 위궤양 ´Ходоодны шархлаа 허더—든니— 샤르흘라—
- 상처 Шарх 샤르흐

• 성병 **Арьс өнгөний өвчин** 아르쓰 은근니— 으브칭

검사

무엇을 도와 드릴까요?
Танд юугаар туслах вэ?
탄뜨 요—가—르 토슬라흐 웨?

어디가 아픕니까?
Хаана өвдөж байна?
하—느 으브드즈 밴?

여기가 아픕니다.
Энд өвдөж байна.
엔뜨 으브드즈 밴.

옷을 벗으세요.
Хувцсаа тайлна уу.
호브츠사— 태앨란나 오—.

소매를 약간 올리세요.
Ханцуйгаа жаахан шамлаарай.
한초이가— 자—항 샴말라—래—.

입을 벌리세요.
Амаа ангайгаарай.
아마— 앙개—가—래—.

숨을 깊게 들나도 즈젤라찌 아날리스 이쉬세요.
Гүнзгий амьсгаà аваарай.
군즈기— 아미스가— 아와—래—.

숨을 참으세요.
Амьсгаагаа түгжээрэй.
아미스가—가— 툭제—래—.

피검사를 해야 합니다.
Цусны шинжилгээ хийлгэх хэрэгтэй.
초슨니— 쉰질게— 히일게흐 헤륵태—.

소변검사를 해야 합니다.
Шээсний шинжилгээ хийлгэх хэрэгтэй.
쉬에—스니— 쉰질게— 히일게흐 헤륵태—.

엑스레이를 찍어야 합니다.
Рентген зураг авахуулах хэрэгтэй.
렌트겐 조락 아오호올라흐 헤륵태—.

수술을 해야 합니다.
Хагалгаа хийлгэх хэрэгтэй.
하갈가— 히일게흐 헤륵태—.

며칠 입원해야 합니다.
Хэд хоног эмнэлэгт хэвтэх хэрэгтэй.
헤뜨 헌넉 엠넬렉트 헤우테흐 헤륵태—.

병세가 심각하지 않습니다.
Гайгүй байна.
개—뀌이 밴.

저는 간염 예방접종을 했습니다.
Би \гепатитын\ элэгний вирусын вакцин хийлгэсэн.
비 \기파티트잉\ 엘렉근니— 브로스잉 바크칭 히일게셍.

알레르기 | Харшил 

피부 알레르기가 있습니다.
Арьсны харшилтай.
아리스니— 하르쉴태—.

항생제 알레르기가 있습니다.
Антибиотикийн харшилтай.
안티비어티키잉 하르쉴태—.

항 염증약 알레르기가 있습니다.
Үрэвслийн эсрэг эмийн харшилтай.
우레브셀—잉 에스렉 엠—잉 하르쉴태—.

아스피린 알레르기가 있습니다.
Аспирины харшилтай.
아스피린니— 하르쉴태—.

벌침 알레르기가 있습니다.
Зөгийний харшилтай.
즈기—니— 하르쉴태—.

코데인(진통 수면제) 알레르기가 있습니다.
Кодейний\ унтуулдаг өвчин намдаагчийн харшилтай.
커데인니—\ 온도올득 으브칭 남다악츠잉 하르쉴태—.

페니실린 알레르기가 있습니다.
Пенициллиний харшилтай.
핀니칠린니— 하르쉴태—.

꽃가루 일레르기가 있습니다.
Тоосонцорын\ цэцгийн тоосны харшилтай.
터—선처르잉 \체첵—잉 터—슨니— 하르쉴태—.

설파제 알레르기가 있습니다.
Хүхрийн хүчил агуулсан эмний харшилтай.
후흐리잉 후칠 아고올상 엠니— 하르쉴태—.

산부인과 : 의사의 말

피임제를 사용하십니까?
Жирэмслэлтээс сэргийлэх эм\ бэлдмэл хэрэглэдэг үү?
지렘슬렐테—스 세르기일레흐 엠\ 벨드멜 헤륵글레득 우—?

생리가 있습니까?
Сарын тэмдэг үзэгдэж байгаа юу?
사르잉 템득 우젝데즈 배—가— 요—?

임신 중입니까?
Жирэмсэн үү?
지렘센누—?

마지막 생리가 언제입니까?
Сарын тэмдэг хамгийн сүүлд хэзээ ирсэн бэ?
사르잉 템득 함그잉 수울뜨 헤제— 이르셍 베?

임신입니다.
Жирэмсэн болсон байна.
지렘셍 벌성 밴.

임신한 것 같습니다.
Жирэмсэн болсон байх гэж бодож байна.
지렘셍 벌성 배—흐 게쯔 버덤쯔 밴.

피임약을 복용하고 있습니다.
Жирэмслэлтээс сэргийлэх эм ууж байгаа.
지렘슬렐테—스 세르기일레흐 엠 오—즈 배—가—.

(6)주 동안 생리가 없습니다.
Сарын тэмдэг (зургаан) долоо хоног ирээгүй.
사르잉 템득 (조르강) 덜러— 헌넉 이레—꿰이.

여기 혹이 있습니다.
Эндээ хавдартай. \ Энд хавдар байгаа.
엔떼— 하오다르태—.\ 엔뜨 하오다르 배—가—.

생리통이 있나요?
Сарын тэмдгийн үед өвдөж байна уу?
사리잉 템득—잉 우이뜨 으브드즈 밴노—?

요도염이 있습니다.
Шээсний сувгийн үрэвсэлтэй.
쉬에슨니— 소브그잉 우레브셀태—.

질에 염증이 있습니다.
Үтрээний үрэвсэлтэй.
우트레엔니— 우레브셀테—.

임신 검사를 해보고 싶습니다.
Жирэмсний шинжилгээ хийлгэмээр байна.
지렘슨니— 쉰질게— 히일그메—르 밴.

피임제를 원합니다.
Жирэмслэлтээс сэргийлэх эм\ бэлдмэл авъя.
지렘슬렐테—스 세리기일레흐 엠\ 벨드멜 아위.

대체의학 

저는 양의학 치료를 받지 않습니다.
Би европ \барууны\ эмчилгээ хийлгэдэггүй.
비 이브러피 \바로온니—\ 엠칠게— 히일게득뀌이.

저는 대체의학을 선호합니다.
Би уламжлалт анагаах ухааныг илүүд үздэг.
비 올람질랄—트 아나가—흐 오하—아늑 일루—드 우쯔덱.

침술을 하는 사람을 만날 수 없을까요?
Зүү төөнүүр хийдэг хүнд үзүүлмээр байх юм?
주— 트—누—르 히—득 훈뜨 우주울메—르 배—흐 욤?

자연요법을 하는 사람을 만날 수 없을까요?
Байгалийн эмчилгээ хийдэг хүнд үзүүлмээр байх юм?
배—갈르잉 엠칠게— 히—득 훈뜨 우주울메—르 배—흐 욤?

마사지요법을 하는 사람을 만날 수 없을까요?
Бариа засал хийдэг хүнд үзүүлмээр байна?
바리아 자살 히—득 훈뜨 우쭈울메르 밴.

마사지요법을 하는 사람을 만날 수 없을까요?
Дасгалаар эдгээдэг хүнд үзүүлж болох уу?
다스갈라—르 에드게—득 훈뜨 우쭈울즈 벌러호?

이가 아픕니다.
Шүд өвдөж байна.
슈뜨 으브드즈 밴.

치통이 있습니다.
Шүд өвдөлттэй байна.
슈뜨 으브들트태— 밴.

사랑니가 아픕니다.
Агт араа өвдөж байна.
악트 아라— 으브드즈 밴.

잇몸이 아픕니다.
Буйл өвдөж байна.
보일 으브드즈 밴.

이쪽 이가 아픕니다.
Энэ шүд өвдөж байна.
엔 슈뜨 으브드즈 밴.

이쪽 윗니가 아픕니다.
Дээд талын шүд өвдөж байна.
데—뜨 탈르—잉 슈뜨 으브드쯔 밴.

이쪽 아랫니가 아픕니다.
Доод талын шүд өвдөж байна.
더—뜨 탈르—잉 슈뜨 으브드즈 밴.

이쪽 앞니가 아픕니다.
Энэ урд шүд өвдөж байна.
엔 오르드 슈뜨 으브드즈 밴.

뒤에 이가 아픕니다.
Арын шүд өвдөж байна.
아르잉 슈뜨 으브드즈 밴.

때운 것이 빠졌습니다.
Шүдний ломбо уначихлаа.
슈뜬니— 럼버 오느치흘라—.

이가 부러졌습니다.
Шүд хугарчихлаа.
슈뜨 호가르치흘라—.

주사를 놓아 주세요.
(Өвчин намдаах) тариа хийлгэе.
(으브칭 남다—흐) 타리아 히일기이.

주사를 놓지 말아 주세요.
(Өвчин намдаах) тариа битгий хийгээрэй.
(으브칭 남다—흐) 타리아 비트기— 히—게—래—.

이것은 임시 치료입니다.
Энэ бол түр зуурын эмчилгээ.
엔 벌 투르 조—르잉 엠칠게—.

이를 빼야 합니다.
Шүдээ авахуулах хэрэгтэй.
슈떼— 아와호올라흐 헤륵태—.

이를 빼고 싶지 않습니다.
Шүдээ авахуулмааргүй байна.
슈떼— 아와호올마—르뀌이 밴.

마취를 해주십시오.
Мэдээ алдуулагч өгөөч.
메데— 알도돌락츠 으거—츠.

 **Харилцан яриа 1**
하를창 야르아 1

앙흐바야르: 약을 주문할 수 있습니까?
약사: 처방전이 있나요?
앙흐바야르: 여기 있습니다.
약사: 돈은 계산대에서 지불하시구요. 약은 내일 아침 준비됩니다.
앙흐바야르: 그런데 두통약이 있나요?
약사: 있습니다. 여러 종류가 있는데요. 타이레놀, 아스피린…
앙흐바야르: 좋습니다. 타이레놀도 주고 아스피린도 주세요.

Анхбаяр: Эм (авъя) захиалах гэсэн юм.
앙흐바야르: 엠 (아위) 자히알라흐 게승 욤.
Эмийн санч: Эмчийн (бичиж өгсөн) жор байгаа юу?
엠미잉 산츠: 엠츠잉 (비치즈 윽승) 저르 배—가— 요—?
Анхбаяр: Энэ байна.
앙흐바야르: 엔 밴.
Эмийн санч: Төлбөрөө кассан дээр хийгээд эмээ
    маргааш ирж аваарай.
엠미잉 산츠: 틀브러— 카쌍 데—르 히—게—드 엠메— 마르가—쉬 이르즈
    아와—래—.
Анхбаяр: Толгойны эм байгаа юу?
앙흐바야르: 털거엔니— 엠 배—가— 요—?
Эмийн санч: Байгаа. Таиленол, аспирин.
엠미잉 산츠: 배—가—. 타일렌널. 아스피링.
Анхбаяр: За тэгвэл нэг таиленол бас нэг аспирин авъя.
앙흐바야르: 자 텍웰 넥 타일렡털 바쓰 넥 아스피링 아위.

의사: 어디가 아프신가요?
난디아: 머리가 아픕니다.
의사: 그리고 어디가 불편하십니까?

난디아: 잠을 잘 못자고, 쉽게 피로를 느낍니다. 식욕도 없고요
의사: 체온은요?
난디아: 오늘은 정상입니다.
의사: 처방전을 두 개 써 드리지요. 하나는 두통약 처방이고, 또 하나는 수
    면제 처방입니다. 하루 세 번 식후에 복용하세요. 그리고 충분히 휴
    식을 취하고 비타민을 섭취하거나 레몬주스를 마실 것을 권합니다.
난디아: 감사합니다.

Эмч: Хаана (юу) чинь өвдөж байна?
엠츠: 하—느 (요—) 친 <u>으브드즈</u> 밴?

Нандиа: Толгой өвдөж байна.
난디아: 털거이 <u>으브드즈</u> 밴.

Эмч: Өөр яаж байна?
엠츠: 으—르 야—즈 밴?

**Нандиа: Нойр хүрэхгүй байгаа, бас амархан ядарна.
    Хоолонд дургүй болсон.**
난디아: 너이르 후레흐꿔이 배—가—, 바쓰 아마르항 야다른나. 허얼런뜨
    도리꿔이 벌성.

Эмч: Таны биеийн дулаан ямар байна?
엠츠: 타니— 비잉 돌라앙 야마르 밴?

Нандиа: Өнөөдөр биеийн дулаан хэвийн байна.
난디아: 으너—뜨르 비잉 돌라앙 헤브잉 밴.

**Эмч: Би танд хоёр эм бичиж өгье.Энэ толгойны эм,
    харин энэ нь нойргүйдлийн эм. Өдөрт гурван удаа
    хоол идсэнийхээ дараа уугаарай. Тэгээд амарч,
    витамин, бас нимбэгний шүүс уугаарай.**
엠츠: 비 탄뜨 허이르 엠 비치즈 윽기. 엔 털거인니— 엠, 하링 엔는
    너이르꿔이들—잉 엠. 으뜨르트 고롱 오다— 허얼 이드셴니— 헤—
    다라— 오—가—래—. 테게—뜨 아마르츠, 비타밍, 바쓰 님벡끄니—
    슈스 오—가—래—.

Нандиа: Баярлалаа.
난디아: 바이를라—

○ 비즈니스 БИЗНЕС ▶▷▶

정치, 경제, 사회, 문화, 에너지 분야를 비롯하여 자원분야까지 몽골과의 협력이 확대 강화되고 있다. 몽골와 비즈니스를 위한 기본 비즈니스 회화와 취업&구직과 관련된 표현을 소개한다.

비즈니스 일반 🎧

컨퍼런스에 와 있습니다.
Хуралд оролцохоор ирсэн.
호랄뜨 어럴츠—허—르 이르셍.

회의 중입니다.
Хуралтай байна.
호랄태— 밴.

무역박람회에 와 있습니다.
Гадаад худалдааны үзэсгэлэн яармагт ирсэн.
가다—뜨 호달다—니— 우제스겔렝 야르막트 이르셍.

비즈니스 센터가 어디 있습니까?
Бизнес төв хаана байдаг вэ?
비즈네스 트우 하—느 배—득 웨?

어디에서 컨퍼런스가 열립니까?
Бага хурал хаана болох вэ?
박가 호랄 하—느 벌러흐 웨?

어디에서 회의가 열립니까?
Хурал хаана болох вэ?
호랄 하—느 벌러흐 웨?

저는 컴퓨터를 원합니다.
Надад компьютер хэрэгтэй байна.
나다뜨 컴표티르 헤륵태— 밴.

저는 인터넷 접속을 해야 합니다.
Надад интернэт хэрэгтэй байна.
나다뜨 인티르네트 헤륵태— 밴.

저는 통역이 필요합니다.
Надад орчуулагч хэрэгтэй байна.
나다뜨 어르초올락츠 헤륵태— 밴.

명함을 원합니다.
Нэрийн хуудсаа өгөөч.
네르잉 호—드사— 으거—츠.

팩스를 보내고 싶습니다.
Факс явуулах хэрэгтэй байна.
파크스 야오올라흐 헤륵태— 밴.

제 주소입니다.
Энэ миний хаяг.
엔 미니— 하약그.

제 명함입니다.
Энэ миний нэрийн хуудас.
엔 미니— 네르잉 호—다쓰.

제 이메일 주소입니다.
Энэ миний и-мэйл хаяг.
엔 미니— 이–메일 하약그.

제 팩스 번호입니다.
Энэ миний факсын дугаар.
엔 미니— 파크스잉 도가—르.

제 핸드폰 번호입니다.
Энэ миний гар утасны дугаар.
엔 미니— 가르 오타슨니— 도가—르.

제 페이저 번호입니다.
Энэ миний пейжерийн дугаар.
엔 미니— 페이지르잉 도가—르

제 전화번호입니다.
Энэ миний утасны дугаар.
엔 미니— 오트슨니— 도가—르.

당신 번호도 주시겠어요?
Таны дугаарыг авч болох уу?
타니— 도가—르익 아오츠 벌러흐 오—?

모든 것이 성공적으로 끝났습니다.
Бүх зүйл амжилттай болж |өнгөрлөө| дуусла а .
부흐 쬘 암질티태— 벌즈 \은그를러—\ 도—슬라—.

당신과 거래하는 것은 유쾌합니다.
Тантай хамтран ажиллахад таатай байлаа.
탄태— 함트랑 아질라하뜨 타—태— 배앨라—.

시간 내주셔서 감사합니다.
Цаг зав гаргасанд баярлалаа.
착 자오 가르가산뜨 바이를라—.

레스토랑에 가시겠어요?
Ресторанруу явах уу?
레스터랑 로— 야와흐 오—?

오늘은 제가 대접하겠습니다.
Өнөөдөр би дайлъя.
으너—뜨르 비 대앨리—.

Харилцан яриа 1: Цаг болзох
하를창 야르아 1 착 벌저흐

바트벌드: 여보세요?

미―가: 안녕하세요? 바트벌드! 미―가입니다.

바트벌드: 안녕하세요? 미―가! 목소리를 들으니 반갑습니다. 어디세요?

미―가: 여기 "올란바타르"호텔입니다. 1시간이나 계속 당신한테 전화 돌린 것 같아요.

바트벌드: 제가 너무 바빴습니다. 마이크가 미국에서 전화를 해서 아주 오래 동안 통화했어요.

미―가: 언제 만날 수 있을까요? 당신한테 할 질문이 아주 많아요.

바트벌드: 지금 몇 시입니까?

미―가: 지금 10시입니다.

바트벌드: 지금 오실 수 있나요?

미―가: 죄송하지만 지금은 안 됩니다. 11시에 선약이 있어서요.

바트벌드: 그럼, 1시에 점심을 같이 할 수 있나요?

미―가: 죄송합니다만, 점심은 11시에 만나는 동료들과 하기로 약속이 되어 있습니다. 3시에 안 될까요?

바트벌드: 3시는 제가 안 됩니다. 4시 반 어떠세요? 괜찮으세요?

미―가: 좋아요.

바트벌드: 약속했습니다. 4시 반에 제 사무실에서 기다리고 있겠습니다.

미―가: 바트벌드! 마이크가 다니는 회사에 대한 정보가 있는 지 물어 보고 싶네요. 우리 회사가 미국 기업과 합작기업을 만들려고 하거든요.

바트벌드: 네, 있어요. 그 회사가 홍보자료를 보낸 게 있습니다.

미―가: 잘 됐네요! 그럼, 있다가 뵈어요.

바트벌드: 있다 뵙겠습니다. 안녕히 계세요.

Батболд: Байна уу?

바트벌드: 밴노―?

Мягаа: Батболд уу? Мягаа байна аа. Сайн байна уу!

미―가―: 바트벌도―? 미―가― 밴나― 새앵 밴노―?

Батболд: Сайн байна уу! Мягаа, тантай ярихад таатай
байна. Та хаанаас ярьж байна?

바트벌드: 새앵 밴노—? 미—가—, 탄태— 야리하드 타—태— 밴. 타 하—
느—스 야리즈 밴?

Мягаа: Би энэ "Улаанбаатар" зочид буудалд байна. Тан
руу нэг цагийн өмнөөс залгалаа.

미—가—: 비 엔 "올란바—타르" 저치뜨 보—달드 밴. 탄로— 넥 챠그잉 음
너—스 잘갈라—.

Батболд: Би их завгүй байлаа л даа. Америкаас найз
Майк маань залгаад, их удаан ярьсан.

바트벌드: 비 이흐 자브뀌이 배앨라알 다—. 암메리카—스 내—지 매—키
마아느 잘가—드 , 이흐 오다앙 야리상.

Мягаа: Тантай хэзээ уулзаж болох вэ? Танаас асуух
зүйл их байна.

미—가—: 탄태— 헤제— 오올자즈 벌러흐 웨? 탄나—스 아소—흐 쮈 이흐 밴.

Батболд: Цаг одоо хэд болж байгаа билээ?

바트벌드: 챠 어더— 헤뜨 벌즈 배—가— 빌레—.

Мягаа: Одоо арван цаг болж байна.

미—가—: 어더— 어롱 챠 벌즈 밴.

Батболд: Та одоо хүрээд ирж чадах уу?

바트벌드: 타 어더— 후레—드 이르지 차다흐 오—?

Мягаа: Харамсалтай нь чадахгүй. Би арван нэгэн цагаас
хүнтэй уулзах ёстой.

미—가—: 하람살태앤 차다흐뀌이. 비 아롱 네겡 챠가—스 훈테— 오올자
흐 여스테—.

Батболд: Өдөр нэг цагаас хамт хоолонд орох уу?

바트벌드: 으뜨르 넥 챠가—스 함트 허얼런드 어러흐 오—?

Мягаа: Арван нэгэн цагаас уулзах хүнтэйгээ цуг
хооллохоор тохирсон юм. Уучлаарай. Гурван цагт
уулзах уу?

미—가—: 아롱 네겡 챠가—스 오올자흐 훈데—게— 촉 허얼러허—르 터히
르성 욤. 오—츨라—래— 고롱 챠트 오올자흐 오—?

Батболд: Гурван цагаас Би амжихгүй. Харин дөрөв
гучид яаж байна?

바트벌드: 고롱 챠가—스 비 암즈흐뀌이. 하링 드르우 고치드 야—즈 밴?

Мягаа: Болж байна.

미—가—: 벌즈 밴.

Батболд: Тэгвэл тохирлоо. Таныг дөрөв гучаас
\өрөөндөө\ ажил дээрээ хүлээж байя.
바트벌드: 텍웰 터히를러—. 타니익 드르우 고차—스 \으러언더—\ 아질 데
—레— 배—야.

Мягаа: Батболд гуай, танд Майкын ажилладаг
компанийн талаар ямар нэгэн мэдээлэл байгаа
юу? Бид америкийн компанитай хамтран ажиллах
төлөвлөгөөтэй байгаа юм.
미—가: 바트벌드 과이, 탄뜨 마이키잉 아질라득그 컴판니잉 탈라—르
야마르 네겡 메데엘렐 배—가— 요—? 비뜨 아메리키잉 컴파니태—
함트 랑 아질라흐 틀르블럭거—테— 배—가— 욤.

Батболд: Байгаа. Тэд компаниийхаа танилцуулгыг бидэнд
явуулсан юм.
바트벌드: 배—가—. 테뜨 컴파니하— 타닐초올기익 비덴뜨 야오올상 욤.

Мягаа: Ашгүй дээ. Удахгүй уулзъя.
미—가: 아쉬꿰이데—, 오다흐꿰이 오올자이.

Батболд: Удахгүй уулзъя, баяртай.
바트벌드: 오다흐꿰이 오올쯔이. 바이르태—.

Харилцан яриа 2
하를창 야르아 2

바트벌드: 안녕하세요? 미—가!
미—가: 안녕하세요? 바트벌드! 일은 어때요?
바트벌드: 정상이에요. 당신은 뭐 새로운 일 없나요?
미—가: 이전 그대로에요. 항상 그렇듯 일이 많지요.
바트벌드: 차를 드실래요? 아님, 커피요?
미—가: 고맙지만 됐어요. 오늘 커피를 너무 마셨어요.미네랄 워터 마실 수
없을까요?
바트벌드: 물론이지요. 여기 미네랄 워터요. 그리고 여기 미국에서 보내 온
홍보자료 복사본입니다.
미—가: 고맙습니다. 흠.... 이게 바로 우리가 필요로 하는 자료인 것 같군요.
언제 올란바타르에 오시지 않으시겠어요? 우리 회사 새 상사, 아관
니 오치르 합작기업 문제에 대해 의논해야 합니다.
바트벌드: 오늘이 며칠이지요? 21일인가요?
미—가: 오늘은 11월 21일 화요일입니다.
바트벌드: 일주일 후에 갈 수 있을 것 같습니다. 그러니까 29일 수요일요.

미—가: 아주 좋아요. 어치르 사장님이 수요일에 시간이 있는 걸로 알고
　　　있어요.

Батболд: Сайн байна уу, Мягаа!
바트벌드: 새앵 밴노—? 미—가—!
**Мягмар: Сайн байна уу, Батболд гуай. Ажил хэрэг
　　　өндөр үү?**
먁마르: 새앵 밴노—? 바트벌드 과이. 아질 헤렉 은뜨르 우—?
Батболд: Дажгүй ээ. Танаар сонин сайхан юутай вэ?
바트벌드: 다즈꿰이 에—. 타니아르 서닝 새—항 요—태— 밴?
**Мягмар: Сонин юмгүй ээ. Зав муутай, ажил ихтэй,
　　　байдгаараа л байгаа.**
먁마르 : 서닝 욤꿰이 에—. 자오 모—태—. 아질 이흐테—, 배—득가—라
　　　— 을 배—가—.
Батболд: Цай уух уу? Эсвэл кофе юу?
바트벌드: 채— 오—흐 오—? 에스웰 커피 요—?
**Мягмар: Үгүй дээ, баярлалаа. Өнөөдөр баахан кофе
　　　уусан. Цэвэр ус байгаа юу?**
먁마르: 우꿰이 데—. 바이를라—, 으너—뜨르 바—항 커피 오—상. 체웨르
　　　오쓰 배—가— 요—?
**Батболд: Байлгүй яахав. Цэвэр ус, бас нөгөө америк
　　　компаний танилцуулгын хуулбар.**
바트벌드: 배앨꿰이 야하우. 체웨르 오쓰, 바쓰 느거— 아메리크 컴파니—
　　　타닐초올락기잉 호올바르.
**Мягмар: Баярлалаа. Хмм ... сонирхолтой юм. Яг бидэнд
　　　хэрэгтэй зүйл мөн байна гэж бодож байна.Та хэзээ
　　　Улаанбаатарт манай компани дээр очиж чадах вэ?
　　　Манай шинэ дарга Агвааны Очиртой хэрхэн
　　　хамтран ажиллах талаар тань ярилцах юм.**
먁마르 : 바이를라—. 흠......서니르헐태— 욤. 약 비덴뜨 헤륵태— 쮈 믕 밴
　　　게쯔 버더쯔 밴. 타 헤제— 올란바타르트 마내— 컴파니 데—르 어
　　　치쯔 차다흐 웨? 마내— 쉰 다락그 아그완니— 어치리태— 헤르헹
　　　함트랑 아질라흐 탈라—르 탄 야릴차흐 욤.
Батболд: Өнөөдөр хэдэн бэ? Хорин нэгэн үү?
바트벌드: 으너—뜨르 헤뎅 베? 허링 네겡 우—?
Мягмар: Арван нэгэн сарын хорин нэгэн, Мягмар гариг.
먁마르: 아롱 네겡 사르잉 허링 네겡. 믹마르 가릭.

Батболд: Би танай компани дээр долоо хоногийн дараа
очиж чадна. Хорин есний Лхагва гаригт.
바트벌드: 비 타내— 컴파니 데—르 덜러— 허넉—잉 다라— 어치즈 찰든.
허링 이순니— 르학그와 가릭.
Мягмар: Гайхалтай! Очир гуай Лхагва гаригт завтай.
먁마르: 개할태—! 어치르 과이 르학그와 가릭트 자오태—.

저한테 30분만 할애해 주십시오.
Гучин минутын цаг гаргаж өгөөч?
고칭 미노티잉 착 가르가즈 으거—츠?

매우 바쁘신 것을 알기에 오랫동안 지체하진 않겠습니다.
Таныг маш завгүй байгааг мэднэ, цагаас тань нэг их хороохгүй.
타니익 마쉬 자오꾀이 배—가악 메든네, 챠가—스 탄느 넥 이흐 허러—흐꾀이.

몇 가지 중요한 문제를 토의해야 합니다.
Зарим нэг чухал асуудал хэлэлцэх хэрэгтэй байна.
자림 넥 초할 아소—달 헬렐체흐 헤륵태— 밴.

제가 바로 이것에 대해 이야기하고 싶었습니다.
Яг энэ талаар ярилцмаар байлаа.
약 엔 탈라—흐 야릴츠마—르 밸—앨라—.

다음 질문에 답변 요청합니다.
Дараах асуултуудад хариулна уу.
다라—흐 아소올토—다드 하리올란노—.

이 기업은 사기업인가요? 공기업인가요?
Энэ хувийн компани уу, улсынх уу?
엔 호위잉 컴파니 오—, 올스잉흐 오—?

이 기업 소유주는 누구입니까?
\Захирал\ Энэ компаний эзэн хувьцаа эзэмшигч нь хэн бэ?
\자히랄\ 엔 컴파니— 에젱 호브차— 에젬쉭친 헹 베?

공장을 견학한 후 사장을 만나고 싶습니다.
Би үйлдвэрийг үзсэний дараагаар захиралтай нь уулзмаар байна.
비 월드웨리익 우지센니— 다라—가—르 자히랄태앤 오올즈마—르 밴.

이것에 대해 책임 엔지니어와 더 자세하게 이야기 하고 싶습니다.
Хариуцсан инженертэй нь энэ талаар нарийн ярилцмаар байна.
하리오츠상 인지니르테엔 엔 탈라—르 나르잉 야릴츠마—르 밴.

고정 자본은 어떻습니까?
Үндсэн хөрөнгө нь хэд вэ?
운드셍 흐른건 헤뜨 웨?

유통자금은 어떻습니까?
Эргэлтийн хөрөнгө нь хэд вэ?
에리겔트잉 흐른겅 헤뜨 웨?

이 공장에서는 무엇을 생산하나요?
Энэ юуны үйлдвэр вэ?
엔 요—니— 월드웨르 웨?

이 공장은 언제 지어졌나요?
Энэ үйлдвэр хэзээ баригдсан бэ?
엔 월드웨르 헤제— 바릭드상 베?

누가 당신 측 납품자입니까?
Танай нийлүүлэгч хэн бэ?
타내— 니일루울렉츠 헹 베?

귀사는 직원이 몇 명입니까?
Танай компани хэдэн ажилтантай вэ?
타내— 컴파니 헤뜽 아질탕태— 웨?

어느 나라로 귀사 제품을 수출합니까?
Танайх аль аль улсруу бүтээгдэхүүнээ гаргадаг вэ?
타내—흐 알르 알르 올스 로— 부테엑드후운네— 가라그득 웨?

귀사의 최근 카탈로그를 볼 수 있을까요?
Танай хамгийн сүүлд гарсан бүтээгдэхүүний танилцуулгын хуудсыг үзэж болох уу?
타내— 함그잉 수울뜨 가르상 부테엑드후우니— 타닐초올기잉 호—드스익 우제즈 벌러흐 오—?

이 설비가 작동하는 것을 볼 수 있을까요?
Ажиллуулж үзэж болох уу?
아질로올쯔 우제즈 벌러흐 오—?

어떤 기술 사양이 있습니까?
Техникийн гол үзүүлэлт нь юу вэ?
테흔니키잉 걸 우주울렐튼 요— 웨?

설비의 용량은요?
Төхөөрөмжийн хүчин чадал нь?
트허—름즈잉 후칭 차달른?

생산성은요?
Үйлдвэрлэлийн хүчин чадал нь юу вэ?
윌드웨릴렐—잉 후칭 차달른 요— 웨?

이 설비를 구입하고 싶습니다.
Энэ төхөөрөмжийг худалдаж авмаар байна.
엔 트허—름즈익 호달다쯔 아오마—르 밴.

귀사 가격은 우리에게 적합합니다(적합하지 않습니다).
Танай үнэ боломжийн (өндөр) байна.
타내— 운는 벌럼즈잉 (은뜨르) 밴.

가격이 높게 책정되어 있습니다.
Үнэ нь өндөр тогтоогдсон байна.
운는 은뜨르 턱터억드성 밴.

얼마만큼의 할인해줄 수 있습니까?
Хэр их хямдруулах вэ? / Хямдруулах боломжтой юу?
헤르 이흐 함드로올라흐 웨?\ 함드로올라흐 벌럼지태— 요—?

상품공급은 언제 시작되나요?
Бараагаа хэзээ нийлүүлж эхлэх вэ?
바라—가— 헤제— 니일루울쯔 에헬레흐 웨?

부품은 배나 비행기로 공급할 수 있습니다.
Сэлбэг, эд ангийг усан онгоц болон онгоцоор нийлүүлж болно.
셀벡, 에뜨 앙그익 오상 엉거츠 벌렁 엉거처—르 니일루울쯔 벌런너.

화물을 어떻게 포장할 건가요?
Сав баглаа боодлыг ямар байдалтай илгээдэг вэ?\ Яаж боож багладаг вэ?
사오 박글라— 버—덜르익 야마르 배—달태— 일게—득 웨?\ 야—쯔 버—쯔 바갈닥 웨?

합작기업을 만들고 싶습니다.
Танайхтай хамтарсан компани байгуулмаар байна.
타내—흐태— 함타르상 컴파니 배—고올마—르 밴.

이러한 형태의 협력은 많은 이점을 갖습니다.
Ийм хэлбэрээр хамтран ажиллах нь олон давуу талтай.
이임 헬베레—르 함트랑 아질라흔 얼렁 다오— 탈태—.

이러한 협력은 상호유익하고 전망 있을 겁니다.
Ийм хэлбэрээр хамтран ажиллах нь аль аль талдаа ашигтай, бас ирээдүйтэй.
이임 헬베레—르 함트랑 아질라흔 알르 알르 탈다— 아쒹태—. 바쓰 이레—뚜태—.

계약조건을 토의합시다.
Гэрээний нөхцлөө хэлэлцье.
게레—니— 느르칠러— 헬렐츠이.

누가 이 프로젝트에 재정지원을 합니까?
Энэ төслийг хэн санхүүжүүлэх вэ?
엔 트슬르익 헹 상후—주울레흐 웨?

어떤 결제 형태를 사용하고 있습니까?
Төлбөрөө ямар хэлбэрээр хийх вэ?
틀브러— 야마르 헬베레—르 히—흐 웨?

지불은 어떤 화폐로 할 것입니까?
Төлбөрөө хаанахын мөнгөн тэмдэгтээр хийх вэ?
틀브러— 하—느흐잉 뭉긍 템득테—르 히—흐 웨?

건실한 은행의 보증이 필요합니다.
Тогтвортой банкны баталгаа шаардлагатай.
턱트워르태 방큰니— 바탈가— 샤—르들가태—.

어떤 조건에서 대출 해줄 수 있습니까?
Ямар нөхцөлтэйгээр зээл олгож өгөх вэ?
야마르 느흐츌태—게—르 제엘 얼거쯔 으그흐 웨?

대출에 대한 이자는 몇 %인가요?
Зээлийн хүү нь хэдэн хувь вэ?
제엘—잉 후운 헤뜽 호위 베?

대출은 5년 내에 상환할 것입니다.
Таван жилийн дотор зээлээ эргүүлэн төлнө.
타옹 질—잉 더터르 제엘레— 에르구울렝 틀른너.

어떤 상품을 바터 무역으로 공급할 수 있나요?
Ямар бараагаар арилжаа хийж болох вэ?
야마르 바라—가—르 아릴자— 히—쯔 벌러흐 웨?

이 프로젝트는 대자본 투자를 필요로 하지 않습니다.
Энэ төсөлд их хэмжээний хөрөнгө оруулалт шаардлагагүй.
엔 트슬뜨 이흐 헴제엔니— 흐릉그 어로올랄트 샤—르들락뀌이.

설비 임대료가 얼마나 될까요?
Төхөөрөмжийн түрээс хэд вэ?
트허—름즈잉 투레—스 헤뜨 웨?

우리 제품을 수출할 계획을 갖고 있습니다.
Бид бүтээгдэхүүнээ экспортлохоор төлөвлөж байгаа.
비드 부테엑데후운네— 에키스퍼르틀러—허—르 틀르블르쯔 배—가—.

이윤은 어떻게 분배하나요?
Ашигаа хэрэхэн хуваах вэ?
아쉬가— 헤르헹 호와—흐 웨?

이윤은 50:50으로 합니다.
Ашигаа тэнцүү \50:50 \хуваана.
아쉬가— 텐추—\태우:태우\ 호와—나.

좋은 광고를 기획해야 합니다.
Сайн сурталчилгаа хийх хэрэгтэй.
새앵 소르탈칠가— 히—흐 헤륵태—.

당사는 귀국에 대표부를 개설하길 원합니다.
Манай компани танай оронд салбараа нээх сонирхолтой байгаа.
마내— 컴파니 타내— 어렁뜨 살바라— 네—흐 서니르헐태— 배—가—.

우리는 이 비즈비스에 많은 자본을 투자했습니다.
Бид энэ бизнест их хэмжээний хөрөнгө оруулалт хийсэн.
비뜨 엔 비즌네스트 이흐 헴제—니— 흐른그 어로올랄트 히—셍.

저는 처음으로 협상에 참여합니다.
Би гэрээ хэлэлцээрт анх удаа оролцож байна
비 게레— 헬렐체—르트 앙흐 오다— 어럴츠즈 밴.

제 파트너들과 상의해야 합니다.
Би хамтрагчтайгаа хэлэлцэх хэрэгтэй..
비 함트락츠태—가— 헬렐체흐 헤륵태—.

신사협정을 체결합시다.
Боловсон хэлэлцээр хийе.
벌러오성 헬렐체—르 히—이.

언제 최종답변을 받을 수 있나요?
Эцсийн шийдээ хэзээ хэлэх вэ?
에츠시잉 쉬이데— 헤제— 헬레흐 웨?

우리 입장은 바뀌지 않았습니다.
Бид байр сууриа өөрчлөөгүй.\ Бидний байр суурь өөрчлөгдөөгүй.
비뜨 배—르 소—리아 으—르칠러—꿰이.\ 비딘니— 배—르 소—리 으—리칠룩드꿰이.

우리가 의견 일치를 한 것이 기쁩니다.
Зөвшилцөлд хүрсэндээ баяртай байна.
즈브쉴츨뜨 후르센데— 바이르태— 밴.

이 문서를 검토하려면 며칠이 필요합니다.
Эдгээр баримт бичгийг үзэж судлахад хэд хоног шаардагдана.
에드게—르 바림트 비칙—익 우제즈 소들라하뜨 헤뜨 헌녁 샤—르닥드나.

모든 문서가 준비되었습니다.
Бүх бичиг баримт бэлэн болсон.
부흐 비칙 바림트 벨렝 벌성.

우리는 계약서에 서명할 준비가 되었습니다.
Бид гарын үсэг зурахад бэлэн байна.
비 가르잉 우섹 조르하뜨 벨렝 밴.

귀사와 사업관계를 확대하고 싶습니다.
Танай компанитай бизнесийн харилцаагаа өргөжүүлмээр байна.
타내— 컴파니태— 비진네스잉 하릴차—가— 으르그주울메—르 밴.

우리의 결실 있는 협력이 강화되길 바랍니다.
Бидний хамтын ажиллагаа үр дүнгээ өгнө гэдэгт найдаж байна.
비든니— 함트잉 아질락가— 우르 둥게— 으근너 게득트 내—다쯔 밴.

Харилцан яриа 1
하를창 야르아 1

상쟈: 안녕하세요? 미스터 리! 우리 초청을 받아들여 올란바타르에 와서
기쁩니다.

이 민수: 안녕하세요? 상쟈! 기쁜 마음으로 출장을 왔습니다.

상쟈: 편히 하세요. 차나 커피를 드시겠어요?

이 민수: 차로 주십시오. 상쟈! 곧바로 제가 여기 온 목적인 문제 토의로 들
어 갔으면 합니다.

상쟈: 알았습니다. 제가 사양서를 가져왔습니다. 자, 한 번 살펴보시지요.
이 그림에서 풍력발전 설비를 보고 계십니다. 아래에는 기술사양이
제시되어 있습니다. 왼편에는 가격이 나와 있고요.

이 민수: 오, 몇 가지 모델이 있군요!

상쟈: 에, 이것이 최신 모델입니다.

이 민수: 제 생각에는 이것이 가장 좋은 모델 같습니다.

상쟈: 저 역시 그렇게 생각합니다. 그러나 가격대가 아주 높습니다.
여기에는 예비가격이 제시되어 있습니다. 가격할인은 주문량에 좌우
됩니다. 설비를많이 주문할수록 가격은 더 내려가지요.

이 민수: 제가 서울 본사와 연락해 본 후 내일 답변 드리겠습니다.

상쟈: 아주 좋습니다. 내일 뵙겠습니다.

**Санжаа: Сайн байна уу, Ноён Ли! Бидний урилгыг
хүлээн авч Улаанбаатарт ирсэнд тань баяртай
байна.**

상쟈—:새앵 밴노—, 너영 이! 비든니— 오릴기익 훌렝 아오츠 올란바—타
르트 이리셍뜨 탄느 바이르태— 밴.

**И Мин Сү: Сайн байна уу, ноён Санжаа! Танай оронд
ирсэндээ тун их баяртай байна.**

이 민수: 새앵 밴노—, 너영 상쟈—! 타내— 어렁뜨 이리셍데— 통 이흐 바
이르태— 밴.

Санжаа: Тухлан сууна уу. Та цай уух уу, кофе юу?

상쟈—: 토흘랑 소—노—? 타 채— 오—흐오— , 커피 오—흐오—?

И Мин Сү: Цай ууя. Зорьж ирсэн ажлаа ярья. Танай хамгийн сүүлийн үеийн бүтээгдэхүүний жагсаалт байгаа юу?

이 민수: 채— 오—이. 저리즈 이르셍 아질라— 야리이. 타내— 함그잉 수울—잉 우이잉 부테엑드후웅니— 쟉사알트 배—가— 요—?

Санжаа: Ойлголоо. Би бүтээгдэхүүнүүдийхээ тайлбарыг авчирсан. Энэ зурагт салхин цахилгаан үүсгүүрийн сэнс харагдаж байна. Доор нь тайлбар нь, зүүн талд нь үнэ нь байгаа.

상자—: 어엘럭글러—. 비 부테엑드후웅누—드잉헤— 태앨바르익 아오츠리상. 엔 조락트 살흥 차흘가앙 우—스구—리잉 센쓰 하락다쯔 밴. 더—른 태앨바링, 주웅 탈뜬 운는 배—가—.

И Мин Сү: Танайд нэлээн хэдэн загвар байгаа юм байна.

이 민수: 타내—뜨 넬레엥 헤뚱 작와르 배—가— 욤 밴.

Санжаа: Тийм ээ, энэ хамгийн сүүлийн үеийн загвар нь.

상쟈—: 티임 에—, 엔 함그잉 수울—잉 우이잉 작와른.

И Мин Сү: Энэ хамгийн сайн нь юм шиг санагдаж байна.

이 민수: 엔 함그잉 새앵 은 욤 쉭 사낙다쯔 밴.

Санжаа: Би тантай санал нэг байна. Гэхдээ үнэ нь их өндөр. Энд бичсэн нь урьдчилсан үнэ нь байгаа юм. Жинхэнэ үнэ нь таны захиалгаас хамаарна. Олныг авах тусмаа хямдрана.

상쟈—: 비 탄태— 사날 넥 밴. 게흐데— 운는 이흐 은뜨르. 엔뜨 비치셍은 오른칠상 운는 배—가— 욤. 징헨네 운는 타니— 자히알가—스 함마—른나. 얼른니익 아와흐 토스마— 햠드란나.

И Мин Сү: Би Сөүл дэх компани руугаа яриад хариугаа маргааш хэлье.

이 민수: 비 서울 데흐 컴파니로—가— 야리아뜨 하리오가— 마르가—쉬 헬리이.

Санжаа: За ойлголоо. Маргааш уулзъя.

상쟈—: 자 어엘럭글러—. 마르가—쉬 오올즈이.

이민수: 서울과 연락했습니다. 회사는 귀사의 설비를 구매하려고 합니다. 이것이 우리 주문 견적서입니다. 이제 가격 협상을 시작하지요? 얼마나 할인해 줄 수 있습니까?

상쟈: 3% 할인이면 괜찮겠습니까?

이민수: 전혀요. 우리는 먼저 귀사 설비 10대를 먼저 구입해서 우리 상황에서 어떻게 작동하는 지를 보려고 합니다. 그 후에 우리는 200대를 추가 구입할 겁니다. 대량 주문입니다. 그래서 귀사로부터 할인을 많이 받기를 바랍니다.

상쟈: 5% 할인을 해주는 것에 동의합니다만, 그 이상은 가격 인하를 해 줄 수가 없습니다.

이민수: 이 문제를 결정할 권리가 제겐 없습니다. 서울로 팩스를 보내야 겠습니다. 그 다음에 협상을 계속 하도록 하지요.

상쟈: 반대하지 않습니다. 전화 기다리겠습니다.

И Мин Сү: Би Сөүл дэхь компани руугаа ярилаа. Манай компани танайхаас төхөөрөмж авахаар шийдсэн. Энэ туршилтын захиалгын үнийн санал нь байх юм. Үнээ тохиръё. Хэдэн хувь хямдруулах вэ?

이 민수: 비 서울 데흐 컴파니로―가― 야릴라―. 마내― 컴파니 타내―하―스 트허―름쯔 아와하르 쉬이드셍. 엔 토르쉴트잉 자히알그잉 우느잉 사날른 배―흐 욤. 우네― 터히르이. 헤뜽 호브 함드로올라흐 웨?

Санжаа: Гурван хувийн хямдрал үзүүлбэл болох уу?

상쟈―: 고롱 호브잉 함드랄 우쭈울벨 벌러흐 오―?

И Мин Сү: Арай бага байна. Би эхлээд арван төхөөрөмж захиална. Манай орны нөхцөл байдалд тохирох эсэхийг үзсэний дараа дахин хоёр зууг авна. Их хэмжээгээр захиалах учраас хямдралаа нэмэгдүүлнэ үү.

이 민수: 아래― 박가― 밴. 비 에흘레―뜨 아롱 트허―름쯔 자히알란나. 마내― 어른니― 느흐츨 배―달뜨 터히러흐 에세흐익 우즈센니― 다라― 다힝 허이르 조옥 아오나. 이흐 헴제―게―르 자히알라흐 오츠라―스 함드랄라― 넴멕두울렌네 우―.

Санжаа: Би танд таван хувийн хямдрал үзүүлье. Харин
       илүү хямдруулж чадахгүй.
상쟈—: 비 탄뜨 타옹 호비잉 햠드랄 우주울리이. 하링 일루— 햠드로올쯔
       차다흐꿰이.

И Мин Сү: Би шийдвэрийг өөрөө гаргахгүй. Сөүл
       рүү факс илгээж асууя. Тэгээд яриагаа
       үргэлжлүүлье.
이 민수:

Санжаа: Тэгье. Таныг хариу хүлээж автал азная.
상쟈—: 텍기. 타느익 하리오 훌레—쯔 아오탈 아진나이.

Харилцан яриа 3
하를창 야르아 3

이민수: 안녕하세요? 상쟈! 우리 일이 잘 될 것 같습니다. 우리 사장님이
       5% 할인가에 동의했습니다.
상쟈: 매우 기쁩니다. 납품과 지불조건을 협상하는 일만 남았군요. 납품조
       건부터 시작합시다.
이민수: 우리는 귀사 설비를 한 조로 받는 것이 편할 것 같습니다.
상쟈: 반대하지 않습니다. 보통 우리 회사는 보험료 운임포함 조건으로 납
       품합니다. 그렇게 해서 우리 회사는 상품의 운송과 보험을 보장합니
       다.
이민수: 좋습니다. 보험료 운임 포함 조건으로 납품하는 것에 동의합니다.
상쟈: 그럼, 납품 기간은 어떻게 할까요?
이민수: 계약 체결 후 반 년 내에 상품을 공급받길 원합니다. 그러니까 11
       월에요.
상쟈: 합의했습니다. 이제 지불 조건을 협의하도록 하지요.
이민수: 그러지요. 한국외환은행을 통해 취소불능 보증 신용장으로 지불하
       겠습니다.
상쟈: 언제 신용장을 개설할 겁니까?
이민수: 상품 발송 준비 완료에 대한 귀 측의 통지를 받는 즉시 개설 할 겁
       니다. 선화증권 일자로부터 120일 기간 동안 분화지급을 원합니다.
상쟈: 100일 분할 지급을 제안합니다.
이민수: 좋습니다. 모든 것에 대해 합의를 했습니다.
       이제 계약서를 작성하고 서명하도록 하지요.

И Мин Сү: Сайн байна уу, ноён Санжаа! Ажил хэрэг
маань бүтэмжтэй байх шиг байна. Манай компаний
захирал таван хувийн хямдрал үзүүлсэнд тань
сэтгэл хангалуун байна.

이 민수: 새앵 밴노—, 너영 상쟈—! 아질 헤렉 마안 부템즈태— 배—흐 쉭
밴. 마내— 컴파니— 자히랄 타옹 호비잉 햠드랄 우쭈울센뜨 타느 세
트겔 항갈로옹 밴.

Санжаа: Маш их баяртай байна. Тэгэхээр
нийлүүлэлтийн нөхцөл, тооцоогоо хэрхэн хийх
талаар хэлэлцэх л үлдэж байна. Нийлүүлэлтийн
нөхцөлөөсөө эхэлье.

상쟈—: 마쉬 이흐 바이르태— 밴. 텍헤—르 니일루울트잉 느흐츨, 터—처
—거— 헤르헹 히—흐 탈라—르 헬렐체흘 울데쯔 밴. 니일루울트잉
느흐츨러—서— 에헬리.

И Мин Сү: Төхөөрөмжүүдээ бүгдий нь цуг хүлээж
авбал бидэнд амар байна.

이 민수: 트허—름주—데— 북디인 촉 훌레—쯔 아오발 비덴뜨 아마르 밴.

Санжаа: Бололгүй яахав. Бид олон улсын ачаа
тээврийн үнэндээ даатгалаа багтаадаг. Тиймээс
ачаа барааны тээвэр даатгалыг бас хариуцна гэсэн
үг.

상쟈—: 벌럴뀌이 야—하오. 비뜨 얼렁 올스잉 아차— 테—우르잉 우넨데
— 다—트갈라— 박타—득. 티—메—스 아차— 바라—니— 테—웨르
다—트갈—익 바쓰 하리오찬나.

И Мин Сү: Гайхалтай! Бид олон улсын ачаа тээврийн
үнэндээ даатгал багтсан нөхцлийг хүлээн
зөвшөөрч байна.

이 민수: 개—할태—. 비뜨 얼렁 올스잉 아차— 테—웨르잉 우넨데— 다—
트갈 박트상 느흐츨—익 훌레엥 즈브슈—르츠 밴.

Санжаа: Нийлүүлэлтийн хугацаа нь хэзээ вэ?

상쟈—: 니일루울렐트잉 호가차—은 헤제— 웨?

И Мин Сү: Гэрээнд гарын үсэг зурснаас зургаан сарын
дотор хүлээн авах хүсэлтэй байна. Өөрөөр хэлбэл,
арван нэгэн сар гэхэд.

이 민수: 게레엔뜨 가르잉 우섹 조르슨나—스 조르가앙 사르잉 더터르 훌
레엥 아와흐 후셀태— 밴. 으—르—르 헬벨, 아롱 네겡 사르 게헤뜨.

Санжаа: Тохирлоо. Одоо төлбөрийн талаар ярилцъя.

상쟈—: 터히를러—. 어더— 틀브리잉 탈라—르 야릴츠이.

И Мин Сү: Тэгье. Манайх тооцоогоо Солонгосын гадаад руу гүйлгээ хийдэг банкаар дамжуулан аккредитийн журмаар төлнө.

이 민수: 텍기. 마내—흐 터—처—거— 설렁거스잉 가다—드 로— 궐게— 히—득 방카—르 담조올랑 아크레디트잉 조르마—르 틀른너.

Санжаа: Аккредитээ хэзээ нээх вэ?

상차—: 아크레디테— 헤제— 네—흐 웨?

И Мин Сү: Төхөөрөмжийг усан онгоцоор илгээхэд бэлэн болсноос зуун хорин хоногийн дотор хувааж төлөх нөхцөлтэй байвал сайн байна.

이 민수: 트허—름즈익 오상 엉거처—르 일게—헤뜨 벨렝 벌슨너—스 조옹 허링 헌넉—잉 더터르 호와—쯔 틀르흐 느흐츨태— 배—왈 새앵 밴.

Санжаа: Зуун хонгийн дотор хувааж төлөх нөхцөлтэй байвал сайн байна .

상차—: 조옹 헌넉—잉 더터르 호와—쯔 틀르흐 느흐츨태— 배—왈 새앵 밴.

И Мин Сү: Гайхалтай! Бүх ажлаа яриад тохирчихлоо. Гэрээ байгуулж, гарын үсгээ зурцгаая.

이 민수: 개—할태—! 부흐 아질라— 야리아뜨 터히르치흘러—. 계레— 배 —고올쯔, 가르잉 우스게— 조르챠가—이.

어디에 구인광고가 났습니까?

Ажлын зар хаана гардаг вэ?

아질—잉 자르 하—느 가르득 웨?

취업광고를 알아보고 싶습니다.

Ажилд авна гэсэн зар мэдэх хэрэгтэй байна.

아질뜨 아오나 게셍 자르 메데흐 헤륵태— 밴.

경력이 있습니다.
Ажлын туршлагатай.
아질—잉 토르쉴락가태—.

여기 일은 어떤가요?
Энэ ажил ямар байна?
엔 아질 야마르 밴?

봉급은 어떻게 됩니까?
Цалин нь хэд вэ?
찰링은 헤뜨 웨?

편집장 자리를 찾고 있습니다.
Редакторын\ эрхлэгчийн ажил хайж байна.
레다크터르잉\ 에르흘렉츠잉 아질 하이—즈 밴.

(영어) 교사 자리를 찾고 있습니다.
Англи хэлний багшийн ажил хайж байна.
앵글 핼린니— 박쉬잉 아질 하이—즈 밴.

기자직을 찾고 있습니다.
Сэтгүүлчийн ажил хайж байна.
세트구울치잉 아질 하이—쯔 밴.

아나운서직을 찾고 있습니다.
Нэвтрүүлэгчийн ажил хайж байна.
네우트루울렉치잉 아질 하이—즈 밴.

통역 일을 찾고 있습니다.
Орчуулагчийн ажил хайж байна.
어르초올락치잉 아질 하이—즈 밴

임시직을 찾고 있습니다.
Цагийн түр ажил хайж байна.
챠—깅 투르 아질 하이—즈 밴.

정규직을 찾고 있습니다.
Орон тооны ажил хайж байна.
어렁 터—니— 아질 하이—즈 밴.

반 정규직을 찾고 있습니다.
Ээлжийн ажил хайж байна.
에엘지잉 아질 하이—즈 밴.

자동차가 있어야 합니까?
Машинтай байх хэрэгтэй юу?
마쉰태— 배—흐 헤륵태— 요—?

계약서가 있어야 합니까?
Гэрээ хийх хэрэгтэй юу?
게레— 히—흐 헤륵태— 요—?

경력이 있어야 합니까?
Ажлын туршлагатай байх шаардлагатай юу?
아질—잉 토르쉴락그태— 배—흐 샤—르들락태— 요—?

보험이 있어야 합니까?
Даатгалтай байх хэрэгтэй юу?
다—트갈태— 배—흐 헤륵태— 요—?

서류가 있어야 합니까?
Бичиг баримттай байх хэрэгтэй юу?
비칙 바림트태— 배—흐 헤륵태— 요—?

제복이 있어야 합니까?
Дүрэмт хувцастай байх хэрэгтэй юу?
두렘트 호브차스태— 배—흐 헤륵태— 요—?

취업허가서가 있어야 합니까?
Ажлын зөвшөөрөл хэрэгтэй юу?
아질리잉 즈우슈—를 헤륵태— 요—?

몇 시에 업무가 시작됩니까?
Ажил хэдээс эхэлдэг вэ?
아질 헤떼—스 에흘득 웨?

몇 시에 휴식시간이 시작됩니까?
Цайны цаг хэдээс вэ?
채—니— 착 헤떼—스 웨?

몇 시에 업무가 끝납니까?
Хэдээс ажил тардаг вэ?
헤떼—스 아질 타르득 웨?

내일 출근할 수 있습니까?
Та маргаашнаас ажиллах уу?
타 마르가—쉰나—스 아질라흐 오—?

다음 주에 출근할 수 있습니까?
Дараагийн долоо хоногоос ажиллаж чадах уу?
다라—기잉 덜러— 허녁거—흐 아질라쯔 차다흐 오—?

내일 출근할 수 있습니다.
Маргаашнаас ажилдаа орж чадна.
마르가—쉰나—스 아질다— 어르쯔 차든나.

다음 주에 출근할 수 있습니다.
Дараагийн долоо хоногоос ажилдаа орж чадна.
다라—기잉 덜러— 허녁거—스 아질다— 어르쯔 차든나.

제 수표의 상세사항입니다.
Энэ миний дансны мэдээлэл.
엔 미니— 단슨니— 메데엘렐.

제 소개서입니다.
Энэ миний анкет.
엔 미니— 앙케트.

제 비자입니다.
Энэ миний виз.
엔 미니— 비즈.

제 취업 허가서입니다.
Энэ миний ажиллах зөвшөөрөл.
엔 미니— 아질라흐 즈브슈—를.

Харилцан яриа 1: Ажил хайх
하를창 야르아 1: 아질 해—흐

세르길릉: 언제 대학을 졸업하세요?

빈데리아: 곧이요, 내년 초에 졸업해요. 지금 취직하기 어려운 것 때문에 아주 걱정이에요.

세르길릉: 나도 들었어요. 국내경제가 악화되어서 많은 졸업생들이 일자릴 못 찾고 있다더군요. 그런데 당신은 어떤 직장을 원하세요?

빈데리아: 저는 제 캐리어를 쌓을 기회가 있는 직장을 찾고 싶어요. 월급도 많이 받고요.

세르길릉: 당신 요구사항이 많은 것 같네요. 아무튼 성공을 빕니다.

Сэргэлэн: Та их сургуулиа хэзээ төгсөх вэ?
세르길릉: 타 이흐 소리고올리아 헤제— 특스흐 웨?

Биндэрьеэ: Удалгүй, дараа жилийн эхээр төгсөнө.Ажил олоход хэцүү учраас одооноос их санаа зовж байгаа.
빈데리아: 오달뀌이, 다라— 질리잉 에헤—르 특스너. 아질 얼러흐뜨 헤추 — 오치라—스 어더—너—스 이흐 사나— 저오찌 배—가—.

Сэргэлэн: Эдийн засгийн хямралаас үүдэн ажил олоход хэцүү болсон гэж сонссон. Та ямар ажил хайж байгаа юм бэ?
세르길릉: 에디잉 자슥기잉 햠랄라—스 우—뎅 아질 얼러흐뜨 헤추— 벌성 게쯔 선스성. 타 야마르 아질 해—즈 배—가— 욤 베?

Биндэрьеэ: Би мэргэжлээ дээшлүүлэх боломжтой, өндөр цалинтай ажил сонирхож байгаа.
빈데리아: 비 메르게질레— 데—쉴루울흐 벌럼즈잉태, 은뜨르 찰링태— 아 질 서니르허즈 배—가.

Сэргэлэн: Та ч өндөр шаардлага тавьж байна даа, гэхдээ амжилт хүсье.
세르길릉: 타 츠 은뜨르 샤아르들락가 타오즈 밴 다—, 게흐데— 암질트 후 세이.

○ 스포츠 ▶ ▷ ▶

연간 스포츠 축제인 나담은 몽골에서 가장 유명한 행사이다. 남자 3종 경기:
레슬링, 양궁, 승마로 구성된 나담은 전국적으로 기념하고 모든 도시와 마을
에서 자체적인 레슬링과 양궁, 그리고 승마 대회를 개최한다. 공식적인 나담
개회식은 울란바토르에서 성대하게 열린다.

스포츠 관심 Спорт  

당신은 운동을 하십니까?
Та спортоор хичээллэдэг үү?
타 스퍼르터—르 히체엘르득 우—?

네, 합니다.
Тийм ээ, хичээллэдэг.
티임 에—, 히체엘르득.

아뇨, 하지 않습니다.
Үгүй ээ, хичээллэдэггүй.
우뀌이 에—, 히체엘르득뀌이.

어떤 운동을 하십니까?
Ямар спортоор хичээллэдэг вэ?
야마르 스퍼르터—르 히체엘르득 웨?

어떤 운동에 관심 있나요?
Ямар спортод \сонирхолтой\ дуртай вэ?
야마르 스퍼르터뜨\서니르헐태\ 도르태— 웨?

체조를 합니다.
Гимнастикаар хичээллэдэг.
김나스티카—르 히체엘르득.

달리기를 합니다.
Гүйлтээр хичээллэдэг.
구일테—르 히체엘르득.

피트니스를 합니다.
Бие бялдаржуулалтаар хичээллэдэг.
비이 발다르조올랄타—르 히체엘르득.

Би фитнест явдаг.
비 피틴네스트 야오득.

축구를 합니다.
Хөл бөмбөг тоглодог.
흘 븜북그 터글득.

테니스를 합니다.
Теннис тоглодог.
텐니스 터글득.

골프를 합니다.
Гольф тоглодог.
걸프 터글득.

농구를 합니다.
Сагсан бөмбөг тоглодог.
삭상 븜북그 터글득.

탁구를 칩니다.
Ширээний теннис тоглодог.
쉬레—니— 텐니스 터글득.

배구를 합니다.
\Волейбол\ Гар бөмбөг тоглодог.
\벌레벌\ 가르 븜북그 터글득.

야구를 합니다.
Бэйсбол тоглодог.
베—스벌 터글득.

하키를 합니다.
Хоккей тоглодог.
혁케이 터글득.

볼링을 합니다.
Боулинг тоглодог.
버올링그 터글득.

배드민턴을 합니다.
Бадминтон тоглодог.
바드민텅 터글득.

스키를 탑니다.
Цанаар гулгадаг.
챤나―르 골그득.

스케이트를 탑니다.
Тэшүүрээр гулгадаг.
테슈―레―르 골그득.

아침운동을 합니까?
Өглөөний дасгал хийдэг үү?
윽글러―니― 다스갈 히―득 우―?

네, 합니다.
Тийм ээ, хийдэг.
티임 에―, 히―득.

아뇨, 하지 않습니다.
Үгүй ээ, хийдэггүй.
우꿰이 에―, 히―득꿰이.

당신을 축구를 좋아하십니까?
Та хөл бөмбөгт дуртай юу?
타 흘 븜북트 도르태― 요―?

네, 많이 좋아합니다.
Тийм ээ, маш их.
티임 에―, 마쉬 이흐 .

그다지요.
Тийм ч их дуртай биш.
티임 츠 이흐 비쉬.

저는 보는 것을 더 좋아 합니다.
Би үзэх илүү дуртай.
비 우제흐 일루— 도르태—.

운동은 시간을 많이 뺏습니다.
Спортоор хичээллэхэд цаг зав их шаардагддаг.
스퍼르터—르 히체엘레흐뜨 착 자오 이흐 샤—르닥득.

운동할 시간이 없습니다.
Спортоор хичээллэх цаг байдаггүй.
스퍼르터—르 히체엘레흐 착 배—득뀌이.

운동할 기회가 없습니다.
Спортоор хичээллэх боломж байдаггүй.
스퍼르터—르 히체엘레흐 벌럼쯔 배—득뀌이.

어떤 스포츠가 당신 나라에서는 가장 인기 있습니까?
Танай оронд хүмүүс ямар спортыг илүү сонирхдог вэ?
타내— 어런뜨 후무—스 야마르 스퍼르티익 일루— 서니리흐득 웨?

축구가 인기 종목입니다.
Манай оронд хөл бөмбөг сонирхогчид их байдаг.
마내— 어렁뜨 홀 븜북그 서니리헉츠뜨 이흐 배—득.

경기 관람

여기서 어떤 스포츠 이벤트가 있는 지 말씀해 주시겠어요?
Энд спортын ямар уралдаан тэмцээн болж байгааг хэлж өгөөч.
엔뜨 스퍼리티잉 야마르 오랄다앙 템체엥 벌즈 배—가악 헬즈 으거—츠.

일요일에 권투경기가 열립니다.
Бүтэн сайнд боксын тэмцээнтэй.
부텡 세앵뜨 버크스잉 템체엔태—.

일요일에 피겨 스케이팅 경기가 열립니다.
Бүтэн сайнд уран гулгалтын тэмцээнтэй.
부텡 새앵뜨 오랑 골갈트잉 템체엔태—.

일요일에 수영 경기가 열립니다.
Бүтэн сайнд усанд сэлэлтийн тэмцээнтэй.
부텡 새앵뜨 오쌍뜨 셀렐티잉 템체엔태—.

경기 구경 가시겠습니까?
Тэмцээн үзэхээр явах уу?
템체엔 우즈헤르 야오호?

저는 축구를 보고 싶습니다.
Би хөл бөмбөг үзмээр байна.
비 흘 븜븍그 우즈메—르 밴.

언제 있나요?
Хэзээ вэ?
헤제— 웨?

어디에서 있나요?
Хаана вэ?
하—느 웨?

입장료가 얼마입니까?
Орж үзэхэд хэд вэ?\ Тасалбар ямар үнэтэй вэ?
어리쯔 우제헤뜨 헤뜨 웨? \타살바르 야마르 우느태— 웨?

누구를 응원하십니까?
Хэнийг дэмждэг вэ?
헨니익 뎀지득 웨?

누가 시합합니까?
Хэн\ямар баг тоглох вэ?
헹 \야마르 박 턱글러흐 웨?

우리 나라 축구 대표팀이 프랑스 대표팀과 시합할 것입니다.
Манай улсын хөл бөмбөгийн шигшээ баг францын багтай тоглоно.
마내— 올스잉 흘 븜븍기잉 쉭쉬에— 박 피랑츠잉 박태— 턱글런너.

누가 이기고 있습니까?
Хэн нь хожиж байна?
헹은 허지즈 밴?

몇 대 몇입니까?
Онооны харьцаа хэд байна?
어너—니— 하르차— 헤뜨 밴?

2 대 1입니다.
Хоёр нэг.
허이르 넥.

무승부입니다.
Тэнцүү байна.\ Хайнцсан байна.
텐추— 밴.\ 핸츠상 밴.

경기는 3:1로 끝났습니다.
Тэмцээн гурав нэгээр дууссан.
템체엥 고로우 넥게—르 도—스상.

무승부로 끝났습니다.
Тэмцээн \хайнцсанаар\ тэнцсэнээр дууссан.
템체엥 \핸츠산나—르\ 텐츠센네—르 도—스상.

몇 점 났습니까?
Төгсгөлийн оноо нь хэд вэ?
특스글리잉 어너— 은 헤뜨 웨?

무득점입니다.
Тэг. Оноогүй. Оноо аваагүй.
텍. 어너—뀌이. 어너— 아와—뀌이.

어제 우리 팀이 대학 팀과 배구경기를 했습니다.
Өчигдөр манай баг их сургуулийн гар бөмбөгийн багтай
тоглосон.
으칙뜨르 마내— 박 이흐 소르고올리잉 가르 븜븍기잉 박태— 턱글러성.

경기가 어땠나요?
Хэд хэдээр дууссан?\ Тоглолт ямар болж өнгөрсөн бэ?
헤뜨 헤떼—르 도—시상?\ 턱글럴트 야마르 벌쯔 응그르승 베?

우리 팀이 3:1로 이겼습니다.
Манай баг гурав нэгээр хожсон.
마내— 박 고르우 넥게—르 허즈성.

우리 팀이 졌습니다.
Манайх хожигдсон.
마내—흐 허직드성.

파울!
Алдаа!
알다—!

잘 쳤어!
Сайхан цохилт байна!
새—항 처힐트 밴!

골인!
Гоол!
거얼!

형편없는 경기이군!
Онцгүй тоглолт байлаа!
언츠뀌이 턱글럴트 배앨라—!

지루한 경기이군!
Уйтгартай тоглолт байлаа.
오이트가르태— 턱글럴트 배앨라—.

훌륭한 경기이군!
Сайхан тоглолт\ тэмцээн байлаа!
새—항 턱글럴트 \템체엥 배앨라—!

시합하시겠습니까?
Тоглох уу?
턱글러흐 오—?

같이 하실래요?
Цуг\ хамт тоглох уу?
촉 /함트 턱글러흐 오—?

좋습니다.
Тэг тэг! \ Болно.
텍 텍!\ 벌런너.

다쳤습니다.
Гэмтчихлээ \ гэмтсэн.
겜트치흐셍/ 겜트생.

당신 득점입니다.
Таны оноо.
타니— 어너—.

내 득점입니다.
Миний оноо.
미니— 어너—.

나한테 패스해주세요!
Надад! \ Над руу! Өгөөч.
나다뜨!\ 나뜨로—! 으거—츠

잘 하십니다.
Та сайн тоглож байна.
타 새앵 턱글러쯔 밴.

시합 감사합니다.
Сайхан тоглолоо.
새—항 턱글러—.

여기서 운동할 수 있습니까?
Энд спортоор хичээллэх боломжтой юу? Энд дасгал хийж болох уу?
엔뜨 스퍼르터—르 히체엘레흐 벌럼즈태— 요? 엔뜨 다스갈 히—쯔 벌러흐 오—?

여기 어디에 골프장이 있습니까?
Энд гольфийн талбай хаана байдаг вэ?
엔뜨 걸프잉 탈배— 하—느 배—득 웨?

여기 어디에 체육관이 있습니까?
Энд спортын танхим нь хаана байдаг вэ?
엔뜨 스퍼르트잉 탕힘 은 하—느 배득 웨?

어디에 수영장이 있습니까?
Энд усан сан нь хаана байдаг вэ?
엔뜨 오상 상은 하—느 배—득 웨?

여기 어디에 테니스 코트가 있습니까?
Энд талбайн теннисний газар õàài̇à байдаг вэ?
엔뜨 탈배앵 텐니슨니— 가쯔르 하—느 배득 웨?

Бялдаржуулах газар хаана байдаг вэ?
뱔다르조올라흐 가쯔르 하—느 배—득 웨?

볼링 경기비가 얼마 입니까?
Боулинг тоглоход хэд вэ?
버올링끄 턱글러허뜨 헤뜨 웨?

당구비가 얼마 입니까?
Биллярд тоглоход ямар үнэтэй вэ?
빌랴르뜨 턱글러허뜨 야마르 우느태— 웨?

일일 티켓이 얼마 입니까?
Өдрийн тасалбар хэд вэ?
으뜨르잉 타살바르 헤뜨 웨?

경기비가 얼마 입니까?
Тоглолтын тасалбар хэд вэ?
턱글럴트잉 타살바르 헤뜨 웨?

한 시간에 얼마 입니까?
Цагийн тасалбар хэд вэ?
챠그잉 타살바르 헤뜨 웨?

일회에 얼마 입니까?
Нэг удаагийн тасалбар хэд вэ?
넥 오다―기잉 타살바르 헤뜨 웨?

공을 빌릴 수 있습니까?
Бөмбөг (түрээсээр) өгөх үү? \ авч болох уу?
븜븍그 (투레―세―르) 으그흐 우―?\ 아오츠 벌러흐 오―?

자전거를 빌릴 수 있습니까?
Дугуй түрээслэх үү?
도꼬이 투레―슬레흐 우―?

코트를 빌릴 수 있습니까?
Теннисний талбай түрээслэх үү?
텐니슨니― 탈배― 투레―슬레흐 우―?

라켓을 빌릴 수 있습니까?
Теннисний цохиур түрээслэх үү?
텐니슨니― 처히오르 투레―슬레흐 우―?

어디에서 피트니스를 하십니까?
Хаана бие бялдаржуулалтаар хичээллэдэг вэ?
하―느 비이 뱔다르조올랄타―르 히체엘르득 웨?

회원제입니까?
Гишүүн байх шаардлагатай юу?
기슈웅 배―흐 샤―르들락그태― 요―?

여성만을 위한 세션이 있습니까?
Зөвхөн эмэгтэйчүүдийн групп байдаг уу?
즈브흥 에믹그태―추―디잉 그룹프 배―득 오―?

어디에 탈의실이 있습니까?

Хувцасны өрөө хаана байдаг вэ?

호브차슨니— 으러— 하—느 배—득 웨?

운동종목 : 축구 Хөл бөмбөг

허름홍 선수는 누가 나옵니까?

Хоромхон багийн ямар тамирчин тоглох вэ?

허럼헝 바그잉 야마르 타미르칭 턱글러흐 웨?

그는 훌륭한 선수입니다.

Тэр бол гайхалтай тамирчин.

테르 벌 개—할태— 타미르칭.

그는 이탈리아 전에서 잘 뛰었습니다.

Тэр Италийн эсрэг сайн тоглосон.

테르 이탈리잉 에스렉 새앵 턱글러성.

어느 팀이 챔피온전 승자입니까?

Ямар баг лигийн аварга болсон бэ?

야마르 박 리그잉 아오락가 벌성 베?

스빠르딱이 챔피온입니다.

Хоромхон аварга болсон.

허럼헝 아오락가 벌성.

아주 훌륭한 팀이구나!

Гайхалтай баг байна!

개—할태— 박 밴.!

아주 형편없는 팀이구나!

Ямар муу баг вэ? \Маш муу баг байна.

야마르 모— 박 웨? \마쉬 모— 박 밴.

멋진 골이야!

Гайхалтай гоол!

개—할태— 거얼!

멋진 킥이야!
Гайхалтай цохилт!
개—할태— 처힐트!

멋진 슛이야!
Сайхан цохилоо!
새—항 처힐러—!

멋진 패스야!
Гайхалтай сайхан дамжуулалт!
개—할태— 새—항 담조올랄트!

- 스타디움 Цэнгэлдэх хүрээлэн 쳉겔데흐 후레엘렝
- 축구경기 Хөл бөмбөгийн тоглолт 홀 븜븍기잉 턱글럴트
- 축구장 Хөл бөмбөгийн талбай 홀 븜븍기잉 탈배—
- 골문 Хаалга 하알락가
- 축구선수 Хөл бөмбөгийн тамирчин\хөл бөмбөгчин
            홀 븜븍기잉 티미르칭\
- 골키퍼 Хаалгач 하알락츠
- 전반전 Тоглолтын эхний хагас 턱글럴트잉 에흔니— 하가쓰
- 후반전 Тоглолтын хоёрдугаар хагас 턱글럴트잉 허이르 또가—르 하가쓰
- 패스 Дамжуулалт 담조올랄트
- 헤딩 Мөргөсөн дамжуулалт 므르그승 담조올랄트
- 공 Бөмбөг 븜븍그
- 코치 Дасгалжуулагч 다스갈조올락츠
- 코너 Булан 볼랑
- 아웃 Гарах\ гаргах 가라흐 \가르가흐
- 팬 Хөгжөөн дэмжигч\ Фанат 흑저엉 뎀직츠 \ 파나트
- 파울 Алдаа 알다—
- 프리 킥 Чөлөөт цохилт 츨러—트 처힐트
- 골 Гоол\ Бөмбөг хаалганд орох 거얼 \ 븜븍 하알간뜨 어러흐
- 오프사이드 Отон тоглолт 어텅 턱글럴트
- 페널티 Торгуулийн цохилт 터르고올리잉 처힐트
- 선수 Тоглогч 턱글럭츠
- 레드 카드 Торгуулийн улаан хуудас\ карт
            터르고올리잉 올라앙 호—다쓰\ 카르트
- 엘로우 카드 Торгуулийн шар хуудас\ карт
            터리고올르잉 샤르 호—다쓰\ 카르트

- 스트라이커 Довтлогч 더오틀럭츠
- 심판 Шүүгч 슈욱츠

죄송합니다만, 여기에 수영장이 있습니까?
Уучлаарай, энд усан сан бий юу?
오—츨라—래—. 엔뜨 오상 상 비— 요—?

죄송합니다만, 여기에 옥외 수영장이 있습니까?
Уучлаарай, энд задгай усан сан бий юу?
오—츨라—래—. 엔뜨 자드개— 오상 상 비— 요—?

죄송합니다만, 여기에 실내 수영장이 있습니까?
Уучлаарай, энэ дотор усан сан бий юу?
오—츨라—래—. 엔 더터르 오상 상 비— 요—?

죄송합니다만, 여기에 어린이 수영장이 있습니까?
Уучлаарай, энд хүүхдийн усан сан бий юу?
오—츨라—래—. 엔뜨 후—흐디잉 오상 상 비— 요—?

표 한 장 주세요.
Нэг тасалбар авъя.
넥 타살바르 아위이.

어디에 샤워장이 있는 지 말씀해 주시겠어요?
Шүршүүр нь хаана байдаг вэ?
슈르슈—른 하—느 배—득 웨?

어디에 탈의실이 있는 지 말씀해 주시겠어요?
Хувцас солих өрөө нь хаана байдаг вэ?
호브챠스 설리흐 으러— 은 하—느 배—득 웨?

- 수영 가능자만!
Зөвхөн сэлж чаддаг хүмүүс орохыг зөвшөөрнө!
즈브흥 셀쯔 챠드닥 후무—스 어러흐익 즈브슈—른너!

• 다이빙 금지! Ус руу үсэрч орохыг хориглоно!
오쓰 로— 우세르츠 어르히익 허리걸런.

• 수영 금지! Усанд сэлэхийг хориглоно! 오상뜨 셀레히익 허리걸런!

• 급류 조심! Давалгаанаас болгоомжил! 다왈가—나—스 벌거엄질!

해변이 모래사장인가요?
Далайн эрэг элстэй юу?
달래앵 세렉 엘스태— 요—?

해변에 돌이 많나요?
Эрэг нь чулуу ихтэй\ хайргатай юу?
에렉근 촐로— 이흐태—\ 해—락태— 요—?

물살이 셉니까?
Давалгаа\ урсгал нь ширүүн үү?
다활가—\ 오르스갈른 쉬루웅누—?

아이들에겐 위험합니까?
Хүүхдэд аюултай юу?
후—흐데뜨 아요올태— 요—?

언제 썰물인가요?
Түрлэг\ урсгал нь хэзээ намдах вэ?
투를렉\ 오르스갈른 헤제— 남다흐 웨?

언제 밀물인가요?
Түрлэг\ урсгал нь хэзээ ширүүсэх вэ?
투를렉\ 오르스갈른 헤제— 쉬루—세흐 웨?

비치파라솔을 빌리고 싶습니다.
Нарны хаалт түрээсэлье.
나르니— 하알트 투레—슬리이.

보트를 빌리고 싶습니다.
Завь түрээсэлье.
자브 투레—슬리이.

수상스키를 빌리고 싶습니다.
Усны цана түрээсэлье.
오쓴니— 챤느— 투레—슬리이.

1시간에 얼마입니까?
Цагийн хэд вэ?
챠—깅 헤뜨 웨?

하루에 얼마입니까?
Өдрийн хэд вэ?
으뜨르잉 헤뜨 웨?

초보자를 위한 수영 레슨을 받고 싶습니다.
Анхлан суралцагчдын сэлэлтийн хичээл заалгая.\Сэлэхийг анхнаас нь заалгамаар байна.
앙흘랑 소랄착치디잉 셀렐트잉 히체엘 자알기이.\ 셀레흐익 앙흔나—슨 자알가마—르 밴.

고급반을 위한 수영 레슨을 받고 싶습니다.
Гүнзгийрүүлсэн түвшний сэлэлтийн хичээл заалгамаар байна.
군즈기—루울셍 투브쉰니— 셀렐트잉 히체엘 자알가마—르 밴.

스키 | Цана

알핀스키를 탈 수 있습니까?
Уулын цанаар гулгаж болох уу?
오올리잉 챠나—르 골가쯔 벌러흐 오—?

썰매를 탈 수 있습니까?
Чаргаар гулгаж болох уу?
챠르가—르 골가쯔 벌러흐 오—?

통행비가 얼마인가요?
Төлбөр нь хэд вэ ?\ Орох тасалбар нь хэд вэ?
틀브른 헤뜨 웨?\ 어러흐 타살바른 헤뜨 웨?

레슨을 받을 수 있나요?
Гулгахыг заалгаж болох уу?
골가히익 자알가쯔 벌러흐 오—?

스키부츠를 빌리고 싶습니다.
Цанын гутал түрээсэлье.
챠느잉 고탈 투레—슬리이.

장갑을 빌리고 싶습니다.
Цанын бээлий түрээсэлье.
챠느잉 베엘리— 투레—슬리이.

고글을 빌리고 싶습니다.
Цанын шил түрээсэлье.
챠느잉 쉴 투레—슬리이.

폴을 빌리고 싶습니다.
Цанын таяг түрээсэлье.
챠느잉 타약그 투레—슬리이.

스키를 빌리고 싶습니다.
Цана түрээсэлье.
챠느 투레—슬리이.

스키복을 빌리고 싶습니다.
Цанын хувцас түрээсэлье.
챠느잉 호브차스 투레—슬리이.

슬로프 레벨이 어떻게 되나요?
Зам нь хэр зэрэг төвөгтэй вэ?
잠 은 헤르 제렉 트북테— 웨?

어떤 슬로프가 초보자에게 맞나요?
Анхлан суралцагчидад зориулсан зам нь аль вэ?
앙흘랑 소랄착치드뜨 저리올상 잠 은 알르 웨?

스키를 타 본 사람에게는 어떤 슬로프가 맞나요?
Цанаар сайн гулгадаг хүмүүст зориулсан зам нь аль вэ?
찬나—르 새앵 골가득그 후무—스트 저리올상 잠 은 알르 웨?

스키를 잘 타는 사람에게는 어떤 슬로프가 맞나요?
Сайн гулгадаг хүмүүст зориулсан зам нь аль вэ?
새앵 골가득 후무—스트 저리올상 잠 은 알르 웨?

이 경로에서 타는 것은 어떤 가요?
Энэ замаар гулгавал ямар вэ?
엔 잠마—르 골가왈 야마르 웨?

높은 데서 타는 것은 어떤 가요?
Өндрөөс гулгавал ямар вэ?
은뜨러—스 골가왈 야마르 웨?

- 케이블 카 Олсон лифт 얼성 리프트
- 체어 리프트 Суудалтай цаныН лифт 소—달태— 챠느잉 리프트
- 교관 (ЦаныН) багш (챠느잉) 박쉬
- 리조트 ЦаныН бааз\ амралтын газар 챠느잉 바—즈\ 암랄트잉 가쯔르
- 스키 리프트 ЦаныН лифт 챠느잉 리프트
- 슬레드 Чарга 챠륵그
- 축구 Хөл бөмбөг 홀 븜북그
- 배구 Волейбол 벌레벌
- 농구 Сагсан бөмбөг 삭상 븜북그
- 야구 Бейсбол 베—스벌
- 핸드볼 Гандбол\ Гар бөмбөг 간뜨벌\ 가르 븜북그
- 테니스 (талбайн) Теннис (탈배앵) 텐니쓰
- 배드민턴 Бадминтон 바디민텅
- 탁구 Ширээний теннис 쉬레—니— 텐니쓰
- 하키 Хоккей 헉케이
- 에어로빅 Агаарын гимнастик 아가—르잉 김나스티크
- 조깅 Гүйлт 꾸일트
- 체조 Гимнастик 김나시티카
- 사이클링 Дугуйн спорт 도꼬잉 스퍼르트
- 하이킹 Явган аялал 야오강 아일랄
- 수영 Усанд сэлэлт 오산뜨 셀렐트
- 볼링 Боулинг 버올링그
- 피겨 스케이팅 Уран гулгалт 오랑 골갈트

 **Харилцан яриа 1**
하를창 야르아 1

절러: 네 체격은 운동선수 같구나. 너 운동하니?
푸렙: 응, 운동하지.
절러: 어떤 운동을 하는데?
푸렙: 겨울에는 스키를 타고, 여름에는 자전거를 타. 그리고 일 년 내내 수
　　　영을 하지.
절러: 넌 운동선수 같다. 그 운동을 다 할 충분한 시간이 있니?
푸렙: 항상 있지는 않아.수영장에는 일주일에 두 번 아침마다 가고, 스키는
　　　일요일에만 타.
절러: 오랫동안 운동했니?
푸렙: 오래 됐지. 어렸을 때부터 했어.

**Золоо: Чи их чийрэг харагдаж байна. Спортоор
　　　хичээллэдэг үү?**
절러—: 치 이흐 치—렉 하락다쯔 밴. 스퍼르터—르 히체엘레득 우—?

Пүрэв: Тийм ээ, спортоор хичээллэдэг.
푸렙: 티임 에—, 스퍼르터—르 히체엘레득.

Золоо: Ямар спортоор?
절러—: 야마르 스퍼르터—르?

**Пүрэв: Өвөлдөө цанаар гулгадаг, зун дугуй унаж,
　　　байнга усанд сэлдэг.**
푸렙: 으월더— 챠나—르 골가득, 종 도꼬이 오느쯔, 배앵가 오상뜨 셀득.

**Золоо: Чи ч жинхэнэ биеийн тамирчин юм аа. Цаг зав
　　　чинь хүрэлцдэг юм уу?**
절러—:치 친 징헨네 비잉 타미르칭 옴 아—. 착 자오 친 후렐츠득 우—?

**Пүрэв: Байнга хүрэлцдэггүй. Би долоо хоногт хоёр
　　　удаа өглөө, орой усан санд сэлдэг. Цанаар зөвхөн
　　　бүтэн сайнд гулгадаг.**
푸렙: 배앵가 후렐츠득뀌이. 비 덜러— 헌넉트 허이르 오다— 윽러— 어러
　　　에 오상 상뜨　셀득. 챠나—르 즈브흥 부텡 새앵뜨 골다득.

Золоо: Спортоор удаан хичээллэж байна уу?
절러—: 스퍼르터—르 오다앙 히체엘레쯔 밴노—?

Пүрэв: Удсан. Багаасаа л хичээллэсэн.
푸렙: 오드상. 바가—사알 히체엘레셍.

Харилцан яриа 2
하를창 야르아 2

벌드: 요즘 운동하는 거 있니?

뭉거: 중학교 다닐 때는 스케이트를 탔어. 그런데 지금은 유감스럽게도 아무 운동도 안해.

벌드: 현대생활에서 스포츠는 매우 중요한 위치를 차지하고 있어. 건강을 위해서 넌 운동을 해야 해.

뭉거: 알아, 하지만 운동을 하면 시간을 너무 뺏겨. 안타깝지만 난 운동할 시간이 없어.

벌드: 그런 소리 하지마! 지금 당장 나랑 수영장 가서 수영하자.

Болд: Чи ямар нэгэн спортоор хичээллэж байгаа юу?
벌드: 치 야마르 네겡 스퍼르터—르 히체엘레쯔 배—가— 요—?

Мөнгөө: Дунд сургуульд байхдаа тэшүүрээр гулгадаг байсан, одоо харамсалтай нь юугаар ч хичээллэхгүй байгаа.
뭉거—: 동—드 소르고일드 테슈우레—르 골다득 배—상. 어더— 하람살태앤 요—가—르 츠 히체엘레흐뀌이 배—가—.

Болд: Орчин үед спорт хүний амьдралд их чухал байр суурь эзэлж байна.Эрүүл мэндээ бодож спортоор хичээллэх хэрэгтэй.
벌드: 어르칭 우이뜨 스퍼르트 훈니— 아미드랄뜨 이흐 초할 배—르 소—르 에젤쯔 밴. 에루울 멘데— 버더쯔 스퍼르터—르 히체엘레흐 헤륵태—.

Мөнгөө: Тийм л дээ, гэхдээ спорт цаг зав их шаарддаг. Надад харамсалтай нь спортоор хичээллэж байх зав байхгүй.
뭉거—: 티임믈 데—, 게흐데— 스퍼르트 착 자오 이흐 사—르다득 나다뜨 하람살태앤 스퍼르터—르 히체엘레쯔 배—흐 자오 배—흐뀌어.

Болд: Боль доо! Яг одоо цуг усан санд очиж сэлье.
벌드: 벌르 더—! 약 어더— 촉 오상 상뜨 어치쯔 셀르이.

문화&종교 Соёл, шашин шүтлэг ▶▷▶

몽골은 불교국가이다. 하지만 몽골 문화는 기독교 문화와 불교도
문화가 조화롭게 결합을 이룬 양상을 보여준다. 몽골의 축제와 명
절, 그리고 종교와 문화적 차이에 대한 기본회화를 소개한다.

종교

당신 종교는 무엇입니까?
Та ямар шашин шүтдэг вэ?
타 야마르 샤싱 슈트득 웨?

당신은 신자입니까?
Та шашин шүтдэг үү?
타 샤싱 슈트득 우—?

저는 비신자입니다.
Би шашин шүтдэггүй.
비 샤싱 슈트득꿔이.

불교신도입니다.
Буддын шашинтай.
보드디잉 샤싱태—.

카톨릭 신자입니다.
Католик шашинтай.
카털리크 샤싱태—.

기독교인입니다.
Христийн шашины итгэгч.
히리스티잉 샤싱니— 이티겍츠.

회교도입니다.
Лалын шашинтай. \мусульман шашинтай.
랄리잉 샤슁태―. \모솔리망 샤슁태―.

정교도입니다.
Үнэн алдартны шашинтай.
우넹 알다르틴니― 샤슁태―.

저는 별자리 점을 믿습니다(믿지 않습니다).
Би зурхайд итгэдэг. (итгэдэггүй)
비 조르해―뜨 이특득. (이특득꿰이)

저는 운명을 믿습니다(믿지 않습니다).
Би заяа төөргийн зурлагад итгэдэг. (итгэдэггүй)
비 쟈야 트―륵기잉 조릴라가뜨 이특득. (이특득꿰이)

저는 싱을 믿습니다(믿지 않습니다).
Би бурханд итгэдэг. (итгэдэггүй)
비 보르항뜨 이특득. (이특득꿰이)

여기 (어디에서) 오전 예배를 볼 수 있나요?
Энд хаана залбирал үйлдэж болох вэ?
엔뜨 (하―느) 잘비랄 우일데쯔 벌러흐 웨?

여기 (어디에서) 예배를 볼 수 있나요?
Энд хаана сүмийн цуглаан болдог вэ?
엔뜨 하―느 숨미잉 촉글라앙 벌득 웨?

여기 (어디에서) 기도를 할 수 있나요?
Энд хаана очиж залбирч болох вэ?
엔뜨 하―느 어치쯔 잘비르츠 벌러흐 웨?

여기 (어디에서) 경배를 할 수 있나요?
Хаана залбирал үйлдэж болох вэ?
하―느 잘비랄 우일데쯔 벌러흐 웨?

이것은 지방풍속인가요?
Энэ эндэхийн уламжлал\ ёс уу?
엔 엔뜨히잉 올람질랄 \ 여스 오―?

이것은 민족 풍습인가요?
Энэ үндэсний ёс заншил уу?
엔 운데슨니― 여스 장쉴 오―?

이것에 익숙하지가 않습니다.
Би дасаагүй болохоор мэдэхгүй юм байна.
비 다사―꿰이 벌허―르 메데흐꿰이 욤 밴.

저는 참석하지 않는 편이 낫겠습니다.
Би оролцохгүй байсан нь дээр байх.
비 어럴처흐꿰이 배―상은 데―르 배―흐.

해보겠습니다!
Би оролдоод үзье! \ хийгээд үзье.
비 어럴더―드 우즈이!\ 히―게―드 우즈이.

죄송합니다만, 이것은 제 종교에 맞지 않습니다.
Уучлаарай манай шашны ёсонд харш юм.
오―츨라―래―, 마내― 샤쉰니― 여성뜨 하르쉬 욤.

죄송합니다만, 이것은 제 종교 교리에 맞지 않습니다.
Уучлаарай, энэ манай шашны ёсонд таарахгүй байна.
오―츨라―래―, 앤 마내― 샤쉰니― 여성뜨 타―르흐꿰이 밴.

죄송합니다만, 이것은 제 종교에 맞지 않습니다.
Уучлаарай, энэ миний шашинтай таарахгүй байна.
오―칠라―래―, 앤 미니― 샤쉰태― 타―르흐꿰이 밴.

당신 나라에서는 크리스마스가 언제인가요?
Танай оронд зул сарын баяр хэзээ болдог вэ?
타내— 어렁뜨 졸 사르잉 바이르 헤제— 벌득 웨?

미국에서는 크리스마스가 언제인가요?
Америкт зул сарын баяр хэзээ болдог вэ?
아메리크트 졸 사르잉 바이르 헤제— 벌득 웨?

12월 25일입니다.
Арван хоёр сарын хорин таванд.
아롱 허이르 사르잉 허링 타옹뜨.

몽골는 크리스마스가 언제인가요?
Монголд зул сарын баяр хэзээ болдог вэ?
멍걸뜨 졸 사르잉 바이르 헤제— 벌득 웨?

당신 나라 민족에게는 어떤 크리스마스 전통이 있나요?
Танай улсад зул сарыг хэрхэн тэмдэглэдэг уламжлалтай вэ?
타내— 올사드 졸 사르익 헤르헹 템덱글레득 올람즈랄태— 웨?

당신 나라에서는 크리스마스를 어떻게 보냅니까?
Танай оронд зул сарыг хэрхэн тэмдэглэж өнгөрүүлдэг вэ?
타내— 어렁뜨 졸 사르익 헤르헹 템득글레즈 응그루울득 웨?

크리스마스에는 가장 가까운 사람들을 초대합니다.
Хамгийн ойр дотны хүхүмүүсээ урьдаг.
함기잉 어이르 더틴니— 후무—세— 오리득.

트리를 어떻게 장식합니까?
Гацуур модоо хэрхэн чимдэг вэ?
가초—르 머더— 헤르헹 침득 웨?

신년 인사드립니다.
Шинэ жилийн мэнд хүргэе!
신 질리잉 멘뜨 후르그이!

새해 건강을 기원합니다.
Шинэ ондоо эрүүл энхийг хүсэн ерөөе!
신 언더— 에루울 엥흐익 후셍 여러—이!

새해 행복을 기원합니다.
Шинэ ондоо аз жаргалаар дүүрэн байхыг хүсэн ерөөе!
신 언더— 아쯔 쟈르갈라—르 두—렝 배—흐익 후셍 여러—이!

새해 성공을 기원합니다.
Шинэ ондоо ажлын өндөр амжилт гаргахыг хүсэн ерөөе!
신 언더— 아질—잉 은뜨르 암질트 가르가흐익 후셍 여러—이!

새해 사업 성공을 기원합니다.
Шинэ ондоо амжилт бүтээлээр дүүрэн байхыг хүсэн ерөөе!
신 언더— 암질트 부테엘레—르 두—렝 배—흐익 후셍 여러—이!

한국에서는 설날 어떤 음식을 준비합니까?
Шинэ жилээр танай Солонгост ямар хоолыг тусгайлан бэлддэг вэ?
신 질레—르 타내— 설렁거스트 야마르 허얼—익 토스개앨랑 밸드득 웨?

설날 상엔 반드시 떡국을 차려 놓습니다.
Манайд цагаан сараар Доггүг тусгайлан хийж иддэг.
마내—뜨 챠가앙 사라—르 떡국 토스개앨랑 히—쯔 이드득.

몽골에서는 설날 어떤 음식을 먹습니까?
Монголд цагаан сараар бууз хийж иддэг.
멍걸뜨 챠가앙 사라—르 보—쯔 히—쯔 이디득.

몽골인들은 여성의 날을 언제 기념합니까?
Эмэгтэйчүүдийн баяр танай Монголд хэзээ болдог вэ?
에믹태—추—드잉 바이르 타내— 멍걸트 헤제— 벌득 웨?

몽골에서는 3월 8일이 여성의 날입니다.
Монголд гурван сарын найманд эмэгтэйчүүдийн баяр болдог.
멍걸뜨 고롱 사르잉 내—망뜨 에믹태—추—드잉 바이르 벌득.

한국에서는 어린이날이 언제입니까?
Солонгост хүүхдийн баяр хэзээ болдог вэ?
설렁거스트 후—흐디잉 바이르 헤제— 벌득 웨?

5월 5일입니다.
Таван сарын таванд.
타옹 사르잉 타옹뜨.

한국에서는 어버이날이 언제입니까?
Солонгост хэзээ эцэг эхийн баярын өдөр болдог вэ?
설렁거스트 헤제 에첵 에흐잉 바이르 으뜨루 벌득 웨?

- 몽골 경축일 **Монголын баяр ёслолын өдрүүд**
  멍걸—잉 바이르 여슬럴리잉 으뜨루—뜨
- 설날 **Цагаан сар**챠가앙 사르
- 성탄절 **Зул сар** 졸 사르
- 독립기념일 **Улс тунхагласны өдөр** (11 сарын 26)
  올스 통학글라스니— 으뜨르
- 세계 여성의 날 **Олон улсын эмэгтэйчүүдийн баяр** (3 сарын 8)
  얼롱 올스잉 에믁태—추—드잉 바이르
- 어린이날 **Эх үрсийн баяр** 에흐 우르스잉 바야르
- 나담 축제 **Наадам** 나—담 (7.11–13)

진아: 오늘이 12월 25일이네. 메리 크리스마스!
토야: 메리 크리스마스! 근데 진아, 우리나라에선 크리스마스를 널리 지내진
    않는단다.
진아: 그래? 그럼 연말은 어떻게 보내니?

토야: 1월 1일에 연말 파티를 모두 함께 지내지.

진야: 몽골 사람들은 연말을 어떻게 보내니?

토야: 그 날은 일을 하지 않고, 집에서는 그리고 가장 가까운 사람들과 혹은 직장 동료들과 함께 보내지.

Жин-А: Өнөөдөр арван хоёр сарын хорин таван. Зул сарын баярын мэнд хүргэе.

진야: 으너—뜨르 아롱 허이르 사르잉 허링 타옹. 졸 사르잉 바이르잉 멘뜨 후르기이.

Туяа: Зул сарын мэнд. Юу гээч, Жин-А, манай оронд зул сарыг ер нь өргөн дэлгэр тэмдэглэдэггүй.

토야: 졸 사르잉 멘뜨. 요— 게—츠, 진아, 마내— 어렁뜨 졸 사르익 이른 으르긍 델게르 템득글레득꿰이.

Жин-А: Тийм үү? Харин шинэ жилийг тэмдэглэдэг үү?

진야: 티임 우—? 하링 신 질르익 템득글레득그 우—?

Туяа: Шинэ жилийг нэг сарын нэгэнд бүх нийтээр тэмдэглэдэг.

토야: 신 질르익 넥 사르잉 네겡뜨 부흐 니—테—르 템득글레득.

Жин-А: Тэгээд шинэ жилийг яаж тэмдэглэдэг вэ?

진야: 테게—뜨 신 질르익 야아쯔 템득글레득 웨?

Туяа: Ойр дотныхоо хүмүүстэй, мөн хамт олноороо тэмдэглэдэг.

토야: 어이르 더틴니—허— 후무—스태—, 믕 함트 얼너—러— 템득글레득.

Харилцан яриа 2
하를창 야르아 2

진야: 부모님이 너무 보고 싶다.

토야: 네 맘 이해해.

진야: 한국에서는 곧 어버이날이야.

토야: 어버이날? 우리 몽골에서는 어버이날은 없어.

진야: 그럼 5월에는 어떤 기념일이 있니?

토야: 5월에는 큰 행사가 없지만 6월 1일이 어린이날이야.

Жин-А: Би гэрээ их санаж байна.

진야: 비 게레— 이흐 사나쯔 밴.

Туяа: Сайн ойлгож байна.

토야: 새앵 어일거쯔 밴.

Жин-А: Солонгост удахгүй Таларахлын баяр болно.

진아: 설렁거스트 오다흐꿔이 탈라리할리잉 바이르 벌런너.

Туяа: Таларахлын баяр аа? Манайд тийм баяр байдаггүй ээ.

토야: 탈라리할르잉 바이라— ? 마내—뜨 티임 바이르 배—득꿔이 에—.

Жин-А: Тэгээд таван сард танай оронд ямар баяр байдаг вэ?

진아: 테게—뜨 타옹 사르뜨 타내— 어렁뜨 야마르 바이르 배—득 웨?

Туяа: Таван сард том баяр байхгүй. Харин зургаан сарын нэгэнд хүүхдийн баяр болдог.

토야: 타옹 사르뜨 텀 바이르 배—흐꿔이. 하링 조르가앙 사르잉 네겡뜨 후—흐디잉 바이르 벌득.

통신 Харилцаа холбоо ▶▷▶

몽골에서는 한국에서처럼 최상의 통신서비스를 기대하기 어렵다. 하지만 정부가 E-Mongolia를 목표로 통신 인프라 개선, 전자정부 구축을 위해 노력을 경주하고 있다. 올란바타르 시내에서는 이제 무선 인터넷 카페도 눈에 많이 띤다. 전화통화를 위한 기본 표현, 셀폰 사용, 우체국에서, 이메일, 컴퓨터와 인터넷에 관련된 다양한 회화표현을 소개하고 있다.

전화 일반정보 

여기 어디에 가장 가까운 전화박스가 있는 지 말씀해주시겠어요?
Хамгийн ойр утасны бүхээг хаана байгааг хэлж өгөөч?
함그잉 어이르 오트슨니— 부헤엑 하—느 배—가악 헬쯔 으거—츠?

어디에 가장 가까운 공중전화가 있나요?
Ойрхон утасны бүхээг хаана байгаа бол?
어이르헝 오트슨니— 부헤엑 하—느 배—가— 벌?

당신 전화번호를 알려 주시겠어요?
Та утасны дугаараа зааж өгөөч?
타 오트슨니— 도가—라— 자—즈 이거—츠?

제 전화번호는 32-37-56입니다.
Миний утасны дугаар гучин хоёр гучин долоо тавин зургаа.
미니— 오트슨니— 도가—르 고칭 허이르 고칭 덜러— 타윙 조르가—.

핸드폰 있습니까?
Гар утастай юу?
가르 오트스태— 요—?

네, 있습니다.
Тийм ээ, байгаа.
티임 에—, 배—가—.

통신

아니오, 핸드폰 없습니다.
Үгүй, гар утас байхгүй.
우뀌이, 가르 오타쓰 배―흐뀌이.

당신 전화 좀 써도 될까요?
Таны утсаар ярьж болох уу?
타니― 오트사―르 야리쯔 벌러흐 오―?

전화카드를 주세요.
Утасны карт авъя.
오트슨니― 카르트 아위.

전화 카드를 사고 싶습니다.
Утасны карт худалдаж авмаар байна.
오트슨니― 카르트 호달다쯔 아우마―르 밴.

전화 코인을 사고 싶습니다.
Утасны задгай мөнгө худалдаж авъя.
오트슨니― 자드개― 뭉그 호달다쯔 아위.

서울로 전화하고 싶습니다.
Сөүл руу утсаар яримаар байна.
서울로― 오트사―르 야리마―르 밴.

국제전화를 하고 싶습니다.
Гадаад руу утсаар яримаар байна.
가다―드 로― 오트사―르 야리마―르 밴.

수신자 부담으로 전화하고 싶습니다.
Хүлээн авагч нь төлбөрөө хийх нөхцөлтэйгээр утсаар
яримаар байна.
훌레엥 아왁친 틀브러 히―흐 느흐츨태―게―르 오트사―르 야리마―르 밴.

3 분만 통화하고 싶습니다.
Гурван минут утсаар яримаар байна.
고롱 미노트 오트사―르 야리마―르 밴.

1분에 얼마 입니까?
Нэг минут ярихад хэд вэ?
넥 미노트 야리하뜨 헤뜨 웨?

올란바타르 지역 코드가 뭡니까?
Улаанбаатар хотын код хэд вэ?
올란바―타르 허트잉 커뜨 헤뜨 웨?

서울 지역 코드가 뭡니까?
Сөүлийн код хэд вэ?
서울르잉 커뜨 헤뜨 웨?

상뜨 헙드로 시외전화를 하고 싶습니다.
Ховд руу орон нутгийн утсаар ярьмаар байна.
헙드로― 어렁 노특기잉 오트사―르 야리마―르 밴?

한국으로 국제전화를 하고 싶습니다.
Солонгос руу олон улсын шугамаар яримаар байна.
설렁거스로― 얼렁 올스잉 쇼감마―르 야리마―르 밴.

콜렉트 콜을 예약하고 싶습니다.
Утсаар ярих цаг захиалъя.
오트사―르 야리흐 착 자히알리―.

3번 부스로 가세요.
Гурав дугаарын бүхээгт орно уу.
고로우 또가―르잉 부헤엑트 어른느 오―.

통화중입니다.
Шугам чөлөөгүй байна. \ ярьж байна.
쇼감 츨러―뀌이 밴. \야리쯔 밴.

끊겼습니다.
Тасарчихлаа.
타사르치흘라―.

수화기를 놓지 마세요!
Харилцуураа битгий тавиарай!
하릴초―라― 비트기― 타위아래―!

수화기를 드세요!
Харилцуураа \утсаа\ авна уу!
하릴초─라─\ 오트사─\ 아온노─!

동전을 넣으세요!
Зоосон мөнгө хийнэ үү!
저─성 뭉그 히─느 우─!

번호를 누르세요!
Дугаараа хийнэ үү!
도가─라─ 히─느 우─!

전화통화 Утасны яриа

여보세요!
Байна уу!
밴노─!
Байна.\ Сонсож байна.
밴.\ 성서쯔 밴.

뭉거인데요.
Мөнгөө (ярьж) байна. \ Би Мөнгөө байна
뭉거─(야리쯔) 밴.\ 비 뭉거 밴.

풍착입니다.
Пунцаг ярьж байна.
풍착 야리쯔 밴.

앙하입니다.
Анхаа байна.
앙하─ 밴.

누구신가요?
Хэн бэ?
헴 베!

누군지 말씀해주세요.
Нэрээ хэлэхгүй юу. Та нэрээ хэлнэ үү?
네레— 헬레흐꿰이 요—. 타 헹 베?

여보세요, 전화거신 분은 누구신가요?
Байна уу, таны нэр хэн бэ?
밴노—, 타니— 네르 헹 베? 타니— 네리 헹 베?

안녕하세요? 뭉거고 합니다.
Сайн байна уу, намайг Мөнгөө гэдэг.
새앵 밴노—, 나매액 뭉거— 게득.

누구와 통화하시고 싶습니까?
Хэнтэй ярих вэ?
헹태— 야리흐 웨?

바다르치와 통화하고 싶습니다.
Бадарч гуайтай ярьж болох уу?
바다르츠 과이태 야리쯔 벌러흐 오—?

바다르치와 통화할 수 있나요?
Бадарч гуайтай яриулахгүй юу.
바다르츠 과이태— 야리올라흐꿰이 요—.

에르덴네 바트촐롱을 부탁합니다.
Эрдэнээгийн Батчулуун гуайтай холбож өгөхгүй юу?
에르덴네—기잉 바트촐로옹 과이태— 헐버쯔 으그흐꿰이 요—?

자야 좀 바꿔 주세요.
Заяатай ярья.
자야아태— 야르이.

Заяатай ярьж болох уу?
자야아태— 야르쯔 벌러흐 오—?

잠깐만요.
Одоохон. \ Түр хүлээгээрэй.
어더—헝. \투리 훌레—게—래—.

미안하지만, 지금 없습니다.
Харамсалтай нь одоо алга байна.
하람살태앵 어더— 알락가 밴.

전화 걸라고 할까요?
Тан руу залгаарай гэж дамжуулах уу?
탄로— 잘가—래— 게쯔 담조올라흐 오—?

바다르치 전화했다고 전해 주십시오.
Бадарч гэдэг хүн ярьсан гээд хэлчихээрэй.\ дамжуулаад
өгөөч
바다르츠 게득 훙 야리상 게—뜨 헬치헤—래—.\ 담조올라—뜨 으거—츠.

뭉거 전화했다고 전해 주십시오.
Мөнгөө ярьсан гээд хэлчихээрэй.
뭉거— 야리상 게—뜨 헬치헤—레—.

전할 말씀 있나요?
Дамжуулаад хэлэх юм байна уу?
담조올라—뜨 헬레흐 욤 밴노—?

메모를 남기시겠습니까?
Та юм хэлүүлэх үү?
타 욤 헬루울레흐 우—?

제가 전화했다고 말해주십시오.
Намайг залгасан гээд хэлчихгүй юу.
나매액 잘가상 게—뜨 헬치흐뀌이 요—.

다시 전화 드리겠습니다.
Би дараа дахин залгая.
비 다라— 다힝 잘가이—.

안녕!
Баяртай!
바이르태—!

또 연락합시다!
Холбоотой байгаарай!\ дараа ярья.
헐버—태 배—가—래—!\ 다라— 야리이.

잘 안 들리는데요!
Сайн сонсогдохгүй байна!
새앵 성석더흐꾸이 밴!

잘못 거셨습니다.
Та дугаар андуурсан байна. \ буруу залгасан байна.
타 도가—르 안도—르상 밴.\ 보로— 잘가상 밴.

지금 거신 번호는 없는 번호입니다.
Таны залгасан дугаар ашиглалтанд байхгүй байна.
타니— 잘가상 도가—르 아쉬랄탄뜨 배—흐뀌이 밴.

셀폰 사용 Гар утас

핸드폰을 임대하고 싶습니다.
Гар утас түрээсээр авмаар байна.
가르 오타스 투레—세—르 아오마—르 밴.

선불 전화를 원합니다.
Урьдчилсан төлбөрт утас\ дугаар авмаар байна.
오리드칠상 틀브르트 오타스\ 도가—르 아오마—르 밴.

슴 카드를 사고 싶습니다.
СИМ-карт авмаар байна.
심 카르트 아오마—르 밴.

로밍 폰하고 슴 카드를 주십시오.
Роумингтай утас болон СИМ-карт авъя.
러오밍 오타스 벌렁 심 카르트 아위.

로밍은 하지 않고 슴 카드 주세요.
Роуминггүй утас болон СИМ-карт авъя
러오밍기꿰이 오타스 벌렁 심 카르트 아위.

이 슴 카드가 어느 지역을 커버합니까?
Энэ СИМ-карт хаана хаана сүлжээ барих вэ?
엔 심 카르트 하—느 하—느 술제— 바리흐 웨?

요율표를 주십시오.
Ярианы тарифын хүснэгтээ өгөөч.
야리안니— 타리프잉 후스넥테— 으거—츠.

요율이 어떻게 되나요?
Ярианы үнэ нь хэд вэ?
야리안니— 운느 헤뜨 웨?

30초에 50 투그릭입니다.
Гучин секунд тутамд тавин төгрөг.
고칭 세콩뜨 토탐뜨 타윙 투그릭.

1000 투그릭 짜리 카드로 몇 분 통화 가능합니까?
Мянган төгрөгөөр цэнэглээд хэр удаан ярих вэ?
먕강 투그릭거—르 첸넥글레—뜨 헤르 오다앙 야리흐 웨?

텔뭉: 여보세요!
안난드: 텔뭉? 안녕히세요? 안난드입니다.
텔뭉: 안녕하세요? 당신 목소리를 들으니 기쁩니다.
안난드: 모든 일이 평안하지요? 건강하십니까?
텔뭉: 감사합니다. 모든 게 다 잘되고 있어요. 당신은요?
안난드: 감사합니다. 저도 모든 일이 순조롭습니다. 따냐, 당신에게 한 가
       지 볼 일이 있습니다. 야보홀랑 사장님 전화 번호 좀 알려 주세요.

Тэлмүүн: Байна уу.

텔뭉: 밴노―.

Ананд: Тэлмүүн үү? Сайн байна уу? Ананд байна.

안난드: 텔뭉누―? 새앵 밴노―? 안난드 밴.

Тэлмүүн: Сайн байна уу? Тантай холбогдсондоо баяртай байна.

텔뭉: 새앵 밴노―? 탄태― 헐벅드선더― 바이르태― 밴.

Ананд: Ажил төрөл сайн уу? Чи сайн биз дээ?

안난드: 아질 투를 새앵노―? 치 새앵 비즈 데―?

Тэлмүүн: Сайн сайн. Та сайн биз дээ?

텔뭉: 새앵 새앵. 타 새앵 비즈 데―?

Ананд: Баярлалаа. Бүх зүйл сайн. Танаас нэг зүйл асуух гэсэн юм. Явуухулан захирлын утасны дугаарыг хэлж өгөөч.

안난드: 바이를라―. 부흐 쬘 새앵. 타나―스 넥 쬘 아소―흐 게셍 욤. 야보 ―홀랑 자히랄―잉 오트슨니― 도가―르익 헬쯔 으거―츠.

Харилцан яриа 2
하를창 야르아 2

숭제의 어머니: 여보세요!

바야르: 안녕하세요? 밤늦게 전화 드려 죄송합니다. 숭제 좀 바꿔 주시겠어요?

숭제의 어머니: 어쩌지요, 지금 집에 없는데요.

바야르: 언제 그녀와 통화할 수 있을까요?

숭제의 어머니: 오늘 늦게 들어온다고 했어요. 뭐 전할 말이라도?

바야르: 네르귀가 전화했다고 전해주십시오. 내일 전화 좀 걸어달라고 해 주세요.

숭제의 어머니: 알았어요. 그렇게 전하지요.

바야르: 감사합니다. 안녕히 계세요.

Сүнжээгийн ээж: Байна уу?

숭제―기잉 에―즈: 밴노―?

Баяр: Оройн мэнд! Орой болсон хойно залгаж байгаад уучлаарай. Сүнжээтэй ярья.

바야르: 어러잉 멘드! 어러에 벌성 허인너 잘가쯔 배―가―뜨 오―츨라―래―. 숭제―태― 야리이.

Сүнжээгийн ээж: Харамсалтай нь одоо гэртэй алга
   байна.
숭제—기잉 에—즈: 하람살태앵 어더— 게르테— 알락그 밴. ㄴ

Баяр: Хэзээ ирэхийг нь мэдэхгүй биз?
바야르: 헤제— 이레히익근 메데흐뀌이 비즈?

Сүнжээгийн ээж: Өнөөдөр оройтож ирнэ. Юм
   хэлүүлэх үү?
숭제—기잉 에—즈: 으너—뜨르 어러이터쯔 이린네. 욤 헬루울레흐 우—?

Баяр: Нэргүй утасдсан гээд хэлчихгүй юу? Маргааш
   над руу ярь гээрэй.
바야르: 네르귀 오트ㅅㄷ상 게—뜨 헬치흐뀌이 요—? 마르가—쉬 나드로
   — 야리 게—래—.

Сүнжээгийн ээж: За тэгье, тэгж дамжуулъя.
숭제—기잉 에—즈: 자 텍기. 텍쯔 담조올리.

Баяр: Баярлалаа. Баяртай.
바야르: 바이를라—. 바이르태—.

- 화재신고 Гал команд 101 갈 컴망뜨 101
- 경찰 Цагдаа 102 착다— 102
- 응급실 Түргэн тусламж 103 투르겡 토슬람쯔 103
- 재난대책본부 Онцгой байдлын газар 104 엉츠개— 배—달리잉 가쯔르 104

여기 어디에 제일 가까운 우체국이 있는지 말씀해 주시겠어요?
Хамгийн ойрхон шуудангийн салбар хаана байгааг хэлж өгөөч?
함그잉 어이르헝 쇼오당기잉 살바르 하—느 배—가악 헬쯔 으거—츠?

여기 어디에 제일 가까운 우체통이 있는지 말씀해 주시겠어요?
Хамгийн ойрхон шуудангийн хайрцаг хаана байгааг хэлж өгөөч?
함그잉 어이르헝 쇼오당기잉 해—르착 하—느 배—가악 헬쯔 으거—츠?

여기 어디에 제일 가까운 국제 우체국이 있는지 말씀해 주시겠어요?
Хамгийн ойрхон олон улсын шуудан хаана байдгийг хэлж өгөөч?
함그잉 어이르헝 얼렁 올스잉 쇼오당 하—느 배—득—익 헬쯔 으거—츠?

소포를 보내고 싶습니다.
Илгээмж явуулах гэсэн юм.
일게엠쯔 야오올라흐 게승 욤.

편지를 보내고 싶습니다.
Захиа илгээх гэсэн юм.
자히아 일게—흐 게승 욤.

편지를 보내야 합니다.
Захиа явуулах хэрэгтэй байна.
자히아 야오올라흐 헤륵태— 밴.

소포를 보내고 싶습니다.
Илгээмж явуулмаар байна.
일게엠쯔 야오올마—르 밴.

소포를 보내야 합니다.
Илгээмж явуулах хэрэгтэй байна.
일게엠쯔 야오올라흐 헤륵태— 밴.

전보를 보내고 싶습니다.
Цахилгаан шуудан явуулмаар байна.
차힐가앙 쇼오당 야오올마—르 밴.

엽서를 보내고 싶습니다.
Ил захидал явуулмаар байна.
일 자히달 야오올마—르 밴.

팩스를 보내고 싶습니다.
Факс явуулмаар байна.
파크스 야오올마—르 밴.

여기서 팩스를 보낼 수 있나요?
Эндээс факс явуулах боломжтой юу?
엔데—스 파크스 야오올라흐 벌럼즈태— 요—?

미국으로 편지 부치는데 얼마 입니까?
Америк руу захиа илгээхэд хэд вэ?
아메리크 로— 자히아 일게—헤뜨 헤뜨 웨?

한국으로 편지 부치는데 얼마 입니까?
Солонгос руу захиа илгээхэд хэд вэ?
설렁거스 로— 자히아 일게—헤뜨 헤뜨 웨?

중국으로 편지 부치는데 얼마 입니까?
Хятад руу захиа илгээхэд хэд вэ?
햐타트 로— 자히아 일게—헤뜨 헤뜨 웨?

미국으로 소포 부치는데 얼마 입니까?
Америк руу илгээмж явуулахад хэд вэ?
아메리크 로 일게엠쯔 야오올라하뜨 헤뜨 웨?

한국으로 소포 부치는데 얼마 입니까?
Солонгос руу илгээмж явуулахад хэд вэ?
설렁거스 로— 일게엠쯔 야오올라하뜨 헤뜨 웨?

중국으로 소포 부치는데 얼마 입니까?
Хятад руу илгээмж явуулахад хэд вэ?
햐타트 로— 일게엠쯔 야오올라하뜨 헤뜨 웨?

얼마 입니까?
Хэдийг төлөх вэ? \ хэд вэ?
헤드—익 틀르흐 웨? \헤뜨 웨?

1000투그릭입니다.
Мянган төгрөг.
먕강 투그릭.

우편소요시간

한국까지 편지가 얼마나 걸립니까?
Солонгос руу захиа илгээхэд хэр удаж очдог вэ?
설렁거스 로— 자히아 일게—헤뜨 헤르 오다쯔 어치득 웨?

미국까지 편지가 얼마나 걸립니까?
Америк руу захиа илгээхэд хэр удаж очдог вэ?
아메리크 로— 자히아 일게—헤뜨 헤르 오다쯔 어치득 웨?

올란바타르에서 서울까지 소포가 며칠 걸립니까?
Улаанбаатараас Сөүл рүү илгэсэн илгээмж хэр удаж очдог вэ?
올란바—타르—스 서울루— 일게—셍 일게엠쯔 헤르 오다쯔 어치득 웨?

약 3 주 걸립니다.
Гурван долоо хоног орчим болно.
고롱 덜러— 헌넉 어리침 벌런너.

우편종류

저는 미국으로 중요한 편지를 보내려 합니다.
Америк руу чухал захиа илгээх гэсэн юм.
아메리크로— 초할 자히아 일게—흐 게승 욤.

이 편지를 항공우편으로 보내주세요.
Энэ захиаг агаарын шуудангаар явуулж өгөөч.
엔 자히악 아가—르잉 쇼오당가—르 야오올쯔 으거—츠.

이 편지를 특급우편으로 보내주세요.
Энэ захиаг яаралтай шуудангаар явуулж өгөөч.
엔 자히악 야랄태— 쇼오당가—르 야오올쯔 으거—츠.

이 편지를 등기로 보내주세요.
Энэ захиаг захиалгат шуудангаар явуулъя.
엔 자히악 자히알락트 쇼오당가—르 야오올리.

이 편지를 일반우편으로 보내주세요.
Энэ захиаг энгийн шуудангаар илгээе.
엔 자히악 엥기잉 쇼오당가—르 일게—이.

엽서, 봉투, 우표사기 

봉투를 사고 싶습니다.
Дугтуй авъя.
독토이 아워.

500 투그릭짜리 우표를 사고 싶습니다.
Таван зуугийн марк авъя.
타왕 조—기잉 마르크 아워.

봉투와 우표가 필요합니다.
Дугтуй, марк хоёр хэрэгтэй байна.
독토이. 마르크 허이르 헤록태— 밴.

어떤 우표가 필요합니까?
Ямар марк хэрэгтэй вэ?
야마르 마르크 헤륵태— 웨?

500 투그릭까 짜리 우표가 필요합니다.
Таван зуугийн марк хэрэгэтэй байна.
타옹 조—기잉 마르크 헤륵태— 밴.

국제우편 우표가 필요합니다.
Олон улсын илгээмжийн марк.
얼렁 올스잉 일게엠지잉 마르크.

어떤 엽서가 필요합니까?
Ямар ил захидал авах вэ?
야마르 일 자히달 아와흐 웨?

올란바타르 전경이 담긴 엽서를 주세요.
Улаанбаатарын зурагтай ил захидал.
올란바—타르잉 조락—태— 일 자히달.

명화 그림이 들어간 엽서를 주세요.
Уран зурагтай ил захидал авъя.
오랑 조락태— 일 자히달 아위.

어떤 봉투가 필요합니까?
Ямар дугтуй хэрэгтэй вэ?
야마르 독토이 헤륵태— 웨?

일반 봉투를 주세요.
Энгийн илгээмжийн дугтуй.
엥기잉 일게엠지잉 독토이.

그림이 그려진 봉투를 주세요.
Зурагтай дугтуй авъя.
조락태— 독토이 아위.

우표가 붙어있지 않은 봉투를 주세요.
Марк наагаагүй дугтуй авъя.
마르크 나—가—뀌이 독토이 아위.

Харилцан яриа 1
하를창 야르아 1

뭉거: 한국으로 편지를 가능하면 빨리 보내고 싶은데요.
우체국 직원 : 특급우편으로 보낼 수 있습니다.
뭉거: 특급우편은 며칠 걸립니까?
우체국 직원 : 3일 정도요.
뭉거: 특급우편으로 보내주세요.
우체국 직원 : 알겠습니다. 이 서식을 작성하세요.
뭉거: 얼마지요?
우체국 직원 : 1000 투그릭입니다.
뭉거: 자, 여기 있습니다.

Мөнгөө: Би солонгос руу яаралтай захиа илгээх гэсэн юм.
뭉거: 비 설렁거스로 야랄태— 자히아 일게—흐 개승 욤.

Шуудангийн ажилтан: Экспресс шуудангаар явуулж болно.
쇼오당깅 아질탕: 엑스프레쓰 쇼오당가—르 야올즈 벌런너.

Мөнгөө: Экспресс шуудангаар илгээвэл хэд хонож очих вэ?
뭉거: 엑스프레쓰 쇼오당가—르 일게—웰 헤드 허너즈 어치흐 웨?

Шуудангийн ажилтан: Гурав хоноод.
쇼오당깅 아질탕: 고로우 허너—드.

Мөнгөө: Тэгвэл экспресс шуудангаар явуулья.
뭉거: 테그웰 엑스프레쓰 쇼오당가—르 야올리이.

Шуудангийн ажилтан: Ойлгомжтой! Энэ хуудсыг бөглөнө үү.
쇼오당깅 아질탕: 어엘금즈태—! 엔 호오다스—익 브글르누—.

Мөнгөө: Хэдийг төлөх вэ?
뭉거: 헤드—익 틀르흐 웨?

Шуудангийн ажилтан: Мянган төгрөг.
쇼오당킹 아질탕: 먕강 투그릭.
Мөнгөө: За энэ байна. Баярлалаа.
뭉거: 자, 엔 밴. 바이를라ᅳ.

알리마 : 영국으로 퍼즐과 책을 보내고 싶은데요.
우체국 직원 : 이 서식을 작성하세요. 그런데 퍼즐을 따로 보내는 게 좋겠
　　　　　　습니다. 책과 함께 보내면 깨질 수도 있습니다.
알리마 : 충고 고맙습니다. 포장비는 얼마인가요?
우체국 직원 : 포장은 무료입니다. 서식 다 작성했나요? 어디 봅시다. 발송
　　　　　　날짜를 빠뜨리셨네요.
알리마 : 죄송합니다. 여기 써넣었습니다.
우체국 직원 : 1200 투그릭입니다.
알리마 : 여기 있습니다.
우체국 직원 : 자, 영수증을 받으세요.
알리마 : 감사합니다.

Алимаа: Би Англи руу оньсон тоглоом, ном хоёр
явуулах гэсэн юм.
알리마: 비 앙글 로 어니승 터글럼, 넘 허이르 야올라흐 게승 욤.
Шуудангийн ажилтан: Энэ хуудсыг бөглөнө үү. Оньсон
тоглоомоо тусад нь илгээвэл дээр. Номтой цуг
явуулбал эвдэрч магадгүй.
쇼오당킹 아질탕: 엔 호오다스익 브글르누ᅳ. 어니승 터글럼어 토스든 일
게ᅳ웰 데에르. 넘태ᅳ 촉 야올발 에위들츠 마가드꿔이.
Алимаа: Зөвлөгөө өгсөнд баярлалаа. Боодол нь хэд вэ?
알리마: 즈블르거 으그슨드 바이를라. 버어들른 헤드 웨?
Шуудангийн ажилтан: Боодол нь үнэгүй. Та хуудсыг
бөглөсөн үү?Алив, хараадахъя. Та илгээсэн
огноогоо бичээгүй байна.
쇼오당킹 아질탕: 버어들른 우느꿔이. 타 호호다스익 브글르스누? 알리위,
하라드흐이.타 일게에승 어그너ᅳ거 비체ᅳ꿔이 밴.

Алимаа: Уучлаарай. Биччихлээ. Энэ байна.
알리마: 오—츨라—래—. 비치츠흘레—. 엔 밴.

Шуудангийн ажилтан: Мянга хоёр зуун төгрөг.
쇼오당깅 아질탕: 먕가 허이르 조옹 투그릭.

Алимаа: Энэ байна.
알리마: 엔 밴.

Шуудангийн ажилтан: Баримтаа аваарай.
쇼오당깅 아질탕: 바림타 아와래—.

Алимаа: Баярлалаа.
알리마: 바이를라.

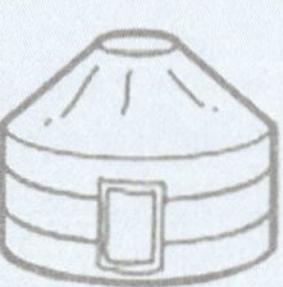

컴퓨터&인터넷 Компьютер ба интернэт

여기 어디에 인터넷 카페가 있습니까?
Энд Интернэт кафе хаана байдаг вэ?
엔드 인테르네트 카페 하—느 배—득 웨?

이 메일을 확인하고 싶습니다.
И мэйлээ шалгамаар байна.
이메일레 샬가마—르 밴.

인터넷에 접속하고 싶습니다.
Интернэтэд ормоор байна.
인테르네트드 어르머—르 밴.

컴퓨터를 사용하고 싶습니다.
Компьютер хэрэгтэй байна.
컴퓨트르 헤륵태— 밴.

프린터를 사용하고 싶습니다.
Принтер ашиглах хэрэгтэй байна.
프린트르 아쉭라흐 헤륵태— 밴.

스캐너를 사용하고 싶습니다.
Скайнер ашиглах хэрэгтэй байна.
스카이느르 아쉭라흐 헤륵태— 밴.

컴퓨터가 있습니까?
Компьютер байгаа юу?
컴퓨트르 배—가 요?

맥켄토시 컴퓨터가 있습니까?
Макинтошийн компьютер бий юу?
마킹터쉬잉 컴퓨트르 배—가 요?

PC가 있습니까?
Хувийн хэрэгцээний компьютер бий юу?
호윙 헤륵체—니 컴퓨트르 배—가 요?

분당 얼마 입니까?
Минут нь хэд вэ?
미노튼 헤드 웨?

30분에 얼마 입니까?
Гучин минут нь хэд вэ?
고칭 미노튼 헤드 웨?

시간 당 얼마 입니까?
Цаг нь хэд вэ?
착 은 헤드 웨?

한 페이지에 얼마 입니까? (출력시)
Хуудас нь хэд вэ? (хэвлэхэд)
호오다슨 헤드 웨? (헤웰레헤드)

어떻게 접속합니까?
Яаж холбох вэ?
야—즈 헐버흐 웨?

어떤 ID와 비밀번호를 사용하십니까?
Ямар нэр, паспортоор орох вэ?
야마르 네르, 파스퍼르터르 어러흐 웨?

인터넷에 접속하려면 몇 번에 전화합니까?
Ямар дугаарт залгаж интернэтэд холбогдох вэ?
야마르 도가—르트 잘가즈 인테르네트드 헐벅더흐 웨?

영어 자판으로 입력해주십시오.
Гарын үсгий нь (англиар) сольж өгөөч.
가르니 우스극은 (앵글라르) 설리즈 으거츠.

영어 자판이 있습니까?
Англи үсэгтэй гар (кийбоард) байгаа юу?
앙글 우슥태— 가르(키—버르드) 배—가 요?

망가졌습니다.
Эвдэрчихэж.
에위드르치흐즈.

끝났습니다.
Дуусчихлаа.
도—스치흘라.

당신과 이메일하고 싶습니다.
Тан руу и-мэйл явуулмаар байна.
탄 로 이메일 야오올마르 밴.

당신 이메일 주소는 무엇 입니까?
Таны и-мэйл хаяг юу вэ?
타니 이메일 하약그 요 웨?

전자우편으로 텍스트를 보내고 싶습니다.
Электрон шуудангаар захидал явуулмаар байна.
엘륵트렁 쇼오당가르 자히달 야오올마르 밴.

Харилцан яриа 1
하를창 야르아 1

진야: 사르나이, 피곤하니? 얼굴이 안됐다.
사르나이: 밤새도록 인터넷을 했기 때문이야.
진야: 그런데 몽골은 인터넷 사용자가 몇 명이니?
사르나이: 몽골 네티즌 수가 50만 명이 넘었대.
진야: 상당히 많구나! 우리나라 한국도 인터넷 사용자가 빠르게 증가하고 있어. 인터넷 사용자 수에서 세계 2위래.
사르나이: 한국이 IT강국이라는 것을 잘 알고 있어.

Жин-А: Сарнай, чи ядраа юу? Царай чинь цонхийчихож.
진야: 사르나이 아, 치 야드라 요? 차래—친 청히이치흐즈.
Сарнай: Шөнөжин интернэтээр аялсан учраас тэр.
사르나이: 슈느징 인테르네트에르 아일승 오치라스 테르.
Жин-А: Монголд хэдэн хүн байнга интернэт хэрэглэдэг вэ?
진야: 멍걸드 헤등 훙 배앵그 인테르네트 헤륵글득 웨?
Сарнай: Таван зуун мянга гаруй хүн байнга интернэтийг ашигладаг.
사르나이: 타왕 조옹 먕가 가로이 훙 배앵그 인테르테느익 아쉭라드륵.
Жин-А: Их олон хүн хэрэглэдэг юм байна. Манай Солонгост ч гэсэн интернэт ашигладаг хүний тоо хурдацтай нэмэгдэж байгаа. Интернэт хэрэглэгчдийнхээ тоогоор Солонгос дэлхийд хоёрт ордог.
진야: 이흐 얼렁 훙 헤륵글득 용 밴. 마내— 설렁거스트 츠 게승 인테르네트 아쉭라득 후니— 터 호르다츠태— 네믁데즈 배—가. 인테르네트 헤륵글렉치등헤 터—거르 설렁거스 델히이드 허이르트 어르득.

Сарнай: Солонгос мэдээллийн технологиор дэлхийд танигдсан улс гэдгийг мэднэ ээ.

사르나이:설렁거스 메데엘링 티흐늘러그어르 델히이드 타니그드상 올스 게득익 메든네.

절바이사흐 : 그렇게 짧은 시간 동안에 인터넷이 지구상의 수 억 사람들의 생활에서 절대적인 부분을 차지하고 있다는 것이 믿기 힘들어. 너는 어떻게 생각하니? 전 세계적으로 인터넷이 그렇게 인기를 누리는 이유가 뭐니?

융뎅: 몇 가지 이유를 말해줄게.

첫째, 인터넷은 가장 대중적이고 실용적인 정보 출처야.

둘째, 네트워크는 세계에서 가장 큰 오락 망이야.

셋째, 인터넷은 의사소통과 통신의 가장 진보적인 수단이야.

넷째, 인터넷은 비즈니스를 하기 위한 가장 호혜적인 공간이야.

다섯째, 인터넷은 광고를 위한 가장 이상적인 공간이야.

마지막으로, 인터넷은 창작을 위한 거대한 공간이야.

절바이사흐 : 멋진데! 넌 진짜 인터넷 전문가다!

Золбаясах: Ийм богинохон хугацаанд интернэт олон сая хүний хэрэглээ болж хувирсанд итгэж чадахгүй нь. Чи юу гэж бодож байна? Интернэт дэлхий дахинд яагаад ингэж хүчээ авч байгаа юм бол?

절바이사흐: 이임 버그니흥 호가차안드 인테르네트 얼렁 사이 후니 헤륵글레 벌즈 호위르승드 이트게즈 차드흐뀌인. 치 요 게즈 버더즈 밴? 인테르네트 델히이 다힝드 잉게즈 후체— 아우츠 배—가 욤 벌?

Юндэн: Хэд хэдэн шалтгаан дурдья.

융뎅: 헤드 헤등 샬트강 도르디이.

Нэгдүгээрт: Интернэт бол мэдээллийн хамгийн өргөн цар хүрээтэй бөгөөд түргэн эх сурвалж мөн.

네그두게르트: 인테르네트 벌 메데엘링 함그잉 으르긍 차르 후레태— 브그드 투그긍 에흐 소르왈즈 뭉.

Хоёрдугаарт: үзмэр үйлчилгээний хамгийн том эх сурвалж.

허이르도가르트: 우즈메르 우일츨게니 함그잉 텀 에흐 소르왈즈.

Гуравдугаарт: холбоо харилцааны хамгийн дэвшилтэт хэрэгсэл.

고로우도가르트: 헐버— 하릴차—니 함그잉 데위쉴테트 헤륵셀.

Дөрөвдүгээрт: бизнесийн хамгийн таатай орчин.

드루우두게르트: 비즈니스잉 함그잉 타—태— 어르칭

Тавдугаарт: зар сурталчилгааны төгс хэрэгсэл.
    Тэгээд бас интернэт зохион бүтээх, хөгжүүлэх маш том талбар.

타우도가르트: 자르 소르트츨가니 툭스 헤륵셀.
    테게드 바스 인테르네트 벌 저히엉 부테흐, 흑쭈울레흐 마쉬 텀 탈바르.

Золбаясах: Мундаг юм аа! Чи жинхэнэ интернэтийн мэргэжилтэн байна.

절바이사흐: 몽닥 욤 아! 치 징헨 인테르네트잉 메르그질텡 밴.

○ 필수질문 Чухал асуултууд ▶▷▶

몽골 여행시 반드시 알아두어야 할 은행업무 분실물 찾기, 경찰서,
화장실 관련 필수 질문을 소개한다.

은행 Банк

여기 어디에 은행이 있는 지 말씀해 주시겠어요?
Ойрхон банк хаана байгааг хэлж өгөөч.
어이르헝 방크 하—ㄴ 배—가악 헬즈 으거츠.

여기 어디에 환전소가 있는 지 말씀해 주시겠어요?
Бэлэн мөнгөний машин хаана байдгийг хэлж өгөөч?
벨렝 뭉그니 마슁 하—ㄴ 배—득익 헬즈 으거츠?

여기 어디에 ATM이 있는 지 말씀해 주시겠어요?
ATM ойрхон хаана байдгийг хэлж өгөөч.
에이티엠 어이르헝 하—ㄴ 배—득익 헬즈 으거츠.

오늘 환율이 어떻게 되는 지 말씀해 주시겠어요?
Өнөөдөр валютын ханш хэд байгааг хэлж өгөөч?
으너뜨르 왈료트잉 한쉬 헤드 배—가악 헬즈 으거츠?

여행자 수표를 현금으로 바꾸고 싶습니다.
Аяллын чекээ бэлэн мөнгөөр солиулъя.
아일랄잉 쳬—케 벨렝 뭉그—어르 설리올리이.

신분증을 보여 주세요.
Биеийн байцаалтаа үзүүлнэ үү.
비잉 배—찰타— 우쭈울 누—.

여권을 보여 주세요.
Паспортоо үзүүлнэ үү.
파스퍼르터— 우쭈울 누—.

여기에 서명하십시오.
Энд гарын үсгээ зурна уу.
엔드 가르잉 우스개 조르 노.

제 카드가 ATM에 꼈습니다.
Миний карт АТМ-д ороод гацчихлаа.
미니— 카르트 에이티엠드 어러—드 가츠치흘라.

사진 Зураг

사진 좀 찍어 주시겠어요?
Зураг дараад өгөөч?
조락 다라—드 으거츠?

정말 친절하세요.
Үнэхээр найрсаг юм.
우느헤르 내—르삭 욤.

이 버튼을 누르세요.
Энэ товчлуурыг дараарай.
엔 터위츨로릭 다라—래—.

거리/ 빛 밝기는 여기 이렇게 조정합니다.
Гэрэл\ сүүдрийг нь ингэж тааруулна.
게렐/수우드리익은 잉게즈 타—롤나.

당신을 찍어도 되나요?
Таны зургийг дарж \авч\ олох уу?
타니 조르그익 다르즈\아위츠\ 벌러호?

우리 휴가에 대한 좋은 추억이 될 겁니다.
Бидний аяллын сайхан дурсамж болно.
비드니 아일랄잉 새—항 도르삼즈 벌러너.

분실물 센터가 여기 어디에 있는지 말씀해 주시겠어요?

Хаясан гээсэн зүйлийн газар хаана байдгийг хэлж өгөөч?

하이승 게—승 쮈잉 가쯔르 하—느 배—득익 헬즈 으거츠?

시계를 잃어 버렸어요.

Цагаа гээчихлээ.

챠가 게—치흘레.

가방을 기차에 두고 내렸입니다.

Цүнхээ галт тэргэнд мартчихаж.

츙헤 갈트 테르깅드 마르트치하즈.

제 가방을 찾으면 연락주시겠습니까?

Миний цүнх олдвол надтай холбоо барихгүй юу?

미니— 츙흐 얼드월 나드태— 헐버— 바리흐뀌이 요?

제 호텔 주소입니다.

Энэ миний буусан зочид буудлын хаяг.

엔 미니— 보오승 저치드 보오달링 하약그.

제 집 주소입니다.

Энэ манай гэрийн хаяг.

엔 마내— 게르잉 하약그.

제 핸드폰 번호입니다.

Энэ миний гар утасны дугаар.

엔 미니— 가르 오타슨니 도가—르.

여기 경찰서가 어디 있는 지 말씀해주시겠어요?

Цагдаагийн газар хаан байдгийг хэлж өгөөч?

챡다그잉 가쯔르 하—느 배—득익 헬즈 으거츠?

도난 신고하고 싶습니다.
Хулгайн хэрэг мэдэгдэх гэсэн юм.
홀개―잉 헤륵 메덱드흐 게승 욤.

피습사건 신고하고 싶습니다.
Танхайн хэрэг мэдэгдэх гэсэн юм.
탕해―잉 헤륵 메덱드흐 게승 욤.

핸드백을 도난당했습니다.
Цүнхээ хулгайд алдчихлаа.
츙헤 홀개―드 알드치흘라.

서류 가방을 도난당했습니다.
Бичиг баримтын цүнхээ хулгайд алдчихлаа.
비칙 바림트잉 츙헤 홀개―드 알드치흘라.

카메라를 도난당했습니다.
Зургийн аппаратаа хулгайд алдчихлаа.
조르기잉 아프라―타 홀개―드 알드치흘라.

자동차를 도난당했습니다.
Машинаа хулгайд алдчихлаа.
마쉰나 홀개―드 알드치흘라.

여권을 도난당했습니다.
Паспортоо хулгайд алдчихлаа.
파스퍼르터 홀개―드 알드치흘라.

자동차가 부서졌습니다.
Машин мөргөлдөөд эвдэрчихлээ.
마쉼 무르글더드 에워드르치흘레.

자동차에서 카스테레오를 도난당했습니다,
Машины хөгжим хулгайд алдагдчихлаа.
마쉰니 흑찜 홀개―드 알드치흘라.

제 아들을 잃어 버렸습니다.
Манай хүү алга болчихлоо.
마내― 후― 알락가 벌치흘러.

제 딸을 잃어 버렸습니다.
Манай охин алга болчихлоо.
마내— 어힝 알락가 벌치흘러.

이 남자가 추근 대었습니다.
Энэ эрэгтэй намайг хоргоогоод байна.
엔 에륵태— 나맥 허르거—거드 밴.

도와주시겠어요?
Надад туслахгүй юу? \Надад туслаач?
나다뜨 토슬라흐뀌이 요? \나다뜨 토슬라츠?

언제 이런 일이 벌어졌나요?
Яг хэзээ болсон бэ?
약 헤제— 벌승 베?

당신의 성과 주소를 말씀하세요.
Овог нэр, хаягаа хэлнэ ҮҮ.
어웍 네르, 하이가 헬누.

상담실에 문의하세요.
Зөвлөгөө өгөх газар руу ярина уу.
즈블르거 으거흐 가쯔르 로 야리노.

여기 어디에 화장실이 있습니까?
Ариун цэврийн өрөө хаана байдаг вэ?
아리옹 체위르잉 으러— 하—느 배—득 웨?

화장실을 써도 될까요?
Ариун цэврийн өрөөнд орж болох уу?
아리옹 체위르잉 으러—은드 어르즈 벌러호?

화장실 열쇠를 주시겠어요?
Ариун цэврийн өрөөнийхөө түлхүүрийг өгөөч?
아리옹 체위르잉 으러—느허 툴후—리익 으거츠?

화장지를 주세요.
Ариун цэврийн цаас өгөөч.
아리옹 체위르잉 챠—스 으거츠.

위생대를 주세요.
Ариун цэврийн хэрэглэл авъя.
아리옹 체위르잉 헤륵글렐 아워.